認知心理学の新展開 ● 言語と記憶

川﨑惠里子 編著
Eriko Kawasaki

New
Perspectives
on Cognitive
Psychology

ナカニシヤ出版

はじめに

　認知心理学は外部からの刺激や環境を受容して理解し，また，適切な行動を決定することに関わる心的過程の科学的研究である。これらの過程は，注意，知覚，学習，記憶，言語理解，問題解決，思考など広範な領域にわたる。本書ではこれらの領域の中から，言語と記憶に関するテーマを中心に取り上げる。

　認知心理学におけるこれらの最近の研究は以下の3つのアプローチを採用している。第1は実験的アプローチである。認知心理学は人間の心的過程を理解するために，反応時間，読み時間，正答率など，様々な行動指標を用いる。こうした実験的アプローチはほとんどの章で取り上げられている。第2は認知神経科学的アプローチである。これは認知課題を遂行する際の行動指標に加えて，脳の構造と機能に関する情報を用いる。このアプローチを可能にしたのは，fMRIやPETなど，近年発展した脳画像技術である。これについては第9章に詳しい。第3は計算論的モデルによるアプローチである。これは人間の認知機能をコンピュータプログラム上でモデル化し，それによって理論を記述し，新しい状況における行動の予測を可能にする。計算論的モデルにはプロダクションシステムやコネクショニストモデルがあるが，後者は第4章で取り上げられる。

　本書に収録した9章は，大きく3つに分けられる。

　第1部は音声知覚，文字認知，単語認知の問題を取り上げる。第1章は視聴覚音声知覚を扱っている。矛盾した口の動きの映像（視覚情報）により，音声の聞こえ（聴覚情報）が変わるというマガーク効果をめぐり，発達，加齢，母語の影響，聴覚障害回復過程での変化，脳内メカニズムなど，多彩なテーマでの研究の発展が示されている。第2章は文字の符号化，すなわち，我々が文字を識別するためには，文字のどのような属性を利用してコードに変換しているかという問題を扱っている。教科書にもよく取り上げられるPosnerの文字マッチング実験に取り組み，日本語母語話者の漢字を含めた符号化過程の特性を明らかにしている。第3章は語の読みにおける意味符号化，すなわち，語の綴りの情報をもとに，それに対応する意味情報を検索するプロセスを扱う。このプロセスにおいて，心的辞書を仮定するか，1つの語に対応する語彙表象を仮定するか，語のもつ形態，音韻情報の処理との関係で，意味的符号化はどのように行われるかをめぐり，モデルの実験的検証が展開されている。第4章では，失読症患者の示す読みの症状から文字を読む際の脳内過程を考察する。人間の脳機能をコンピュータのプログラム上に実現するニューラルネットワークモデルを用い，ネットワークの部分的破壊を脳損傷としてとらえる認知神経心理学に新しいアプローチを提起する。

　第2部は記憶研究をめぐる最近のトピックスを取り上げる。第5章は記憶高進の現象を取り上げる。記憶高進とは，再学習なしにテストばかりを繰り返したときに，記憶成績の向上が見られる現象である。記憶高進について，定義や混沌とした研究史，よくある疑問，主要な理論を紹介し，記憶の新たな側面を明らかにしている。第6章は情報源（ソース）の記憶を紹介する。どこからどのようにして入ってきた記憶かを判断するソースモニタリングを中心に，虚偽の記憶や心の問題，犯罪の取り調べなど応用的な問題との関連にも言及する。

　第3部は文章理解をめぐるモデルを紹介する。第7章では，文と文との間の情報統合の基礎過程として，照応と橋渡し推論が論じられる。これらは文法的現象の一種とされるが，人間の認知過程がモデルの提起とその実験的検証によって，言語規則の通りに作用するわけではないことが明らかにされている。第8章では，認知心理学による文章理解の研究法を概観した後，文章理解によって構築される記憶表象

について，状況モデルを中心に多様なモデルを検討する。第9章では，脳機能測定を概観した後，事象関連電位を用いた言語理解研究の知見を幅広く紹介する。とくに脳波測定について具体的な技法を詳述し，初学者にとってよい手引きとなるよう解説する。

　本書では以上のように，言語と記憶に関するトピックスについて，基礎的な解説を加え，さらに，著者らが日々進めている研究の一端を披露していただいた。人間の認知過程に対する様々な問題に理論的吟味を加え，実験的検証を重ねてゆくプロセスの面白さを読者には味わっていただきたい。一部には内容が高度で，難解な箇所があるかもしれないが，読者は本書を手がかりに，概論書や最新の文献にあたっていただければ幸いである。

　最後に，本書の執筆を分担してくださった研究者の皆様に感謝いたします。また，本書の企画に賛同し，出版にこぎつけてくださったナカニシヤ出版の宍倉由高氏に深くお礼を申し上げます。

2011年3月

川﨑　惠里子

目 次

はじめに　i

第1部　認　知

第1章　音声知覚における多感覚情報の統合（積山　薫）……3
1　「唇を聞く」，「音を見る」　3
2　空間的・時間的知覚における視聴覚相互作用　3
3　音声知覚に関する視聴覚相互作用　5
4　言語発達からみた視聴覚音声知覚　7
5　生涯発達からみた視聴覚音声知覚　10
6　視聴覚音声知覚の脳内メカニズム　15
7　認知の可塑性・個性化のさらなる研究に向けて　18

第2章　文字の符号化（水野　りか）……23
1　符号化とは　23
2　Posnerの文字の符号化過程の研究　24
3　様々な母語文字の特徴　25
4　各母語者の母語文字特性の符号化過程への影響　26
5　日本語母語者の各符号化のタイミング　32
6　まとめと展望　33

第3章　語の読みにおける意味符号化（日野　泰志）……37
1　語彙知識の検索と意味符号化　37
2　視覚的語認知モデル　38
3　実証的研究　47
4　まとめと展望　51

第4章　脳損傷患者の症例から見た読字過程（浅川　伸一）……56
1　古典的な失語症のモデル Welnicke-Lichtheim 図式と今日的機能的脳画像研究，ニューラルネットワークモデリング　57
2　純粋失読　58
3　表層失読，音韻失読，深層失読　59
4　二重経路モデル，トライアングルモデル，エキスパート混合モデル　59
5　アトラクタネットによる深層失読のシミュレーション　64
6　二重乖離の原理，あるいは局在性仮説再考—まとめにかえて—　65

第2部　記　憶

第5章　記憶高進—記憶に与える検索（テスト）の効果（林　美都子）……71

1　記憶高進研究への誘い　71
2　記憶高進とは　72
3　記憶高進現象の特徴　80
4　記憶高進の理論　83
5　まとめと今後の課題　86

第6章　情報源の記憶（生駒　忍）…………………………………………90

1　情報源の記憶への関心　90
2　ソースモニタリングとは　91
3　記憶現象とソースモニタリング　96
4　ソースモニタリングとこころの問題　99
5　社会的場面におけるソースモニタリング　102
6　サイバニクスと「情報源」―まとめにかえて　105

第3部　文章理解

第7章　複数の文の情報を統合する―照応と橋渡し推論―（井関　龍太）………115

1　文章理解と人間の認知過程　115
2　照応　118
3　橋渡し推論　123
4　推論を伴う照応現象　127
5　認知過程の特性を反映したモデルへ　131

第8章　文章理解における状況モデル（川﨑　惠里子）……………………136

1　文章理解への認知心理学的アプローチ　136
2　文章理解の研究法　136
3　文章理解における記憶表象　139
4　状況モデルの諸相　142
5　物語理解と既有知識　148
6　まとめと展望　150

第9章　文章理解の脳内メカニズム（小林　由紀）……………………153

1　脳機能測定のあらまし　153
2　言語の脳科学　157
3　まとめと展望　165

事項索引　171
人名索引　173

第1部 認　　知

第1章 音声知覚における多感覚情報の統合

積山　薫

　私たちが日常出会う事物や出来事の経験は，見えていて聞こえる，見えていて触れられるなど，多感覚な情報を同時にもっていることが多い。従来，知覚研究では単一モダリティ刺激を扱うことが多かったが，近年，多感覚情報相互作用への関心の高まりから，いろいろな現象・感覚モダリティで感覚間相互作用の研究が数多く活発に行われるようになってきた。この章では，視聴覚統合について最近の研究をながめつつ，主として音声知覚に関する問題の広がりをみてみたい。

1　「唇を聞く」，「音を見る」

　多感覚情報は，本来は，互いに補い合うことで知覚を安定させる生態学的な意味をもっていると考えられる。その意味では，心理学の研究では，多感覚呈示にすることで単一モダリティ呈示よりも正答率が上昇するかをみる方法での研究が行われる（enhancement の研究）。一方で，よりドラスティックに相互作用を示すには，モダリティ間の不一致が錯覚や知覚的干渉などの現象を生み出すことを扱う方法もある（interference の研究）。この後者の方法では，「唇を聞く」，「音を見る」といわれるような現象が生じることも多い。また，最近の多感覚知覚研究の流行の口火を切ったSekuler らの研究は，無音では見かけが同じ2つの円が接近して通過するように見える動画に，接触の瞬間にカーンという音を付加することで，2つの円が衝突して跳ね返って見えることを示した（Sekuler et al., 1997）。このように，多感覚情報のある側面が示唆する因果関係によって，全体的な知覚が一変することもある。

　この章では，まず視聴覚統合が初期レベルで生じる空間的・時間的知覚について最近の研究動向を簡単に概観した後，言語音に関して，顔と声の情報の相互作用である視聴覚音声知覚について，発達・加齢・聴覚障害に伴う変化や脳科学的アプローチをまじえながらみていく。

2　空間的・時間的知覚における視聴覚相互作用

　空間的な視聴覚相互作用として最もよく知られる腹話術効果（ventriloquism）は，

視聴覚刺激がほぼ同時に異なる位置に呈示されたとき，音源定位が視覚刺激の方向へ引きずられる現象である（Thurlow & Jack, 1973; Alais & Burr, 2004）。最近，その運動版として，互いに異なる方向に仮現運動する視覚刺激と聴覚刺激に関して，聴覚刺激が視覚刺激の運動方向と同じ方向に動いたと感じられる動的腹話術効果（ventriloquism in motion）が報告されている（Soto-Faraco et al., 2002）。このように空間的な知覚では，矛盾する視聴覚刺激について，視覚優位での視聴覚統合が生じる。

これに対して，近年，時間的知覚に関しては，聴覚優位になることがわかってきた。たとえば，音によるフラッシュ錯視（sound-induced illusory flashing）は，短時間に1つの光点を数回呈示し，それよりも多い回数のビープ音を鳴らすと，光が実際よりも多い回数フラッシュしたように知覚される現象である（Shams et al., 2000）。さらに最近になって，視覚的運動知覚への聴覚の影響が示されている。周辺視野に呈示される静止した視覚刺激の継起に，空間的に移動する音系列が同期して呈示されると，音による運動視（sound-induced visual motion）が生じるという（Hidaka et al., 2009; Teramoto et al., 2010）。また，わずかな時間差で視覚的に継起する2つの光点の時間順序判断に聴覚刺激が影響を与える現象は時間的腹話術効果（temporal ventriloquism）とよばれることがある（Morein-Zamir et al., 2003）。

視聴覚刺激の同時性知覚については，視覚刺激と聴覚刺激が必ずしも同時でなくても，音が遅れる場合はある程度許容されることが知られていたが（Dixon & Spitz, 1980），最近の研究では，主観的な同時点の知覚は，むしろ音がわずかに遅れて呈示される場合であることがわかってきた（Stone et al., 2001）。この時間差は，神経系の伝達速度，たとえば上丘への伝達速度が視覚より聴覚で速いことや（King & Palmer, 1985），遠方対象から観察者までの刺激到達時間は光に比べて音で遅れることを補償する過程（Sugita & Suzuki, 2003; Alais & Carlile, 2005）などが関係していると考えられる。人間は実際に音と光の時間的ずれに順応することから（Fujisaki et al., 2004; Vroomen et al., 2004），脳は音と光の到達時間差をキャリブレーションしている可能性がある。

以上のような視聴覚刺激の空間的・時間的知覚に関しては，近年多くの研究が行われているが（Calvert et al., 2004；北川，2007；和田，2007などの概説を参照），この種の知覚の視聴覚統合に関わる脳部位は，音声知覚の場合の視聴覚統合とは異なる部位であるらしい。音源定位の視聴覚統合では，ネコやラットの実験から神経伝導路の初期に位置する皮質下の上丘（Stein & Meredith, 1993）や視床（Komura et al., 2005）の関与が報告されており，一方，ヒトに固有な音声の視聴覚統合では，視覚皮質・聴覚皮質より上位に位置する大脳の上側頭溝の関与が報告されている（Calvert, 2001; Sekiyama et al., 2003; Beauchamp et al., 2010）。

筆者は，空間的・時間的知覚にも興味をそそられるものの，音声知覚により心ひかれるのであるが，もしかするとそれは，基盤となる脳部位の違いのせいなのかもしれない。

3 音声知覚に関する視聴覚相互作用

3.1 顔と声による音声知覚

　音声（speech）を聞くとき，環境ノイズが常に存在し，ノイズが強ければ音声は聞き取りにくくなる。そんなときに助けになるのが，話者の顔がもたらす視覚的な調音情報（読唇情報）である。一般に，雑音下など聴覚情報だけでの正確な聞き取りが困難な状況では，顔が見えていることによって音声聴取の正確さが大いに向上する（Sumby & Pollack, 1954）。口や顎などを含む顔の下半分は，とくに言語的な視覚情報を多くもたらし，強いノイズによって声が聞き取りにくくなると，静かなときより口を多く注視するようになる（Vatikiotis-Bateson et al., 1998）。また，加齢によって耳の聞こえが悪くなると，視聴覚音声知覚時の視覚的注意の配分が，若年者に比べて顔の下半分へ集中するという（Thompson & Malloy, 2004）。

3.2 矛盾した口の動きの映像が音声の聞こえを変える

　通常の音声知覚では，音だけでもかなり正確に聞き取れることが多いので，自然な刺激，すなわち顔と声が一致した刺激で視覚的な読唇情報の寄与を示すには，ノイズを加えるなどの実験操作でかなり聞き取りにくくすることが必要となる。これに対して，マガーク効果（McGurk effect）のように顔と声の情報を矛盾させると，音が明瞭な場合にも視覚情報の寄与を示すことができる（McGurk & MacDonald, 1976）。マガーク効果（マガーク・イリュージョン）は，矛盾した口の動きの映像により音声の聞こえが変わる現象である。これが最初に報告されたイギリスの実験では，聴力正常な20-40歳代の成人実験参加者は，聴覚のみでの聞き取りが90%以上の正答率となる比較的明瞭な音声の場合に，矛盾した口の動きの映像に引きずられて聴覚情報とは異なる音節を知覚した。音が［ba］で映像が［ga］の場合，視覚に影響を受けた"da"反応が，全反応の98%にのぼった。この場合の"da"は，聴覚的には聴覚刺激の［ba］に最も似ていて，視覚的には視覚刺激の［ga］に似ており，両者の性質をあわせもつ音節が知覚的な解として選ばれているのである。このように，マガーク効果パラダイムは，イリュージョンが生じたかどうかで視覚情報の寄与を明確に示すことができる点で，視聴覚統合の研究に有用な方法である（Burnham & Sekiyama, in press ［EK3］）。

　マガーク効果では，調音位置の情報に関して，視覚優位の統合が生じているともいえる。それが唇で作る子音なのか（［b］，［p］，［m］など），口の中で作る子音なのか（［d］，［g］を含む大多数の子音）ということは，調音器官に関する空間情報であるから，空間は視覚優位という一般原理に従う統合といえる。

3.3 マガーク効果でわかること

　あるとき，筆者は学会で若い人に，「マガーク効果のように単音節だけ扱っていて，何がわかるのか」と聞かれたことがある。確かに，言語の指示機能・文法などの高次な側面を考えると，マガーク効果では音韻的な面しか扱っていないことは否めない。

しかし，音韻も言語の1つの重要な側面であることは指摘しておきたい。そして，この一見単純にみえる現象の中に，我々が視覚的な読唇情報から調音位置をきちんと読み取っていること，そのような読唇を可能にする記憶表象をもっているらしいことがわかる。そして，マガーク効果生起の背景に，音声知覚の運動理論（motor theory of speech perception: 最近の概説として Galantucci et al., 2006）を想定する研究者も多く，音声知覚に関する重要な問題と深く関わっているのである。

また，後の節で述べるように，近年，マガーク効果が脳機能画像化の研究によく用いられるようになってきた。その理由として，脳のどこで視覚情報と聴覚情報の統合が生じるのかを検討する目的に照らし，マガーク刺激は2つの感覚入力をもつ単純で使いやすい刺激でありながら，生態学的妥当性が高く，また，イリュージョンの生起により脳内での情報統合が起こったことが明確にわかることがあげられる。そして，後述するように，それらの脳機能画像化の研究によって，単音節とはいえ，マガーク刺激はノイズなどと違って，明確に脳の言語野を活動させることがわかってきたのである。

なお，マガーク効果は，実施の利便性から単音節で実験されることが多いが，有意味単語を用いても引き起こすことができる（Dekle et al., 1992）。ただし，その際，音声［met］と映像［get］が融合すると"net"になるように，視覚情報と聴覚情報が融合した結果の音も有意味単語となる場合の方が融合は生じやすい。

3.4 マガーク効果の頑健性

マガーク効果は，声の吹き替えの際に男性と女性を入れ替えても，同性の声をダビングする場合と同程度に生じるという（Green et al., 1991）。先に述べた時間的腹話術効果の場合には，性別を矛盾させると一致している場合に比べて聴覚情報の影響が減少するということから（Vatakis & Spence, 2007），マガーク効果は一体性の仮定（assumption of unity, Welch & Warren, 1980）によらずとも生じるかなり頑健な現象であるといえる。

映像と音声の同期タイミングをずらしていくと，音が遅れる場合は 180 ms まで，音が先行する場合でも 60 ms までなら，マガーク効果の強さは完全な同期の場合とほとんど同じであるが，それ以上のずれだとかなり減少するという（Munhall et al., 1996）。このように，マガーク効果における視聴覚統合が，多少の時間ずれにもかかわらず，一体性の仮定も必要としないのは，音声刺激のもつ複雑性・生態学的妥当性・身体運動関連性・経験頻度といった要因のいくつかが関係しているのであろう。

従来，マガーク効果は意識的注意を必要としない自動的な視聴覚統合過程によるものという見方もあった（Massaro, 1998）。しかし，最近の研究では，視覚的注意を他の刺激にも割かなければならいもしくはそれが他の刺激にも向いてしまう状況ではマガーク効果が減少することから，マガーク効果は注意の影響を受けることが指摘されている（Tiippana et al., 2004; Alsius et al., 2005）。

4 言語発達からみた視聴覚音声知覚

4.1 発達的変化

マガーク効果の生起しやすさは，発達的に変化することが知られている。英語圏の研究によれば，マガーク効果は大人に比べて子どもでは生じにくく（McGurk & MacDonald, 1976; Massaro et al., 1986; Hockley & Polka, 1994; Tremblay et al., 2007），それは，子どもの視覚的な読唇能力が大人より劣るためであるといわれる（Massaro et al., 1986）。

発達の他の領域，たとえば位置が矛盾する視聴覚刺激への注意などでも，乳幼児は聴覚優位であり，聴覚に比べて視覚の注意機能の発達は遅い（Robinson & Sloutsky, 2004）。このような乳幼児の聴覚優位の原因として，誕生時すでに聴覚はよく発達しているのに対して視覚が未熟であることが考えられる（Aslin & Hunt, 2001; Maurer & Lewis, 2001）。

4.2 言語環境による差異

子どもの育った言語環境も，マガーク効果の生起しやすさに影響するらしい。筆者らは，日本語母語者は英語母語者に比べてマガーク効果が生じにくいことを見出し（Sekiyama & Tohkura, 1991, 1993; Sekiyama, 1994, 1997），その謎を解くことにその後の研究時間の多くを割くことになってしまった。同様の傾向は，他の研究室でも見出されている（Massaro et al., 1993 の分散分析結果; Kuhl et al., 1994）

図 1-1 は，左側に日本語母語者，右側に英語母語者が実験参加者だった場合の結果を示している。各パネルの縦に示すいろいろな聴覚子音を用い，それぞれを調音位置で矛盾する視覚子音と組み合わせた刺激に対して，マガーク効果が生起した率を棒グラフで示している。生起率の分母は，実験参加者数×試行数である。ここで，刺激が日本語話者の発話によるものである場合（上段），日本人参加者はアメリカ人参加者よりもずっとマガーク効果が弱くなっている。一方，刺激が英語話者の発話によるものだと（下段），そのような群差（言語差）がなくなっている。ここでは，①アメリカ人実験参加者の方が日本人参加者よりもマガーク効果が強い，②非母語刺激を用いた方が母語刺激よりもマガーク効果が強い，という2つのことが起こっているのである。マガーク効果が生じるかどうかには個人差もかなりあるが，平均でみればこのような言語差があるのである。

図 1-1 でもわかるように，日本語母語者が実験参加者であっても，マガーク効果が全く生じないのではないし，またその程度は，実験的に変化させることができる。図 1-1 のように非母語話者が発話した刺激を用いたり（Sekiyama & Tohkura, 1993），音声ノイズを加えたり（Sekiyama & Tohkura, 1991），あるいは不明瞭な発音をする話者の刺激を用いることで（Sekiyama et al., 1995），日本語母語者でもかなりの程度のマガーク効果が生じる。逆にいえば，どのような発話明瞭度の刺激であるかを予備実験で明確にしないままに用いることは，あまり意味がない。また，実験参加者の非母語圏での生活経験も，読唇情報利用度を上げる要因になるようである（Sekiyama,

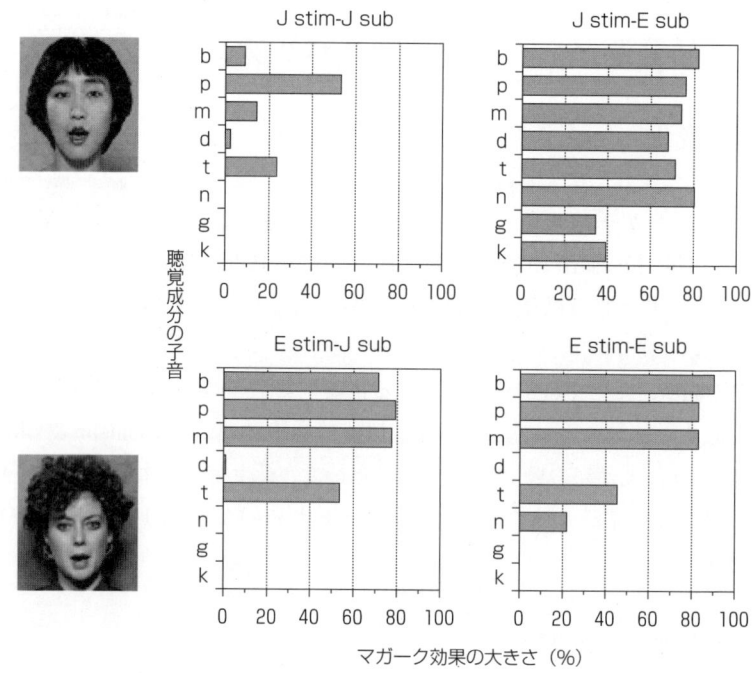

図 1-1 母語によるマガーク効果の違い（Sekiyama, 1997 より改変）

1997）。

　なぜ日本語母語者ではマガーク効果が英語母語者よりも小さいのか，その理由はよくわかっていないが，今のところ筆者は，日本語の音韻空間における音素（phoneme）の少なさを主要因として考えている。英語の母音が 14 個もあるのに対して日本語には 5 つしかないし，子音に関しても，英語にあるいくつかの対比が日本語にはない（たとえば，/r/ と /l/，/b/ と /v/，/s/ と /θ/）。このことから，英語では，音韻空間がかなり混みあっており，聴覚情報だけで音素を区別するのは日本語に比べて難しく，音が明瞭でも視覚情報による補助が有効になると考えられる。そのうえ，英語では，聴覚的には似ているが視覚的に明瞭に区別することのできる音素が，日本語よりも多く存在する。たとえば，bat-vat の語頭子音の調音は，唇音（labial）－歯唇音（labiodental）と視覚的に明瞭に区別できる違いをもっている。同様に，four-thaw-saw でも，歯唇音（labiodental）－歯音（interdental）－口蓋音（alveolar）と視覚的な違いが明瞭である。それに対して，日本語の子音は，唇音（b，p，m，w）－非唇音（それら以外）という 2 つのカテゴリー以上に細かく読唇することは困難である（積山，1997）。英語における音韻空間混雑と読唇情報価の高さは，視覚情報が音声知覚を補助しやすい条件をそなえていると考えられる。

4.3　言語差の発達的起源

　さて，前節で述べたように，英語圏の研究ではマガーク効果は大人に比べて子どもでは生じにくいという発達的差異が当初からわかっていた。では，子どもにおいては，大人でみられたような日本語母語者と英語母語者の差はあるのだろうか。また，何歳

くらいから言語差が生じるのだろうか。これらの問いに答えるために，筆者らは，日本とオーストラリアで，日本語母語者と英語母語者のデータを収集し，比較した（Sekiyama & Burnham, 2008）。

この実験には，6歳児32人，8歳児32人，11歳児32人，大学生48人の計144人が参加した。各年齢で，半数は日本在住の日本語モノリンガル，半数はオーストラリア在住の英語モノリンガルであった。刺激は，予備実験で選んだ日本語話者2人と英語話者2人を用い，各話者の［ba］，［da］，［ga］の発音をビデオ録画および編集して作成した。映像と音声が一致している刺激，矛盾している刺激（例：音声が［ba］で映像は［ga］）のほか，音声のみ，映像のみの刺激も作成した。実験参加者には提示された刺激が［ba］，［da］，［ga］のどれに最も近く感じるかを，3択でボタン押しにより答えてもらった。

視覚情報利用度の指標として，AV一致条件（視覚による促進効果）とAV矛盾条件（視覚による干渉効果）の正答率の差の平均を図1-2に示す。6歳では，日本語母語者（JP）と英語母語者（AE）に差はなかった。ところが，英語母語者では6歳から8歳の間に視覚利用度が大きくなるのに対して，日本語母語者では年齢が上昇しても視覚利用度は小さいままにとどまった。つまり，言語差は，6歳より後，8歳より前に出現するのである。

このとき，反応時間（RT）において，興味深い言語差が，視覚のみの読唇（VO）・聴覚のみの聴取（AO）条件のRTの関係にみられた（図1-3）。日本語母語者は両条件でほぼ同じRTの発達的短縮がみられたが（左パネル），英語母語者ではAO条件のRTの短縮が鈍く，結果的に成人ではVOに比べてAOのRTが100 msも遅くなった（右パネル）。英語母語者でVOの方がAOより速い傾向は，8歳ごろから始まっていた。このことから，成人英語母語者では視覚判断が先行するために聴覚判断への視覚の影響が大きいが，日本語母語者ではほぼ同じタイミングであるために影響が比較的小さいと考えることができるかもしれない。

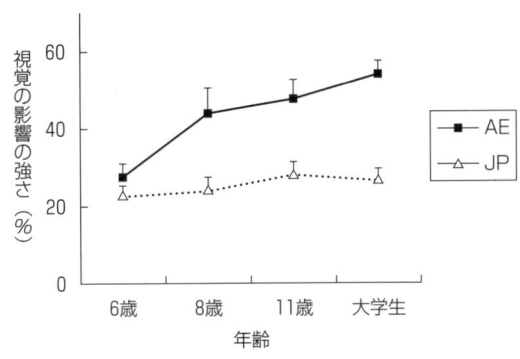

図1-2 視覚利用度の言語差の発達的変化（Sekiyama & Burnham, 2008より改変）

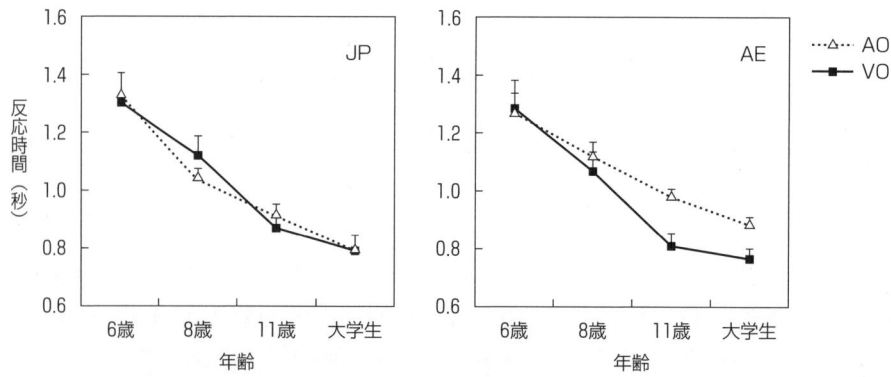

図 1-3　視覚のみ，聴覚のみ条件の反応時間の発達的変化（Sekiyama & Burnham, 2008 より改変）

5　生涯発達からみた視聴覚音声知覚

5.1　乳児におけるマガーク効果は検証されているか

　さて，前節で幼児は大人よりもマガーク効果が起こりにくいことを述べたが，まだ明確な発話がみられない 4～5ヶ月の乳児でも，成人で報告されているようなマガーク効果がみられるとする研究がある（Rosenblum et al., 1997; Burnham & Dodd, 2004; やや懐疑的なものとして Desjardins & Werker, 2004）。発話がみられない乳児の知覚内容を調べるのに，どのような研究方法が取られているかをながめながら，これについて考えてみよう。

　乳児の知覚を調べるのによく用いられる方法の 1 つに，選好注視法がある。この方法を用いて，Kuhl & Meltzoff（1982, 1984）は，［a］と［i］の母音を用い，5ヶ月の乳児でも，声と口の動きの一致した刺激の方を，矛盾した刺激より好むことを示した。このことから，5ヶ月児には音韻に特徴的な口の動きについての表象が音と結びつく形ですでに成立しており，マガーク効果を生じる素地ができていると考えられる。

　乳児でマガーク効果が生じるかどうかは，馴化－脱馴化法を用いて調べられてきた。これは，乳児が新奇な刺激を好む傾向を利用し，最初の刺激の反復呈示によってこの刺激への興味が低下した後，新奇刺激に対して興味が回復するかどうかを注視時間の増大などを用いて測定する方法である。新奇刺激への興味の回復がみられれば，最初の刺激と後の刺激とを知覚的に区別していたと考えることができる。

　Rosenblum et al.（1997）は，5ヶ月の乳児を実験参加者として，音声［va］－映像［va］の一致刺激（Vv と聴覚刺激を大文字・視覚刺激を小文字で表記する）に馴化させた後，テスト刺激として音声［ba］－映像［va］（Bv）と，音声［da］－映像［va］（Dv）の 2 種類を用い，注視時間を比較した。その結果，Bv 刺激へは興味が回復しないが，Dv 刺激へは興味が回復したことから，Bv に対して視聴覚融合した "va" 知覚，Dv に対して聴覚優位の "da" 知覚が生じていたと結論した。この結論の背景には，大人の英語母語者において，Bv は "va" として，Dv は "da" として知覚されることが多いので，乳児でも同様の傾向があるはずだという前提がある。この前提のもと，乳児でも Bv は "va" として知覚されるので Vv と知覚的に区別できず，Dv は "da" と

して知覚されるのでVvと区別できるという仮説をたて，この仮説から導かれる結果と実験結果が一致したというのである。

この論法は，一見妥当なように見えるが，もし視聴覚統合がまったく起こらない場合でも，同様の反応パターンが生じる可能性は排除できない。たとえば，テスト刺激の聴覚成分が馴化刺激の聴覚成分に似ていないほど興味が回復するならば，BvよりもDvの方が回復が大きくなり，その場合の反応パターンは，彼らの仮説に基づく反応パターンと区別できなくなる。実際，彼らの実験3では，この点を検討するため，聴覚のみの刺激を用い（話者の静止画と一緒に呈示），［va］に馴化した後の［ba］と［da］への注視を調べた。しかしながら，結果は奇妙なもので，乳児はテスト刺激［ba］を馴化刺激［va］と区別できたが，テスト刺激［da］を［va］と区別できないというものであった。この結果は，［va］と［ba］を区別できている点では彼らの仮説を支持するが，同時に，聴覚的に［va］と［da］を区別できていない点では彼らの仮説を成立させないことになる。このような矛盾する結果の背景には，乳児の実験への飽きなどが統制しきれていない問題があるのかもしれない。

Desjardins & Werker（2004）は，Rosenblum et al.（1997）の手続きと類似した手続きを用い，4ヶ月の乳児の注意が実験の最後まで続いているかどうかの確認テストを加えて実験を行った。また，彼女らは，女性の方が男性よりも読唇成績がすぐれるまたはマガーク効果が強い傾向があることから（Watson et al., 1996; Irwin et al., 2006），新たに性差の要因を導入した。いくつかの実験を通して出された結論は，乳児でもある程度のマガーク効果は起きるが，それは大人ほど強くないし，一貫性もなく，また性差もはっきりしないというものであった。刺激として［vi］と［bi］を用い，実験1では，視聴覚一致刺激のVvまたはBbに馴化した後に，矛盾刺激のBvでテストされた（大文字が聴覚子音，小文字が視覚子音を表す）。テスト刺激Bvは，大人なら視聴覚統合により"vi"と知覚する音だという。実験の結果，テスト刺激でのマガーク効果生起の指標とされたBb → Bvでの注視の回復は，女児のみでみられた。実験2では，実験1での注視の回復が単に視覚成分の変化によってのみ生じていた可能性を排除するために行われた。馴化刺激VvまたはBbの後に，テスト刺激としてVbが呈示された。このテスト刺激で，大人では聴覚優位な"vi"の知覚が生じることから，Bb → Vbでのみ注視の回復がみられることが期待された。しかし，どちらの馴化刺激でも男女を問わず注視の回復がみられない結果となり，実験1の結果の解釈が困難になった。実験3では，馴化刺激を一致刺激ではなく矛盾刺激にすることによって視聴覚統合をより生じやすくするねらいから，Bv（大人での知覚は"vi"）に馴化した後にBbとVvでテストし，Bv → Bbでのみ注視の回復がみられるかどうかを調べた。その結果，男児においてのみ，期待されるような条件差が観察された。しかし，ここでも，視覚成分の変化によってのみBv → Bbの注視の回復が生じた可能性は排除できない。

彼女らは，乳児では一貫性がないものの視聴覚統合がある程度生じると結論しているが，実際にはこの結論も危ぶまれる。3つの実験結果を総合すれば，「乳児では視聴覚統合は生じないが，単一モダリティ（視覚）成分の変化に気づいた乳児だけが興味の回復を示した」と考えれば，結果を一貫して説明できるからである。Burnhamら

が指摘するように，乳児は視覚成分 /v/ により興味をもつのならば（Burnham & Dodd, 2004, p. 206），実験 2 の結果もこの説明に沿うものである。

　Burnahm & Dodd（2004）は，上記 2 つの研究の問題点を克服する方法として，古典的なマガーク刺激に立ち戻り，聴覚［ba］＋視覚［ga］で単一モダリティ成分とは異なる第 3 の音 "da" または "tha"（than の語頭の音）が知覚されるケースを扱うべきだとしている。彼らは，4 ヶ月半の乳児を矛盾刺激 Bg に馴化させた後に，聴覚のみのテスト刺激を呈示し，［ba］，［da］，［tha］のいずれのテスト刺激に注視が増大するかを調べた。馴化とテストでモダリティが変化する場合，新奇なものよりも親密度の高いもの（familiar）への選好が生じることがあることから（Wagner & Sakovits, 1986; Walker-Andrew & Gibson, 1986），彼らは，もし乳児にマガーク効果がみられるなら，Bg に馴化した乳児は（知覚は "da" または "tha"），テストにおいて聴覚刺激［da］または［tha］を［ba］よりも長く注視すると考えた。実験群の乳児の結果は，この仮説に沿うものであった。しかし，統制群の乳児は一致刺激 Bb に馴化させられたので，仮説に従えば聴覚刺激［ba］をより長く注視するはずだったが，実際にはそうはならなかった。仮説は部分的にしか支持されなかったことになり，この研究も乳児におけるマガーク効果の確定的な証拠としては難がある。

　以上のことから，マガーク効果が乳児でもみられるのかどうかは，まだ結論が出ていないと考えられる。最近，事象関連電位によって脳内活動から乳児でのマガーク効果を検証しようとした研究が発表された（Kushnerenko et al., 2008）。今後，このような脳内活動データと選好注視などの行動データとの対応を検討することによって，乳児の視聴覚音声知覚についてより確かな知見が得られると期待される。

5.2　加齢による変化

　加齢に伴い，聴力が低下することはよく知られており（Glorig & Nixon, 1960; Spoor, 1967; Hull, 1995），その兆候は 30 歳代からみられるという。音声知覚における視覚の寄与は音声が聞き取りにくいときに大きいことを考えれば，聴力が低下する高齢者では視覚利用度が大きくなることが予想される。このことを示唆する研究はいくつか散見されるものの（Thompson, 1995; Behne et al., 2007），高齢者の聴力低下をさしひいて検討した研究はみられない。そこで，筆者らは，参加者の聴力測定を実施して聴覚異常者を除くとともに，なぜ高年齢になると視覚利用度が高まるのかを検討する材料として，視聴覚音声知覚の反応時間を測定した（積山・坂本，2007）。

　高年齢群として，60 歳から 65 歳の実験参加者を募り（60 歳代とよぶ），大学生の若年群（20 歳代とよぶ）とともに個別に聴力検査を実施した。聴力正常の指標として，純音聴力検査（250-4000 Hz）で周波数間平均閾値がよいほうの耳で 40 dB 以上という基準を設け，数名の聴力異常該当者を除いた。正常の範囲とされた大部分の参加者についていえば，60 歳代は 20 歳代と比べて有意に閾値が高く聴力の低下がみられた。

　刺激は，3 人の日本語母語者が発話した /ba/，/da/，/ga/ をビデオ録画および編集して作成した。実験手続きは，本章 4.3 の発達の研究とほぼ同様であった。この実験では，聴覚刺激に加えるノイズの強さを変化させることで，音声の聞きやすさを 3 段階に操作した。その際，60 歳代には 20 歳代よりも信号対ノイズ比（SN 比）を 4 dB

高くすれば，音声の聞きやすさ（正答率）を両群で等価にできる（すなわち，60歳代の聴力低下を補正できる）ことが先行実験でわかっていたので（高橋ら，2006），このキャリブレーションを行った。

実験の結果，20歳代と60歳代は，聴覚のみ・視覚のみの条件では正答率に差はなかったにもかかわらず，マガーク効果の生起率は60歳代の方が有意に高く，高年齢群で視覚利用度が高まっていることが示された。60歳代で視覚利用度が高くても，読唇能力そのものは高まっていなかった。では，単一モダリティの成績で差がないのに，なぜ視聴覚条件で差が生じるのだろうか。

その理由は，視覚と聴覚の知覚処理速度の差なのかもしれない。反応時間において，高年齢者は全般に若年者よりも遅い傾向があるが，本実験では，60歳代と20歳代の違いは，視覚のみの読唇課題ではみられなかったが，聴覚刺激を含む条件で顕著であり，加齢による聴覚判断の遅延がうかがわれた。60歳代における視覚利用度の高まりは，聴覚判断の遅延に関係していると考えられ，相対的に処理の速い感覚が知覚判断を決定する重みを増すことがうかがわれる。

5.3 人工内耳装用者の音声知覚

音の聞き取りが困難な難聴者の場合，視覚的な読唇情報が重要な助けになる。なかでも，近年，視聴覚音声知覚の観点から注目されているのが，人工内耳の埋め込み手術を受けて聴力を回復した人たちである。1961年にアメリカで最初の単チャンネル型が世に出て，日本では1985年に初めて埋め込み手術が行われて以来（能登谷，2007），人工内耳は改良が進み，装用人口もまとまった数になってきた。人工内耳は，マイクでキャッチした音をプロセッサで解析し，その信号をコード化して内耳の蝸牛に埋め込まれた電極に送り，聴神経を電気的に刺激する装置で，両耳の末梢の障害のため，補聴器では対応が困難な重度の聴力低下がみられる場合に適用される。人工内耳の周波数帯域は，現在20チャンネルほどに分かれ，開発初期に比べて大幅に増えたものの，正常なヒトの蝸牛が実際に行っている周波数分析機能に比べれば，かなり粗い情報を脳に送っていると考えられる。このため，個人差はあるものの，音は聞こえるが聴覚のみでの音声の聞き分けが困難というケースも多く，その場合には読唇情報が有用となる。

聴覚障害は，その発生時期によって問題の性質が大きく異なる。成人してからの失聴の場合は，純粋に感覚の問題であり，末梢の障害であれば人工内耳の効果が比較的ストレートに期待できる。一方，聴覚障害が先天的か生後の早い時期に生じた場合には，言語獲得・対人コミュニケーションや社会性の発達などへの障壁となるので，人工内耳の適用もできるだけ早くしなければ，社会生活への実際的効果を得ることが難しい。

Bergeson et al.（2005）は，早期重度失聴児（先天性または生後36ヶ月までの失聴）で，9歳以前に人工内耳の埋め込み手術を受けた80人もの子どもを対象として，埋め込み前から埋め込み後5年までの音声知覚の変化について，縦断的研究を行った。刺激材料として，日常生活に関する文を集めたコモン・フレーズテスト（Robbins et al., 1995, Bergeson論文参照）を用い，テスト者が対面で文を読み上げる形で実験参

加者をテストした。このとき、テスト者の顔が見えて声も聞こえるAV条件、テスト者は口を動かすが声を出さないV条件、テスト者の顔は黒い布で覆われ声だけが聞こえるA条件があった。参加者は、文を正しく復唱するか、文の質問内容に正しく答えるか、文意の通りに行動できた場合に、1点を与えられ、1回のテストでは1つの呈示条件に10文が用いられた。データの分析では、対象とした参加者を二分し、人工内耳埋め込み時期が生後53ヶ月以前かそれより後かで、埋め込み時期の効果を検討した。結果を図1-4に示す。

　ここで最も顕著なのは、どの呈示条件でも、埋め込み時期にかかわらず、人工内耳装用年数が増すにつれて、正答率が上昇していることである。埋め込み前と1年後の成績差は必ずしも最大ではなく、装用3〜5年の経験を経て、着実に音声知覚が向上していくことがうかがわれる。「最初、話し声がロボットの声のように聞こえたが、徐々に人の声のように聞こえるようになった（筆者らが面接した装用者の話）」という多くの装用者の述懐も、このような数年にわたる知覚学習を意味しているのだろう。

　また、このグラフからわかるもう1つの事実は、その知覚学習のプロセスで、埋め込み時期によって異なる適応方略がとられることである。53ヶ月以前での早期埋め込みを行った実験参加者は、A条件では、後期埋め込み児よりも大きな成績上昇を着実にみせている。一方、それを補うように、V条件では後期埋め込み児が読唇成績の上昇をみせている。そして、AV条件では、両群の成績は似通ったものであった。早期埋め込みの方が聴力の回復には明らかに有利であるが、後期埋め込み児では、不利

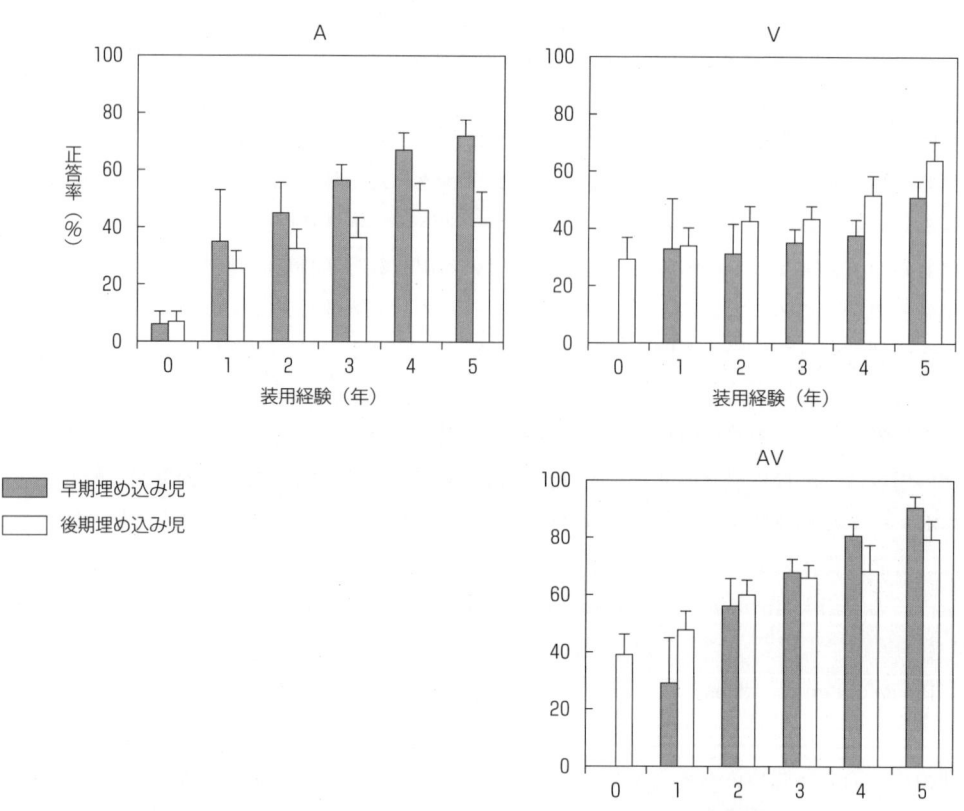

図1-4　埋め込み時期別にみた人工内耳装用年数による正答率の上昇（Bergeson et al., 2005より改変）

を補うように読唇のスキルが磨かれ，その結果，適応方略が異なるものの，埋め込み後5年に限っていえば，両者のAV条件の成績は同等のレベルに達しているのである。

　ここで，Bergesonらが指摘しているのは，日常生活におけるコミュニケーション手段の影響である。聴覚障害者は，手話を併用する人と，手話を用いず口頭でのコミュニケーションのみ行う人とがいる（後者を口話ともいう）。早期埋め込み児の場合，このようなコミュニケーション手段の差異によらず，装用年数とともにテスト成績上昇がみられたが，後期埋め込み児の場合，口話をとる子どもは装用年数とともに成績が向上するが，手話併用者では，成績の向上がほとんどみられなかったという。音の聞き取りが困難な場合に，手話に頼ってしまうと，読唇を含めた聞き取りを向上させる知覚学習の機会を逃してしまうのであろう。

　さて，話を単音節に戻して，マガーク刺激に関していうと，人工内耳装用者は，健聴者とは若干異なる知覚を生じるという報告がある（Schorr et al., 2005; Rouger et al., 2008）。先天性聴覚障害から人工内耳を埋め込んだ子どもをテストしたSchorr et al.（2005）の実験によると，装用児では視覚優位の反応がほとんどで，視聴覚の融合が生じにくかった。健聴者では「融合反応」または「聴覚優位反応」が報告された刺激に対して，装用児では「視覚優位反応」を報告する子どもが80%近くを占めた。すなわち，聴覚［pa］-視覚［ka］という刺激に対する"ka"の反応である。これらの子どものうち，健聴者と同じ「融合反応」である"ta"を報告したのは，2歳半以前に埋め込み手術を受けた子どもだけであった。このことから，健聴者と同様の視聴覚統合が成立するための聴覚機能の回復には，2歳半以前での埋め込みが必要といえるのかもしれない。ただし，この研究では，実験参加児は人工内耳装用経験が少なくとも1年とされているので，Bergeson et al.（2005）の結果に即して考えると，もしすべての実験参加児が5年以上装用していたらどうなるのか，興味がもたれる。

6　視聴覚音声知覚の脳内メカニズム

6.1　問題の背景

　音声知覚時の視覚情報と聴覚情報との統合は，脳内でどのように進行するのだろうか。最近の脳機能イメージング技術の進歩・普及とあいまって，この問題は脳における情報統合研究の格好の材料として，脳科学者にも広く関心がもたれるようになってきた。

　初期の脳磁界（MEG: Magneto-encephalogram）を計測した研究によれば，視聴覚の統合は「側頭葉上部（supratemporal cortex）」で起こるとされた（Sams et al., 1991）。この研究では，視聴覚ともに［pa］である一致刺激，または聴覚刺激は［pa］だが矛盾した視覚刺激と組み合わされた刺激が用いられた。一致刺激と矛盾刺激とは，一方が頻繁に出現し（84%），他方はたまにしか出現しない（16%）いわゆるミスマッチ・パラダイムで呈示された。低頻度刺激に対する「ミスマッチ」反応が上側頭回などに観察されたことから，Samsらは「視聴覚統合は，上側頭回の聴覚野で起こるのではないか」と主張している。しかしながら，ここではミスマッチ反応という低頻度刺激に対する反応を取り上げているので，上側頭回の活動は統合処理を直接的に反映

しているのか，ミスマッチ反応そのものを反映しているのか（Huotilainen et al., 1998)，疑問も残る。

6.2 脳部位の同定

　その後，音声知覚における視聴覚統合の脳部位はどこかという点については，fMRI（機能的磁気共鳴画像化：functional Magnetic Resonance Imaging）やPET（ポジトロン断層撮影：Positron Emission Tomography）などの空間解像度の高い手法を用いて検討が進められた。無数の脳活動の中から，視聴覚統合の処理だけを取り出すのは工夫のいる作業であるが，Calvertらは，連続音声を用い，視聴覚一致刺激に対して活動が上昇し，矛盾刺激（時間的にずれた映像と音声）に対して活動が低下する部位を「統合」処理を行っている部位であると定義して，fMRIデータから左半球の上側頭溝（superior temporal sulcus）後部の「多感覚エリア」がその場所であるとしている（Calvert et al., 2000; Calvert, 2001)。上側頭溝後部は，視覚入力も聴覚入力も受け取る皮質部位であることから，統合の部位としてうなずける場所であり，また，言語刺激を用いているため左半球が重要になる。

　筆者らは，一般に音が聞き取りにくいほど視覚情報がよく用いられ，マガーク効果も生じやすくなることを利用して，マガーク刺激の観察中に，音を聞き取りにくくすることで聞き取りやすい場合よりも活動が増大する部位を「統合」の部位と定義して，fMRIとPETの実験で，Calvertらと同様に左半球の上側頭溝後部がその場所であることを確認した（Sekiyama et al., 2003)。左半球の上側頭溝は，今日，言語音の視聴覚統合に関わる部位としてほとんどの研究で認められている（Callan et al., 2004も参照）。

　さらに詳しく視聴覚統合の脳部位を調べたMiller & D'Esposito（2005）のfMRIによる研究では，ba, da, ga, pa, ta, kaの単音節を用い，映像と音声の時間ずれを50 msステップで多段階導入し，各刺激に対して口の動きと声の一体感があるかどうかの判断を実験参加者に求めた。一体感の判断は，完全な同期刺激でなくてもある時間ずれの範囲で生じることが確認された。また，一体感が報告されたときに脳活動が高まった部位は左半球に集中しており，上側頭溝と横側頭回（Heschl's gyrus：第1次聴覚野に属する）などであった。発話に関する視聴覚一体感の知覚時に活動するこれらの部位は，言語音の視聴覚統合に関与していると考えられる。横側頭回は上側頭溝と強い相互結合をもっていることから，Millerらは，上側頭溝からのフィードバック入力が横側頭回の活動を生じさせているのではないかとしている。

　一方この研究では，一体感の知覚と関わりなく刺激に対して活動する部位として，上丘（superior colliculus)，島（insula）などが見出された。これらの部位は，非同期刺激が呈示されたときに，同期刺激に対してよりも活動が高まったので，刺激の時間的・空間的ずれの検出に関与していると考えられる。

6.3 時間的推移

　脳活動は，いろいろな部位がいろいろなタイミングで情報の受け渡しを行いながら進行しているはずであるが，fMRIやPETは脳血流量に関連した指標を測定するため，

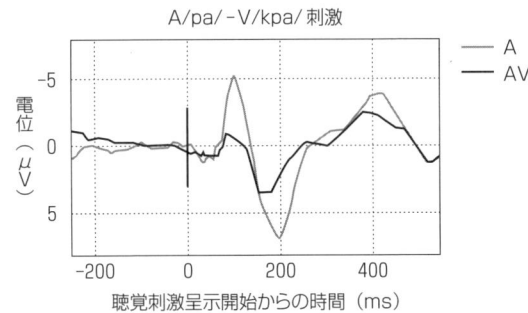

図1-5 聴覚のみ・視覚のみ・視聴覚での音声知覚中の脳内電位（van Wassenhove et al., 2005 より改変）

時間解像度が低く，数秒〜数十秒間の脳活動が1枚の脳機能画像に集約されてしまう。ミリ秒オーダーで進行する神経情報処理の時間的推移をみるには，脳波（事象関連電位）や脳磁界によって脳の電気的活動を測定する必要がある。

視聴覚音声知覚時の事象関連電位を測定したvan Wassenhove et al.（2005）の研究では，単音節 pa, ta, ka を用いて，聴覚のみ・視覚のみ・視聴覚の3種類の呈示条件で，電位の波形がどのように異なるかを比較した。事象関連電位（ERP：Event-related potentials）では，刺激呈示開始時点から100 ms 付近にみられる最初の陰性電位ピークをN1とよび，200 ms 付近の陽性電位ピークをP2などとよぶ。実験の結果，聴覚刺激の立ち上がりを起点としてみると，頭頂付近の電極で測定されたN1とP2のピーク間振幅は，聴覚のみの場合に比べて視聴覚条件で小さくなることが見出された。このような視覚情報付加による初期の振幅の減少は，脳磁界のデータで半球ごとの平均をとった場合にも報告されている（Davis et al., 2008）。van Wassenhove et al.（2005）のもう1つの重要な発見は，視聴覚条件では聴覚条件に比べてN1とP2のピーク潜時が短縮し，処理の時間的促進がみられたことである。これらのことから彼女らは，音声という生態学的妥当性が高く，音声開始点以前に視覚的運動情報が始まっている刺激の場合，知覚者は音声開始前の視覚情報を用いて音韻表象を参照しながら予測的処理をおこなっており，これがERPの潜時短縮や振幅減少をもたらしていると考えた。

一方，64電極の多チャンネル事象関連電位から電流源密度を推定し，空間情報を考慮した解析法をとったCallan et al.（2001）の研究では，視聴覚統合は聴覚刺激の立ち上がりから150〜300 ms 付近で生じることを示唆している。彼らは，発話している顔と声を組み合わせた視聴覚刺激に関して，視聴覚統合が強く生じる条件（聴覚ノイズ付加）とそうでない条件（ノイズなし）を比較した。視聴覚統合を反映していると思われる条件間の有意な差は，聴覚刺激呈示開始から150〜300 ms の時点に見出され，その活動は左半球の上側頭溝・上側頭回に定位された。このことから，視聴覚統合の過程を検討するには，聴覚刺激呈示開始から300 ms くらいまでの範囲をより詳しく調べていく必要があるだろう。

これに関しては，時間解像度と空間解像度の両方ですぐれる脳磁界が，今後有力な武器になると思われる。しかし，脳磁界は測定が非常にセンシティブで困難を伴い，解析法もまだ定番とよばれるものがなく，発展途上といえる。最近，脳磁界とfMRI

のデータを組み合わせて解析することによって，時間的・空間的に精度の高い情報が得られることが示されており，今後の解析方法の発展が期待される（Sato et al., 2004; Yoshioka et al., 2008）。

7　認知の可塑性・個性化のさらなる研究に向けて

　これまで述べてきたように，視聴覚音声知覚は，発達，加齢，母語の影響，聴覚回復過程での変化，脳内統合過程などいろいろなテーマで研究が活発に展開されており，いろいろなことがわかってきた。文献を概観して感じることは，人間の認知システムは，個人の感覚能力やおかれている言語環境などに応じて，最適方略をとるように変化するのではないかということである。今後，筆者はこのこと—認知の可塑性—をさらに展開させて調べていきたいと思う。その際，心理学の実験計画，発達的観点，脳機能計測技術などを組み合わせることで，有用な知見を得ることができると考えている。

　さて，筆者らが行動的データで見出した視聴覚音声知覚への母語の影響は，脳内活動としても観察することができるのだろうか。現在，筆者はこの問題に向けて実験を行っている。初期言語経験の違いによって後年の視聴覚統合処理様式に違いが生じることを，脳活動のパターンとしてとらえることができたら，経験による認知の個性化（たとえば，Mayr et al., 2005）についての新しい側面からの例証となるだろう。

引用文献

Alais, D., & Burr, D. (2004). The ventriloquist effects results from near-optimal bimodal integration. *Current Biology*, 14, 257-262.

Alais, D., & Carlile, S. (2005). Synchronizing to real events: Subjective audiovisual alignment scales with perceived auditory depth and speed of sound. *Proceedings of the National Academy of Sciences of the United States of America*, 102(6), 2244-2247.

Alsius, A., Navarra, J., Campbell, R., & Soto-Faraco, S. (2005). Audiovisual integration of speech falters under high attention demands. *Current Biology*, 15(9), 839-843.

Aslin, R. N., & Hunt, R. H. (2001). Development, plasticity, and learning in the auditory system. In C. Nelson & M. Luciana (Eds.), *Handbook of Developmental Cognitive Neuroscience*. Cambridge, MA: MIT Press, pp. 205-220.

Beauchamp, M. S., Nath, A. R., & Pasalar, S. (2010). fMRI-Guided transcranial magnetic stimulation reveals that the superior temporal sulcus is a cortical locus of the McGurk effect. *Journal of Neuroscience*, 30(7), 2414-2417.

Behne, D., Wang, Y., Alm, M., Arntsen, I., Eg, R., & Valsø, A. (2007). Changes in audio-visual speech perception during adulthood. *Proceedings of INTERSPEECH 2007*.

Bergeson, T. R., Pisoni, D. B., & Davis, R. A. (2005). Development of audiovisual comprehension skills in prelingually deaf children with cochlear implants. *Ear & Hearing*, 26, 149-164.

Burnham, D., & Dodd, B. (2004) Auditory-visual speech integration by pre-linguistic infants: Perception of an emergent consonant in the McGurk effect. *Developmental Psychobiology*, 44, 204-220.

Burnham, D., & Sekiyama, K. (in press). Investigating auditory-visual speech perception development using the ontogenetic and differential language methods. In G. Bailly, P. Perrier & E. Vatikiotis-Bateson (Eds.), *Audiovisual Speech Processing*. Cambridge, UK: Cambridge University Press.

Callan, D. E., Callan, A. M., Kroos, C., & Vatikiotis-Bateson, E. (2001). Multimodal contribution to speech perception revealed by independent component analysis: a single-sweep EEG case study. *Cognitive Brain Research*, 10, 349-353.

Callan, D. E., Jones, J. A., Munhall, K., Kroos, C., Callan, A. M., & Vatikiotis-Bateson, E. (2004). Multisensory integration sites identified by perception of spatial wavelet filtered visual speech gesture information. *Journal of Cognitive Neuroscience*, 16, 805-816.

Calvert, G. A. (2001). Crossmodal processing in the human brain: Insights from functional neuroimaging studies. *Cerebral Cortex*, 11, 1110-1123.

Calvert, G. A., Campbell, R., & Brammer, M. J. (2000). Evidence from functional magnetic resonance imaging of crossmodal binding in the human heteromodal cortex. *Current Biology*, 10, 649-657.

Calvert, G. A., Spence, C., & Stein, B. E. (2004). *The Handbook of Multisensory Processes.* Cambridge, MA: MIT Press.

Davis, C., Kislyuk, D., Kim, J., & Sams, M. (2008). The effect of viewing speech on auditory speech processing is difference in the left and right hemisphere. *Brain Research.* 1242 (C), 151-161.

Dekle, D. J., Fowler, C. A., & Funnell, M. G. (1992). Audiovisual integration in perception of real words. *Perception and Psychophysics*, 51, 355-362.

Desjardins, R. N., & Werker, J. F. (2004). Is the integration of heard and seen speech mandatory for infants? *Developmental Psychobiology*, 45(4), 187-203.

Dixon, N. F., & Spitz, L. (1980). The detection of auditory visual desynchrony. *Perception*, 9, 719-721.

Fujisaki, W., Shimojo, S., Kashino, M., & Nishida, S. (2004). Recalibration of audiovisual simultaneity. *Nature Neuroscience*, 7(7), 773-778.

Galantucci, B., Fowler, C. A., & Tuvey, M. T. (2006). The motor theory of speech perception reviewed. *Psychonomic Bulletin & Review*, 13, 361-377.

Green, K. P., Kuhl, P. K., Meltzoff, A., & Stevens, E. B. (1991). Integrating speech information across talkers, gender, and sensory modality: Female faces and male voices in the McGurk effect. *Perception & Psychophysics*, 50(6), 524-536.

Glorig, A., & Nixon, J. (1960). Distribution of hearing loss in various populations. *Annals of Otology Rhinology and Laryngology*, 69, 497-516.

Hidaka, S., Manaka, Y., Teramoto, W., Sugita, Y., Miyauchi, R., Gyoba, J., et al. (2009). Alternation of sound location induces visual motion perception of a static object. *PLoS ONE*, 4 (12, art. no. e8188), 1-6.

Hockley, N., & Polka, L. (1994). A developmental study of audiovisual speech perception using the McGurk paradigm. *Journal of the Acoustical Society of America*, 96, 3309.

Hull, R. H. (1995). *Hearing in Aging.* San Diego: Singular Publishing Goup.

Huotilainen, M., Winker, I., Alho, K., Escera, C., Virtanen, J., Ilmoniemi, R. J., Jääskeläinen, I. P., Pekkonen, E., & Näätänen, R. (1998). Combined mapping of human auditory EEG and MEG responses. *Electroencephalography and Clinical Nuerophysiology*, 108, 370-379.

Irwin, J. R., Whalen, D. H., & Fowler, C. A. (2006). A sex difference in visual influence on heard speech. *Perception and Psychophysics* 68, 582-592.

King, A. J., & Palmer, A. R. (1985). Integration of visual and auditory information in bimodal neurons in the guinea-pig superior colliculus. *Experimental Brain Research*, 60, 492-500.

北川智利（2007）．感覚間相互作用の空間的側面　大山　正・今井省吾・和氣典二・菊池　正［編］新編 Part 2 感覚・知覚心理学ハンドブック　誠信書房，pp. 3-7.

Komura, Y., Tamura, R., Uwano, T., Nishijo, H., & Ono, T. (2005). Auditory thalamus integrates visual inputs to behavioral gains. *Nature Neuroscience*, 412, 1203-1208.

Kuhl, P. K., & Meltzoff, A. N. (1982). The bimodal perception of speech in infancy. *Science*, 218 (4577), 1138-1140.

Kuhl, P. K., & Meltzoff, A. N. (1984). The intermodal representation of speech in infants. *Infant Behavior and Development*, 7(3), 361-381.

Kuhl, P. K., Tsuzaki, M., Tohkura, Y., & Meltzoff, A. N. (1994). Human processing of auditory-visual information in speech perception: Potential for multimodal human-machine interfaces. In the Acoustical Society of Japan (Ed.), *Proceedings of the International Conference of Spoken Language Processing*. Tokyo: the Acoustical Society of Japan. pp. 539-542.

Kushnerenko, E., Teinonen, T., Volein, A., & Csibra, G. (2008). Electrophysiological evidence of illusory audiovisual speech percept in human infants. *Proceedings of the National Academy of Science, USA*, **105**(32), 11442-11445.

Massaro, D. W., Thompson, L. A., Barron, B., & Laren, E. (1986). Developmental changes in visual and auditory contributions to speech perception. *Journal of Experimental Child Psychology*, **41**, 93-113.

Massaro, D. W., Tsuzaki, M., Cohen, M. M., Gesi, A., & Heredia, R. (1993). Bimodal speech perception: An examination across languages. *Journal of Phonetics*, **21**, 445-478.

Maurer, D., & Lewis, T. L. (2001). Visual acuity and spatial contrast sensitivity: Normal development and underlying mechanisms. In C. Nelson & M. Luciana (Eds.), *Handbook of Developmental Cognitive Neuroscience*. Cambridge, MA: MIT Press, pp. 237-251.

Mayr, U., Awh, E., & Keele, S. W. (2005). *Developing Individuality in the Human Brain: A tribute to Michael I. Posner*. Washington, DC: American Psychological Association.

McGurk, H., & MacDonald, J. (1976). Hearing lips and seeing voices. *Nature*, **264**, 746-748.

Miller, L. M., & D'Esposito, M. (2005). Perceptual fusion and stimulus coincidence in the cross-modal integration of speech. *Journal of Neuroscience*, **25**(25), 5884-5893.

Munhall, K. G., Gribble, P., Sacco, L., & Ward, M. (1996). Temporal constraints on the McGurk effect. *Perception and Psychophysics*, **58**, 351-362.

Morein-Zamir, S., Soto-Faraco, S., & Kingstone, A. (2003). Auditory capture of vision: Examining temporal ventriloquism. *Cognitive Brain Research*, **17**, 154-163.

能登谷晶子 (2007). 小児人工内耳装用後の言語音の獲得 日本音響学会誌, **63**, 109-114.

Robinson, C. W., & Sloutsky, V. M. (2004). Auditory dominance and its change in the course of development. *Child Development*, **75**, 1387-1401.

Rosenblum, L. D., Schmuckler, M. A., & Johnson, J. A. (1997). The McGurk effect in infants. *Perception and Psychophysics*, **59**(3), 347-357.

Rouger, J., Fraysse, B., Deguine, O., & Barone, P. (2008). McGurk effects in cochlear-implanted deaf subjects. *Brain Research*, **1188**, 87-99.

Sams, M., Aulanko, R., Hämäläinen, M., Hari, R., Lounasmaa, O. V., Lu, S., & Simola, J. (1991). Seeing speech: Visual information from lip movements modifies activity in the human auditory cortex. *Neuroscience Letters*, **127**, 141-145.

Sato, M. A., Yoshioka, T., Kajihara, S., Toyama, K., Goda, N., Doya, K., & Kawato, M. (2004). Hierarchical Bayesian estimation for MEG inverse problem. *NeuroImage*, **23**(3), 806-826.

Sekiyama, K. (1994). Differences in auditory-visual speech perception between Japanese and Americans: McGurk effect as a function of incompatibility. *Journal of Acoustical Society of Japan*, **15**(3), 143-158.

積山 薫 (1997). 異種モダリティ情報の統合 長縄久生・椎名乾平・川﨑惠里子 [編] 認知心理学の視点：理論と測定法 ナカニシヤ出版, pp. 110-137.

Sekiyama, K. (1997). Cultural and linguistic factors in audiovisual speech processing: The McGurk effect in Chinese subjects. *Perception & Psychophysics*, **59**, 73-80.

Sekiyama, K., Braida, L. D., Nishino, K., Hayashi, M., & Tsuyo, M. (1995). The McGurk effect in Japanese and American perceivers. *Proceedings of the 13th International Congress of Phonetic Sciences*, *Vol. 3*. Stockholm: Congress organizers at KTH and Stockholm University. pp. 214-217.

Sekiyama, K., & Burnham, D. (2008). Impact of language on development of auditory-visual speech perception. *Developmental Science*, **11**(2), 306-320.

Sekiyama, K., Kanno, I., Miura, S., & Sugita, Y. (2003). Auditory-visual speech perception examined by fMRI and PET. *Neuroscience Research*, **47**, 277-287.

積山 薫・坂本真一 (2007). 耳の衰えは処理速度に出る―視聴覚音声知覚の加齢変化― 日本音響

学会聴覚研究会資料, **37**(10), 799-804.

Sekiyama, K., & Tohkura, Y. (1991). McGurk effect in non-English listeners: Few visual effects for Japanese subjects hearing Japanese syllables of high auditory intelligibility. *Journal of the Acoustical Society of America*, **90**, 1797-1805.

Sekiyama, K., & Tohkura, Y. (1993). Inter-language differences in the influence of visual cues in speech perception. *Journal of Phonetics*, **21**, 427-444.

Sekuler, R., Sekuler, A. B., & Lau, R. (1997). Sound alters visual motion perception. *Nature*, **385**, 308.

Shams, L., Kamitani, Y., & Shimojo, S. (2000). What you see is what you hear. *Nature*, **408**, 788.

Schorr, E. A., Fox, N. A., van Wassenhove, V., & Knudsen, E. I. (2005). Auditory-visual fusion in speech perception in children with cochlear implants. *Proceedings of National Academy of Science, USA*, **102**, 18748-18750.

Soto-Faraco, S., Lyons, J., Gazzaniga, M., Spence, C., & Kingstone, A. (2002). The ventriloquist in motion: Illusory capture of dynamic information across sensory modalities. *Cognitive Brain Research*, **14**, 139-146.

Spoor, A. (1967). Presbycusis values in relation to noise induced hearing loss. *International Audiology*, **6**, 48-57.

Stein, B., & Meredith, M. (1993). *The merging of the senses*. Cambridge, MA: MIT Press.

Stone, J. V., Hunkin, N. M., Porrill, J., Wood, R., Keeler, V., Beanland, M., Port, M., & Porter, N. R. (2001). When is now? Perception of simultaneity. *The Royal Society*, **268**, 31-38.

Sugita, Y., & Suzuki, Y. (2003). Audiovisual perception: Implicit estimation of sound-arrival time. *Nature*, **421**, 911.

Sumby, W. H., & Pollack, I. (1954). Visual contribution to speech intelligibility in noise. *Journal of the Acoustical Society of America*, **26**, 212-215.

高橋裕司・積山　薫・坂本真一 (2006). 加齢が視聴覚音声知覚に及ぼす影響　日本音響学会聴覚研究会資料, **36**(4), 357-362.

Teramoto, W., Hidaka, S., & Sugita, Y. (2010). Sounds move a static visual object. *PLoS ONE*, **5** (8, art. no. e12255), 1-5.

Thompson, L. A. (1995). Encoding and memory for visible speech and gestures: A comparison between young and older adults. *Psychology & Aging*, **10**, 215-228.

Thompson, L. A., & Malloy, D. (2004). Attention resources and visible speech encoding in older and younger adults. *Experimental Aging Research*, **30**, 241-252.

Thurlow, W. R. & Jack, C. E. (1973). Certain determinants of the "ventriloquism effects." *Perceptual and Motor Skills*, **36**, 1171-1184.

Tiippana, K., Andersen, T. S., & Sams, M. (2004). Visual attention modulates audiovisual speech perception. *European Journal of Cognitive Psychology* **16**(3), 457-472.

Tremblay, C., Champoux, F., Voss, P., Bacon, B. A., Lepore, F., & Theoret, H. (2007). Speech and non-speech audio-visual illusions: a developmental study. *PLoS One*, **2**(1), e742.

Van Wassenhove, V., Grant, K. W., & Poeppel, D. (2005). Visual speech speeds up the neural processing of auditory speech. *Proceedings of the National Academy of Sciences of the United States of America*, **102**(4), 1181-1186.

Vatakis, A. & Spence, C. (2007). Crossmodal binding: Evaluating the 'unity assumption' using audiovisual speech stimuli. *Perception & Psychophysics*, **69**, 744-756.

Vatikiotis-Bateson, E., Eigsti, I. M., Yano, S., & Munhall, K. G. (1998). Eye movement of perceivers during audiovisual speech perception. *Perception & Psychophysics*, **60**, 926-940.

Vroomen, J., Keetels, M., Gelder, B. D., & Bertelson, P. (2004). Recalibration of temporal order perception by exposure to audio-visual asynchrony. *Cognitive Brain Research*, **22**, 32-35.

和田有史 (2007). 感覚間相互作用の時間的側面　大山　正・今井省吾・和氣典二・菊池　正［編］新編 Part 2 感覚・知覚心理学ハンドブック　誠信書房, pp. 7-11.

Wagner, S. H., & Sakovits, L. J. (1986). A process analysis of infant visual and cross-modal recognition memory: Implications for an amodal code. In L. P. Lipsitt & C. Rovee-Collier (Eds.), *Advances in infancy research* (*Vol.* 4). Worwood, NJ: Ablex. pp. 195-217.

Walker-Andrews, A. S., & Gibson, E. J. (1986). What develops in bimodal perception? In L. P. Lipsitt & C. Rovee-Collier (Eds.), *Advances in infancy research* (*Vol. 4*). Worwood, NJ: Ablex. pp. 171-181.

Watson, C. S., Qiu, W. W., Chamberlain, M. M., & Li, X. (1996). Auditory and visual speech perception: Confirmation of a modality-independent source of individual differences in speech recognition. *Journal of the Acoustical Society of America*, **100**, 1153-1162.

Welch, R. B., & Warren, D. H. (1980). Immediate perceptual response to intersensory discrepancy. *Psychological Bulletin*, **88**, 638-667.

Yoshioka, T., Toyama, K., Kawato, M., Yamashita, O., Nishina, S., Yamagishi, N., & Sato, M. A. (2008). Evaluation of hierarchical Bayesian method through retinotopic brain activities reconstruction from fMRI and MEG signals. *NeuroImage*, **42**, 1397-1413.

第2章 文字の符号化[1]

水野　りか

　文字の符号化というと古いテーマのように思われるかもしれない。しかし，文字の符号化に関する研究のほとんどは英語母語者を対象にアルファベット文字を材料として行われたもので，母語者による違いやアルファベット以外の文字の符号化過程についての研究は非常に少ない。筆者は，第2節で紹介する著名なM. I. Posnerらの文字マッチング実験を数年にわたって日本語母語者を対象に追試し，毎回Posnerらの結果とは若干異なる結果を得た。そして，そのことを発表した学会では，何人もの日本人研究者から賛同を得た。しかし，その原因を説明しうる知見は見あたらなかった。

　この原因は非常に複雑で，すべてが解明できたわけではない。しかし，少なくともその原因の1つが，母語者による文字の符号化過程の違いであることがわかってきた。

　本章では，最新の知見を含め，母語者や文字種による符号化過程の違いについての知見を紹介する。

1　符号化とは

　工学の領域で文字の符号化というと，文字を数値コードに割り当てること，ないしは，変換することを指す。これは，コンピュータが0，1しか処理し得ないために行われる。人間の脳も入力される文字をそのまま表象・処理できるわけではない。そのため，文字を脳が表象・処理できるコード（code）に変換する必要がある。これが心理学の領域でいう符号化（encode）である[2]。

　心理学では，文字情報は文字の有する各属性ないしは構成要素（モジュール）の情報に分離され，表象可能なコードに変換されて記憶されていると考えられている。文字にどのような属性があるのか，いくつの属性があるのかは，それを特定する研究方法が現時点では存在しないため，実質的には知り得ない。他の属性に紛れ，我々が意識していない思いもかけぬ属性があるかもしれない。しかし少なくとも，我々が認識することができ，文字を識別する要となるものとして心理学や脳科学で研究が進められてきた属性には，形態コード（visual code），音韻コード（phonological code），意味コード（semantic code）の3種がある。

2　Posnerの文字の符号化過程の研究

　文字コードの変換・保持・利用過程を最初に実験的に検討したのは，M. I. Posnerらである（Posner, Boies, Eichelman & Taylor, 1969; Posner & Keele, 1967; Posner & Mitchell, 1967）。彼らが考案したのは文字マッチング課題（letter-matching task）と呼ばれる課題で，形態的一致（e.g., AA），音韻的一致（Aa），不一致（AB / Ab）の3条件の文字対を 様々な呈示間隔（ISI: inter-stimulus interval）で呈示し，その異同判断の反応時間を測定するものである。形態的一致（physical match）の反応時間は形態コードの，音韻的一致（phonological / name match）の反応時間は音韻コードの利用可能性ないしは活性化状態を反映すると考えられた。そして最も代表的なPosner et al.（1969）の研究では，ISIが短いときは形態的一致の反応時間の方が音韻的一致の反応時間より短かったが，ISIが広がるとともに形態的一致の反応時間が長くなり，ISI1秒から2秒でその差がほぼ消失することが見出された（図2-1）。

　この結果は，第1文字が呈示された直後は形態コードが利用可能でこれを利用した方が早く判断できるが，形態コードは時間とともに徐々に消失して1秒から2秒ではほぼ消失することを示していると解釈された。そしてこの研究は，文字の各コードの状態やその利用過程を初めて明らかにした研究として注目され，彼らの文字マッチング課題はその後も 様々な研究で利用されるようになった。

　しかし，彼らの結論については異論もある。たとえばPhillips & Baddeley（1971）は，Posner et al.（1969）が形態コードが存続するとした2000 msという時間はアイコニック・メモリ（iconic memory）（Sperling, 1960）の存続時間よりはるかに長く，視覚的短期記憶（visual short-term memory: VSTM）（Posner, 1967）の存続時間よりはるかに短いという理論的矛盾を指摘した。アイコニック・メモリは視覚的な感覚記憶で，大量に保持されうるが 200 msないしは 300 ms前後で消失してしまう記憶である。一方視覚的短期記憶は，容量は限られているが，いわゆる短期記憶と同様，情報

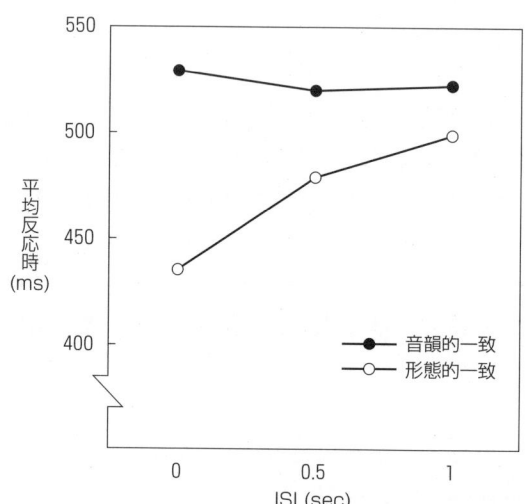

図2-1　Posner, Boies, Eichelman & Taylor（1969）の実験結果（一部改変）

量や条件にもよるが 10 数秒もの間保持されうる記憶である。そして彼らは，形態的一致と音韻的一致の反応時間の差が時間とともに消失したのは，単に参加者が時間とともに形態コードの代わりに音韻コードを利用して判断するようになったためではないかと考えた。そして文字の代わりに音韻コードの利用できない図形を利用したマッチング課題を行った。その結果，ISI 9000 ms 頃まで形態コードは消失し続けながらも存続することを明らかにし，Posner et al.（1969）の結果は形態コードの代わりに音韻コードが利用されたために得られたと結論した。

しかしながら，Phillips & Baddeley（1971）の研究で用いられた刺激はあくまでも図形であって文字ではなく，文字の形態コードの利用され方や保持され方は図形の形態コードとは異なる可能性がある（e.g., Santa, 1977）。よって，文字の形態コードの利用・保持過程，そして，時間とともに形態コードの代わりに音韻コードが用いられるようになるのか否か等の過程を明らかにするためには，やはり文字を刺激として別の角度から検討を加えることのできる新たな実験方法を工夫する必要があろう[3]。

いずれにせよ，Posner et al.（1969）の実験結果は，英語母語者が母語文字のアルファベットを処理する際の符号化過程に関する知見である。冒頭に述べたように，他の母語者，特にアルファベットを母語文字としない母語者の文字の符号化過程が英語母語者とは異なることを示すいくつかの研究結果がある。

そこでこれ以降は，韓国，中国，日本の母語文字の特徴を示したうえで，各母語者の文字の符号化過程に母語文字の特徴が影響していることを示唆する様々な研究結果を紹介する。

3　様々な母語文字の特徴

3.1　韓国・中国・日本の母語文字の特徴

Posner et al.（1969）の研究はもとより，これまで文字マッチング実験で検討されてきたのは，主にアルファベットの符号化過程である。しかし文字には，アルファベット，ハングル文字，漢字，ひらがな，カタカナなど様々な種類があり，各々が独自の特徴を有している。

主に欧米で用いられるアルファベットは，原則として 1 文字で 1 つの子音あるいは母音の音素を表す表音文字（phonogram）であり，より厳密には，音素文字（segmental script）と呼ばれる。ただし，英語の場合などは，文字の発音と文字が単語を形成した場合の発音が異なる場合もある。たとえば，A（a）という文字の発音は［ei］だが冠詞の場合は通常は［ə］と発音され，cape という単語内の a は文字と同じように［ei］と発音されるが，尾部に e がつかない cap という単語内では［æ］と発音される。

韓国のハングル文字もアルファベットと同じ表音文字であるが，子音と母音の組み合わせで音節を表すやり方はむしろローマ字表記と類似している。しかし，ハングル文字は，ローマ字と違って音節を単位としてまとめて書かれる。たとえば，무の上の要素の発音は［m］，下の要素の発音は［u］なので，これ 1 文字で［mu］と発音される（菅野，1987）。そのためハングル文字は，音節文字（syllabary），ないしは，構成

要素から作られたものなのでフィーチュラル・スクリプト（featural script）とよばれる。

中国の文字は日本と同じ漢字であり，上の2種に比べて形態的に複雑で，意味を有することから，従来は表意文字（ideogram）とよばれることが多かった。しかし中国の漢字は日本語の漢字とは異なり，ほとんどの場合，読みが1通りしかない単音字である。そして，漢字1文字が語を表しているため，最近では表語文字（logogram）と呼ばれる場合が多くなった（御領，1987）。

日本の文字は漢字，ひらがな，カタカナである。日本の漢字も中国の漢字と同様形態的に複雑で，かつ，意味を表すため，以前は表意文字に分類されることが多かった。しかし，日本語の漢字は，漢字だけで語をなすとは限らず漢字と仮名の組み合わせで語をなす場合が多い。そのため最近では，より厳密に，形態素文字（morphogram）と呼ばれる場合が多い（御領，1987；岩田，1996）。また，読みにヤマトコトバの訓と中国語の変化した音があることからもわかるように，日本語の漢字は中国語の漢字と異なりそのほとんどが多音字である。そして，それを補うために，日本では，単音字の表音文字であるひらがな・カタカナという仮名文字を併用する。

3.2　日本の漢字の特異性

日本の優性文字は，漢字である。日本語の漢字は先述の通り，中国語の漢字と違って1文字が様々な音韻をもつ多音字である。たとえば，生という漢字などは，「い」，「うぶ」，「き」，「しょう」，「せい」，「なま」，「なまり」，「ふ」というように8種も読みがある。また，同じ音韻でも形態・意味の異なる同音異字が多数存在し，たとえば同じ「き」という音韻をもつ文字は，き，キ，期，気，木，機，貴，記，既，来，器，着，基，季，黄，奇，旗，騎，樹，忌，軌，稀，生，揆，癸，危，紀，希，規，起，企，喜，机，棄，帰，祈，嬉，寄，綺，幾，揮，汽，飢，亀，己，碁，伎，岐，棋，畿，鬼…というようにきわめて多い。同音異義語になると，「たいしょう」（対象，対照，大正，対称，大勝，大将，大賞，隊商，大笑，大詔…），「こうしょう」（交渉，高尚，公証，口承，鉱床，工商，厚相，哄笑，考証，校章，工匠，公称，公娼…），というように，さらに多くの種類があり，その多さは他の言語には類を見ない。

4　各母語者の母語文字特性の符号化過程への影響

4.1　中国語母語者と韓国語母語者の表音文字の符号化過程

こうした母語文字の特徴が，各々の母語者の母語，非母語を問わずすべての文字や単語の符号化過程に何らかの影響を与えている可能性は否めない。Wang, Koda & Perfetti（2003）は，形態的に複雑な母語文字の漢字処理で形態コードへの依存度が高いとされる中国語母語者（Chen, Flores d'Arcais, & Cheung, 1995）の第二言語の処理過程を調べることで，この可能性を検討しようと考えた。そして，表音文字でない漢字を母語文字とする中国人留学生と表音文字のハングル文字を母語文字とする韓国人留学生の，英単語の処理における形態・音韻コードへの依存度を比較した。実験では，カテゴリを示した後，種々の単語を画面に呈示し，その単語がそのカテゴリに属

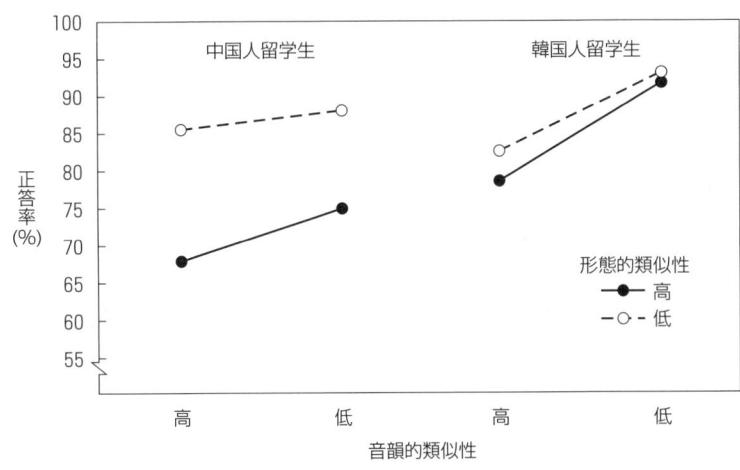
図 2-2　Wang et al.（2003）の実験結果（一部改変）

する語（カテゴリ語）か否か（Yes / No）を判断させた。独立変数は，カテゴリ語と呈示語の形態的類似性（スペルの類似性）と音韻的類似性で，(1) 形態的類似性も音韻的類似性も高い条件，(2) 形態的類似性は高いが音韻的類似性は低い条件，(3) 形態的類似性は低いが音韻的類似性が高い条件，(4) 形態的類似性も音韻的類似性も低い条件の3条件が設けられた。たとえば，"food" というカテゴリが示された場合の "meet" という呈示語は，"meat" と形態的類似性も音韻的類似性も高い (1) の条件の単語，"melt" という呈示語は形態的類似性は高いが音韻的類似性は低い (2) の条件の単語ということになり，"flower" というカテゴリが示された場合の "rows" という呈示語は "rose" というカテゴリ語と形態的類似性は低いが音韻的類似性の高い (3) の条件の単語，"robs" という呈示語は形態的類似性も音韻的類似性も低い (4) の条件の単語ということになる。結果は図 2-2 に示す通りで，中国人留学生は形態的類似性が高いほど，韓国人留学生は音韻的類似性が高いほど，正答率が低かった。この結果は，第二言語である英語を処理する際，中国人留学生は形態コードに，韓国人留学生は音韻コードにより大きく依存することを端的に示している。

4.2　日本語母語者と中国語母語者の表音文字の符号化過程

　同音異字や同音異義語が多い日本語では，音韻コードだけでは必ずしも的確な意味に到達することはできない。言葉遊びでよく出てくる「貴社の記者が汽車で帰社した」などは，音韻コードだけでは何が何だかわからない。そのためか，日本語母語者は漢字表記語の処理において，音韻コードより形態コードにより大きく依存するとされる（井上，1980）。

　この処理特性は，基本的には先述の中国語母語者の処理特性と一致しているが，日本語母語者の方がはるかに多くの同音異義語を使うことを考えると，形態コードへの依存度は日本語母語者の方が高いかもしれず，それが表音文字の処理にも及んでいる可能性は十分考えられる。しかし，日本語母語者は漢字だけでなく仮名という表音文字も用いる。確かに，漢字仮名交じり文においては，内容語（content word）の大半は漢字で表記され，仮名は主に機能語（function word）の助詞や活用語尾などに用い

られるため,仮名の比重は小さい。しかし少なくとも,日本語母語者は中国語母語者よりも表音文字に慣れているはずで,表音文字の処理では中国語母語者ほど音韻コードへの依存度が低くないかもしれない。

いずれの可能性が正しいかを調べるために,水野・松井・Bellezza(2007)は本章第2項で紹介したPosner et al.(1969)の文字マッチング実験を2つ実施した。1つは英語母語者と日本語母語者を対象にアルファベットを刺激としたもの,もう1つは日本語母語者を対象にひらがな・カタカナを刺激としたものであった。その結果を図2-3に示す[4]。アルファベットを刺激とした実験では,音韻的一致の平均反応時間は

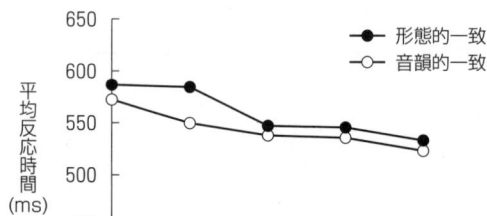

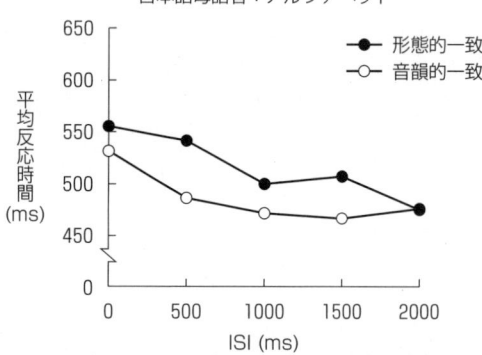

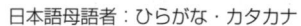

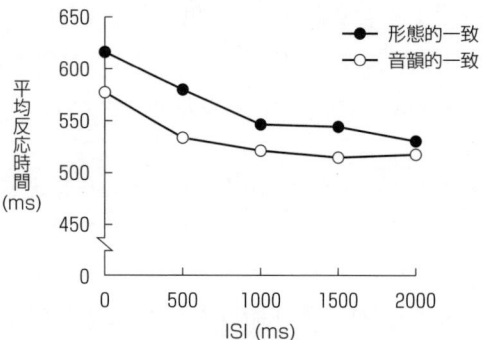

図2-3 水野・松井・Bellezza(2007)のマッチング実験結果(一部改変)

英語母語者と日本語母語者で差がなかったが，形態的一致の平均反応時間は日本語母語者の方が英語母語者よりも短かった。また，英語母語者では形態的一致と音韻的一致で差がみられなかったが，日本語母語者では形態的一致の方が音韻的一致より有意に短かった。そして，ひらがなカタカナを刺激とした実験でも，日本語母語者の形態的一致の平均反応時間は音韻的一致よりも有意に短かった。これらの結果は，日本語母語者の形態的符号化（visual encoding）は，アルファベットの場合もひらがなの場合も，英語母語者よりも迅速であることを示しており，日本語母語者の形態的符号化の比重が，母語・非母語を問わず，表音文字の処理においても大きいことが明らかとなった。

　しかし，英語母語者の形態的一致と音韻的一致の反応時間に差がなかったため，英語母語者の音韻的符号化（phonological encoding）の比重が高いという一般的な結論は導きえなかった。そしてこれは，一般的な文字マッチング実験特有の問題点に起因した可能性があると考えられた。その問題点とは，通常の文字マッチング実験の形態的一致（e.g., AA, BB）が，形態コードではなく音韻コードを利用しても判断できることである。したがって，英語母語者の場合は，もともと音韻コードへの依存度が高いこともあり，形態的一致対を音韻コードに基づいて判断した可能性があり，そのために両一致対の反応時間に差が認められなかった可能性があると考えられた。

　そこで水野他（2007）は次に，形態的一致の判断における音韻コードの利用を抑制する新たな実験，変則マッチング実験を考案・実施した。この実験では，Aa のような通常のマッチング実験で「同じ」と判断すべき音韻的一致対を，「異なる」と判断するよう教示する。この変則不一致タイプを設けることで，参加者は音韻コードだけに基づいたのでは判断を誤ってしまうため，すべての一致対の判断で音韻コードの利用を抑制すると考えたからである。その結果，英語母語者の平均反応時間は，変則不一致＞不一致＞形態的一致と有意差があったが，日本語母語者の平均反応時間はいずれにも差が認められなかった。このように英語母語者でだけ音韻コードを抑制する必要のある変則不一致の方が通常の不一致より反応時間が遅れたことは，英語母語者の場合は即座に音韻的符号化が生じることを示している。また，この実験の形態的一致の反応時間を通常の文字マッチング実験の形態的一致の反応時間と比較すると，日本語母語者では差がなかったのに対し，英語母語者では変則マッチング実験の形態的一致の反応時間の方が短かった。この結果は，英語母語者は音韻コードへの依存度が高いために自動的に活性化が生じて抑制が難しいこと，そして，音韻コードを抑制して形態コードを利用した方が形態的一致の判断が速いにもかかわらず，それが抑制されない通常のマッチング実験の形態的一致の判断には音韻コードを利用してしまっていることを示唆している。一方，日本語母語者で両形態的一致の反応時間に差がなかったことは，音韻コードの利用を抑制しても日本語母語者の場合はもともと音韻コードの依存度が低いため差が生じないことを示している。したがって先の実験での日本語母語者の形態的一致の反応時間は形態コードを利用した際の反応時間だとみなすことができる。以上から，表音文字の符号化過程では，英語母語者の場合は音韻的符号化の比重が高く，日本語母語者の場合は優勢文字である漢字の符号化過程と同様，形態的符号化の比重が高いと結論された。

では，ともに漢字を用いる日本語母語者と中国語母語者の符号化過程に違いはないのか。松井・水野（2008）は，もしも母語文字の特性が表音文字の符号化過程にも及んでいるならば，使用する漢字のほとんどが単音字で同音異義語の少ない中国語母語者の音韻コードへの依存度は，漢字のほとんどが多音字で同音異義語を多用する日本語母語者の音韻コードへの依存度よりも高いのではないかと考えた。そして，水野他（2007）の2種の実験を日本語母語者と中国語母語者に対して実施した。その結果，通常の文字マッチング実験では母語者による違いは認められず，いずれの母語者でも形態的一致の反応時間が音韻的一致の反応時間よりも短いという水野他（2007）と同じ結果が得られた。しかし，変則マッチング実験では，日本語母語者の変則不一致・不一致・形態的一致の反応時間に差はなかったが，中国語母語者の変則不一致の反応時間が他の2タイプの反応時間より長かった。しかし，中国語母語者の変則マッチング実験の形態的一致の反応時間は水野他（2007）の英語母語者の場合とは異なり，そして日本語母語者の場合と同様，通常のマッチング実験の形態的一致の反応時間と差がなかった。これらの結果は，中国語母語者の形態的符号化は日本語母語者と同程度に迅速で比重が高いことに加え，音韻コードへの依存度が日本語母語者より高いが英語母語者ほどではないことを示唆しており，表音文字の符号化過程への母語文字の影響が再確認されたといえる。

4.3　日本語母語者の漢字の符号化過程

　アルファベットの場合は1文字で意味を有する場合はほとんどないが，日本語の漢字は1文字でも意味がある場合が多い。したがって，これまで紹介してきた形態的符号化過程と音韻的符号化過程に加え，その意味的符号化（semantic encoding）過程を明らかにする必要がある。ここで注意すべきなのが，漢字が単独で意味をもつ場合，それは文字なのか語なのかということである。"tree"が単語で，その訳が「木」であることからも明らかなように，1文字でも意味をもつ場合は，それは単語とよばれるべきである。したがって，漢字の場合は，厳密には，文字と単語はほぼ不可分だということになる。

　先述の最近の定義とは異なるが，昔はごく一般的には，漢字は表意文字，仮名は表音文字と呼ばれていた。このことからもわかるように，我々は直感的に仮名の場合は音韻的符号化の比重が大きいと感じるが，漢字の場合は意味的符号化の比重が大きく音韻的符号化の比重は小さいと感じる。そのため，漢字の処理に音韻的符号化が関与するか否かについては数多くの議論・研究が行われてきたが，最近では，仮名は音韻的符号化を経るが漢字は音韻的符号化を経ずに直接意味的符号化が行われるという文字の種類による2分法的な考え方ではなく，違いをもたらすのは表記の親近性や使用頻度で，漢字でも音韻的符号化は生じるとする考え方が一般的である（林，1999；広瀬，2007；水野，1997）。

　漢字の形態，音韻，意味的符号化の関連性を検討した研究は数多くあるが，ここでは，これまで紹介してきた文字マッチング実験を用いてその関係を調べた研究を紹介する。

　井上（1980）は，3種の符号化が並列的に処理されているという仮定のもとで，そ

表 2-1 井上（1980）で設けられた 6 条件（一部改変）

判断	条件	例	形態コード	音韻コード	意味コード
同	同語	教会―教会	○	○	○
異	同音類義語	追及―追求	△	○	△
	同音異義語	支持―指示	×	○	×
	異音類義語	広告―宣伝	×	×	△
	前同字語	反省―反応	△	△	×
	無関連	政党―収容	×	×	×

注）○：同，△：類似，×：異

れらの相互作用の過程を明らかにするために，表 2-1 に示す同語対 1 条件と異語対 5 条件の計 6 条件の材料を用いた文字マッチング実験を ISI 200 ms と ISI 2000 ms で実施した。3 種の符号化が並列的に処理されているならば特定のコードが 2 刺激間で同じか類似している場合は異同判断時間が遅れるため，反応時間の遅れをみればどのコードがどのような関係で利用されているのかが明らかになると考えたからである。その結果，ISI 200 ms でも ISI 2000 ms でも反応時間は，同音類義語＞前同字語＞同音異義語＝異音類義語＝無関連語であることが見出された。そして井上（1980）は，同音異義語と異音類義語と無関連語に差がなかったことは形態コードと独立に音韻コードと意味コードが関与することはないことを示しており，同音類義語と前同字語に差があったことは形態コードが類似している場合には音韻コードと意味コードが干渉することを示唆していると考察している。

ここで注意せねばならない点が 3 つほどある。1 つは，上の実験の第 1 語の呈示時間が 100 ms だったことである。文字マッチング実験で測定する反応時間は，第 2 文字の符号化に要する時間である。そのため，第 1 文字の呈示時間はその全符号化が完了するに十分な時間が与えられねばならない。実際，Posner et al. (1969) や水野他（2007）を含めた通常の文字マッチング実験では，第 1 文字の呈示時間は，比較的長い 500 ms に設定されていた。加えて，5 節で紹介する Mizuno et al. (2008) では，日本人母語者の表音文字 1 字の音韻的符号化でさえ 100 ms～300 ms は必要であることが明らかにされている。したがって，呈示時間 100 ms は短すぎた可能性がある。確かに，井上（1980）が述べているように，この実験では第 1 語には最低でも，呈示時間の 100 ms と ISI 200 ms を加えた計 300 ms の処理時間が与えられたと考えるべきかもしれない。しかし，意味的符号化が必要で，しかも，2 文字であったことを考えると，それ以上に長い呈示時間が必要だった可能性は否めない。

もう 1 つは，この実験の異判断の基準である。この実験は，Aa のような形態の異なる文字対を「異なる」と判断させる変則マッチング実験になっていた。それだけでなく，この実験は意味が同じないしは類似していても「異なる」と判断させる，いわば二重変則マッチング実験になっていた。つまり，この実験では，形態的一致だけに基づいて判断した場合にのみ正答となるため，音韻コードも意味コードもかなり抑制されていた可能性がある。そうだとすればこの実験は，形態コードの競合が他の符号化にどのような影響を及ぼすかを調べたものだともいえるため，形態コードが不一致の場合は競合が生じず，同音異義語，異音類義語，無関連語の比較で音韻コードと意

味コードの影響が顕在化しなかっただけなのかもしれない。

最後の1つは，異判断の過程と同判断の過程の違いである。異なるという判断は，一致しないコードが見出された時点で可能である。しかし，我々の「読み」は同判断の連続で，かつ，意味を得るための行為なので，途中で処理を打ち切ることはできないはずである。したがって，異なると判断する過程は我々が日常行っている文字処理の過程とは異なる可能性が高い。

このように，漢字の文字マッチング実験には，検討すべき様々な問題が含まれている。しかし，こうした問題を1つひとつ解決していくことで，より優れたパラダイムが生み出される可能性がある。今後は，このパラダイムがさらに改良され，それが日本語母語者の漢字表記語の符号化過程の解明のために活用されることを期待したい。

5　日本語母語者の各符号化のタイミング

漢字1文字の意味的符号化のタイミングについては，上述のような様々な方法論上の問題からか未だ明確な知見は得られていないが，仮名をはじめとする表音文字1文字の形態・音韻的符号化のタイミングについては，様々な領域で研究が行われ，矛盾のない知見が得られている。

5.1　大脳生理学的知見

藤巻・早河（2005）は，脳磁界（magnetoencephalogram: MEG）と機能的磁気共鳴画像（functional Magnetic Resonance Imaging: fMRI）によって日本語母語者の仮名の疑似文字，仮名文字を用いて特定の形態・音韻が含まれるか否かを判断するまでの形態・音韻的符号化の各々の脳関連部位の活動を独立に測定した。その結果，形態的符号化に関連した後頭および後頭側頭下部の活動は100 ms前後から400 msまで，音韻的符号化に関連した左側頭後上部（ウェルニケ言語野付近）と右側頭後上部，左縁上回，および，左前頭下部（ブローカ言語野付近）ないし島の活動は200 msから400 msまで観察されることが見出された（図2-4）。

ただし，これらの時間はあくまでも活動時間であるため，判断終了までの各コードの保持時間も含まれていると考えるべきである。したがって，これらの活動時間は，形態的符号化の方が音韻的符号化より先に始まることを示唆しているが，完了時間については，この間に完了しているという以上に明確な結論を下すことはできない。

なお，この研究では，仮名文字列を用いた意味的符号化の関連部位の活動の測定も

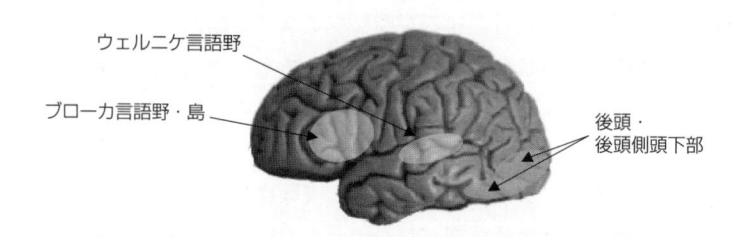

図2-4　藤巻・早河（2005）で示された文字の符号化による脳の活動部位

試みられたが，音韻的符号化と同じ部位にほぼ同じ時期に活動が見出されただけで他の活動部位は検出されなかったと報告されている。しかし，これはあくまでも文字列（たとえば「アヒル」）を材料としたもので1文字ではなく，また，表音文字である仮名文字を処理したことが結果に影響した可能性もあり，意味的符号化に関しては，現時点で結論を下すことは難しい。

5.2 心理学的知見

表音文字の形態的符号化と音韻的符号化のタイミングについては心理実験でも検討され，完了時間についてもより明確な知見が得られている。

Mizuno et al. (2008) は，先の研究と同様，英語母語者と日本語母語者を対象にアルファベットとひらがなカタカナを材料として，第1文字の呈示時間を操作して第2文字の文字マッチング反応時間を測定した。第1文字の符号化が呈示時間内に完了していなければ反応時間は長くなるが，完了すれば反応時間は短くなるはずだと考えられたからである。結果は図2-5に示す通りで[5]，検定の結果，英語母語者のアルファベットでの反応時間は形態的一致も音韻的一致も第1文字の呈示時間が100 msの場合と300 msの場合の間で有意に短縮していたのに対し，日本語母語者の反応時間はアルファベットでもひらがな・カタカナでも，音韻的一致は英語母語者の場合と同様100 msと300 msの間で短縮していたが，形態的一致はどの呈示時間でも差がなかった。この結果は，英語母語者の表音文字の形態・音韻的符号化と日本語母語者の音韻的符号化は文字の呈示開始後100 msから300 msで完了するのに対し，日本語母語者の形態的符号化は呈示開始後100 ms以内とかなり早くに完了することを示している。

この知見は，先述の大脳生理学的知見ともほぼ整合性があり，日本の優勢文字である漢字の特性および処理特性の影響が，母語・非母語を問わず，表音文字一般の処理に及んでいる証拠だと言えよう。

日本人が日本でも外国でもすぐに名刺を渡すことは，ジョークにすらなっている。しかしこれは単なる習慣ではなく，形態コードへの依存度の高い日本人が，日本人名にせよ外国人名にせよ，人の名を音で処理しただけでは心許なく，形を処理し，その形態コードを利用して記憶したい，あるいは，その方が慣れていて確実だと感じているからなのかもしれない。

6 まとめと展望

人間はきわめて合理的で柔軟性に富んだ情報処理システムである。よって人間が，文字の種類によって異なる過程で符号化を行っているとは考えにくい。たとえば，「口頭発表」，「ロシア」という単語を筆記したようなとき，「口」と「ロ」は見分けがつかない。このような場合に，人間が文脈からその文字が漢字かカタカナかを判断し，漢字ならば音韻的符号化を行わず，カタカナなら音韻的符号化を行うといった複雑で不合理な処理を行っているとは考えられないのである。

実際，第5節で示したように，音韻的符号化は文字呈示後約200 msというきわめて短い時間で自動的に生起し約300 ms以内に完了するきわめて迅速な過程である。

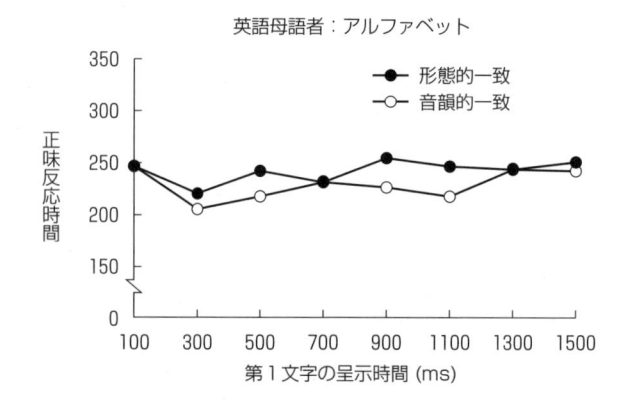

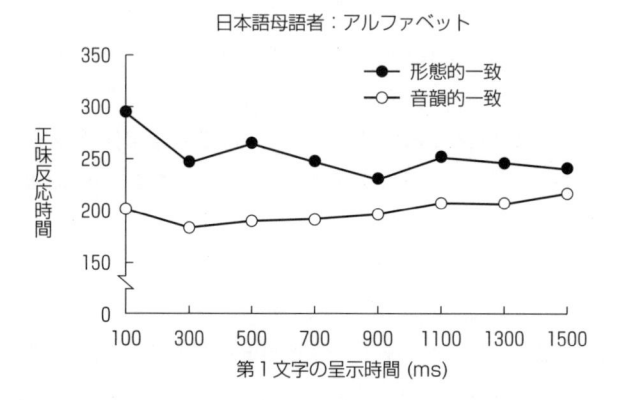

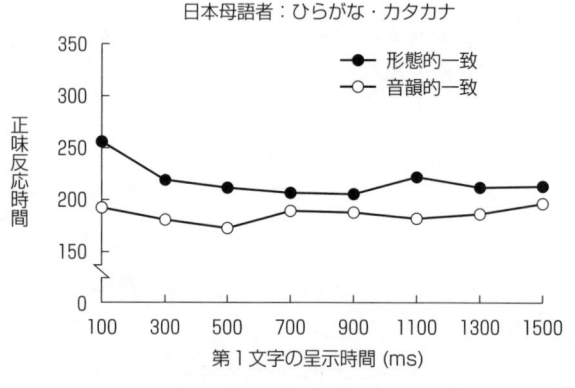

図2-5 Mizuno, Matsui, Harman & Bellezza（2008）のマッチング実験結果（一部改変）

したがって，漢字でだけそれが行われないまま意味的符号化が行われると考えるよりもむしろ，音韻的符号化も生起するがその速度がきわめて迅速で意識に上らない，あるいは，音韻的符号化のレキシコンの活性化における比重がきわめて少ないと考える方が自然ではなかろうか。

よって今後は，共通のモデルを想定し，各コードの拮抗（井上，1980），形態が音韻・意味に若干先行するだけの並列処理における母語文字特性に応じた各コードの重み（水野他，2007），使用頻度に起因する自動化の程度の違いからくる符号化速度の違い（水野，1997）といった，文字や条件による様々な処理速度，成績等の相違に影

響する諸要因をまず明らかにすることが大切である。そのうえで，それらの要因を組み込み，それらに母語者の特性に応じた重みづけをするなどして，どのような文字のどのような条件下の符号化過程をも再現できるような包括的モデルを構築することが，人間の文字処理過程を理解するうえで最も役立つアプローチだと考える。

引用文献

Chen, H. C., Flores d'Arcais, G. B., & Cheung, S. L. (1995). Orthographic and phonological activation in recognizing Chinese characters. *Psychological Research*, 58, 144-153.

藤巻則夫・早川友恵 (2005). MEG と fMRI を使った言語処理の脳活動計測とその解析法　人工知能学会誌, 20, 227-235.

御領　謙 (1987). 読むということ　東京大学出版会.

林　龍平 (1999). 日本語の単語認知における表記差効果　風間書房.

広瀬雄彦 (2007). 日本語表記の心理学　北大路書房.

井上道雄 (1980). 漢字の形態処理，音韻処理，および意味処理の関連性について―形態マッチング課題を用いて―　心理学研究, 51, 136-144.

岩田　誠 (1996). 脳とことば―言語の神経機構　共立出版.

松井孝雄・水野りか (2008). 中国語母語者の文字符号化は日本語母語者・英語母語者とどう異なるか　日本認知科学会第25回大会発表論文集, 88-89.

水野りか (1997). 漢字表記語の音韻処理自動化仮説の検証　心理学研究, 68, 1-8.

水野りか・松井孝雄・Bellezza, F. S. (2007). 表音文字処理における形態・音韻コードへの依存度の日本語母語者と英話母語者の相違　認知心理学研究, 5, 1-10.

Mizuno, R., Matsui, T., Bellezza, F. S., & Harman, J. L. (2005). Visual and phonological encodings and retention of information: letter-matching tasks revisited. 日本認知科学会第22回大会発表論文集, 348-349.

Mizuno, R., Matsui, T., Harman, J. L., & Bellezza, F. S. (2008). Encoding times of phonograms by English and Japanese readers: eliminating the time for attention switching. 認知心理学研究, 5, 93-105.

Phillips, W. A., & Baddeley, A. D. (1971). Reaction time and short-term visual memory. *Psychonomic Science*, 22, 73-74.

Posner, M. I. (1967). Characteristics of visual and kinesthetic codes. *Journal of Experimental Psychology*, 75, 103-107.

Posner, M. I., & Keele, S. W. (1967). Decay of visual information from a single letter. *Science*, 158, 137-139.

Posner, M. I., & Mitchell, F. R. (1967). Chronometric analysis of classification. *Psychological Review*, 74, 392-409.

Posner, M. I., Boies, S. J., Eichelman, W. H., & Taylor, R. L. (1969). Retention of visual and name codes of single letters. *Journal of Experimental Psychology Monograph*, 79, 1-16.

Santa, J. L. (1977). Spatial transformations of words and pictures. *Journal of Experimental Psychology: Human Learning and Memory*, 3, 418-427.

Sperling, G. (1960). The information available in brief presentations. *Psychological Monographs*, 74 (Whole No. 498).

菅野裕臣 [監修] (1987). 朝鮮語を学ぼう　三修社.

Wang, M., Koda, K., & Perfetti, C. A. (2003). Alphabetic and nonalphabetic L1 effects in English word identification: a comparison of Korean and Chinese English L2 learners. *Cognition*, 87, 129-149.

注

1) 本研究の一部は，平成18年度～平成20年度文部科学省科学研究費補助金（基盤研究（C），課題番号：18530574，研究代表者：水野りか）の補助を受けた。

2）心理学では文字以外にも「符号化」という用語は用いられる。一般的な「符号化」は，情報を変換し脳内に表象すること，すなわち，「記銘」という意味で用いられ，「意味的符号化」を指す場合が多い。
3）この他にも，Posner et al.（1969）の実験手続きには様々な問題が見出されている。これについては，Mizuno et al.（2005）に詳しいので，こちらを参照されたい。
4）Posner et al.（1969）との実験結果の相違，とくに，ISIに伴う反応時間の変化方向の不一致の原因については，水野他（2007）及びMizuno et al.（2008）を参照されたい。
5）図2-5に示した正味反応時間とは，マッチング反応時間から2文字間の注意切り替えに要する時間を差し引いた時間を指す。詳細は，Mizuno et al.（2008）を参照されたい。

第3章 語の読みにおける意味符号化

日野　泰志

　私たちは，たいした努力を払うことなく文章を読み，その意味を理解することができる。毎朝配達される新聞は，大量の文字で埋め尽くされ，通勤途中の電車の中で読みふける小説は，目で文字をなぞることで雑踏の中に身を置くことすら忘れさせてくれる。このように私たちが普段，何気なく行っている「読む」という行為には，どのような作業が含まれているのだろうか。この章では，私と私の共同研究者たちが行ってきた研究の成果を中心に複数の研究を紹介しながら，私たちが文章を読む際，その文章の中の語の意味の復元に関わるプロセスの性質について考察する。

1　語彙知識の検索と意味符号化

　「読む」という行為に含まれる作業を考えるうえで，まず，指摘しておかなければならないこととして，私たちは過去に学習した経験をもつ言語で書かれた文章しか読むことができないという事実がある。たとえば，日本で生まれ，日本語を話す家庭で育った一般的な日本人は，日本語の文章を読み，その意味内容を容易に理解することはできるが，学習経験のない外国語で記述された文章を与えられても，それを理解することはできない。中学校入学以降，比較的長期にわたり教育を受けた英語についても，日本語の文章と同じように容易に英文を読むことができる日本人は少ないようである。

　なぜ，私たちは日本語は読めるのに，学習経験のない外国語は読めないのだろう。なぜ，英語の文章を読むのに苦労するのだろう。これらの事実は，「読む」という行為には，目を通して受け取った綴りの情報をもとに，自分がもっている語彙知識を検索するという作業が含まれることを反映している。私たちが，学習経験のないフランス語の文章を読めないのは，フランス語の語彙知識をもっていないからであり，フランス語の知識を習得すれば，フランス語の文章を読むことができるようになる。同様に，日本人が母国語である日本語で書かれた文章を容易に読むことができるということは，日本語に関する語彙知識をもっており，その語彙知識を容易に検索することができるということを反映している。

　このように「読む」という行為のなかには，語の綴りの情報をもとに，それに対応

する正しい語彙知識を検索する作業が含まれており，語の意味も，この作業を通して検索されるのである。語の綴りの情報をもとに，それが担う意味情報を検索する作業は，一般に，意味符号化とよばれる。この意味符号化のプロセスは，どのような性質をもつプロセスなのだろうか。この章では，これまでに提案されてきたいくつかのモデルを紹介するとともに，最近の研究成果を踏まえて意味符号化プロセスの性質について考察する。

2　視覚的語認知モデル

2.1　心的辞書と語彙表象

さて，「読む」という行為を通して，語の綴りの情報をもとに，それに対応する正しい語彙知識を検索することができるということは，私たちが，母国語に関する語彙知識を保持しているという事実を前提としている。つまり，私たちは，心の中に国語辞典をもっていると考えることができるのである。実際，古典的な語認知モデル（e. g., Forster, 1976; Morton, 1969）では，心の中に辞書を仮定し，これを心的辞書（mental lexicon）とよぶ。心的辞書内には，各語に対応する語彙表象（lexical representation）が仮定される。語彙表象とは，国語辞典の中のそれぞれの語に対する見出しのようなものであり，語彙表象にアクセスすることで，対応する語の意味，発音，綴りなどの語彙情報を参照することができるのである。

このようなモデルによれば，私たちが文章を読む際には，その文章の中のそれぞれの語の意味を正しく理解するために，それぞれの語の視覚情報（綴り）をもとに心的辞書内が検索され，対応する正しい語彙表象が選択されなければならない。では，この心的辞書内の検索という作業はどのような仕方で行われるのだろうか。1970年代から80年代初頭にかけての研究の中には，心的辞書内の語彙表象選択はどのような仕方で行われるのかという問題を扱ったものが多く，そうした研究をもとに複数のモデルが提案されてきた。

2.2　語彙判断課題

心的辞書内の語彙表象はどのような仕方で検索されるのかという問題を検討するための手がかりとなるデータを手に入れるにはどうしたらいいのだろう。Rubenstein, Garfield & Millikan（1970）および Rubenstein, Lewis & Rubenstein（1971）はこの問題を考えるうえで重要である。彼らは，心的辞書内の検索がどのように行われるのかという問題を検討するために，実験参加者に文字列を提示し，その文字列に対する語－非語判断を求めた。実験参加者は提示された文字列が「語」の場合には「語」ボタンを，そうでない場合には「非語」ボタンをできるだけ迅速かつ正確に押すよう求められた。この課題は，語彙判断課題（lexical decision task）とよばれ，文字列が提示されてから実験参加者がどちらかのボタンを押すまでに要した反応時間と反応の正誤が記録される。Rubenstein et al.（1970; 1971）は，この課題の「語」刺激に対する成績が心的辞書検索の仕方を反映すると考え，心的辞書検索の仕方に関するいくつかの可能性を提案している。

心的辞書を仮定すると，与えられた文字列が「語」であると判断するには，その文字列に対応する語彙表象が心的辞書内に存在することを確認する必要がある。与えられた文字列の視覚情報をもとに心的辞書内が検索され，対応する語彙表象が発見されれば，その文字列は語であると判断され，対応する語彙表象が発見されなかった場合には，「非語」であると判断されるはずである。この考えが正しいなら，語彙判断課題の「語」判断の反応時間は，特定の語に対して，視覚情報をもとに心的辞書が検索され，対応する語彙表象が発見されるまでに要した時間を反映すると考えることができる。したがって，属性の異なる語に対する語彙判断課題の成績がどのように変化するかということを詳しく調べることで，心的辞書内の検索がどのような仕方で行われているのかを検討することができるはずである（e. g., Coltheart, 1978; Forster, 1976）。

　語彙判断課題で観察される効果は，私たちが，どのような仕方で心的辞書内を検索するのかという問題を考えるうえで，重要な手がかりを与えてくれるはずである。たとえば，語の中には，私たちが日常，頻繁に目にするものと，逆にほとんど目にすることがないものとがある。語が日常どのくらい頻繁に使われているかということを知るために語の出現頻度表が作成されている。Kucera & Francis（1967）は，日常使用される様々な文章の中から，百万語をランダムに抽出し，それぞれの語がその百万語中に何個含まれていたかという度数を計算した。この度数を各語の出現頻度（word frequency）とよぶ。言うまでもなく出現頻度が高い語は，日常，比較的よく目にする語であり，逆に出現頻度の低い語は，目にすることが少ない語だということになる。実は，語の出現頻度という変数は語彙判断課題の成績に非常に大きな効果を生じることが知られている（e. g., Balota & Chumbley, 1984; Hino & Lupker, 1998, 2000; Monsellet, Doyle & Haggard, 1989; Paap, McDonald, Schvaneveldt & Noel, 1987; Rubenstein et al., 1970）。日本語の研究を例に挙げると，Hino & Lupker（1998）は，国立国語研究所（1970）の出現頻度表をもとに漢字熟語とカタカナ単語の出現頻度を操作し，語彙判断課題を使って出現頻度効果の大きさを検討している。その結果，「報道」や「サービス」などの高頻度語に対する語彙判断の反応時間の方が，「解剖」や「スチール」などの低頻度語に対する反応時間よりも短かった。このような出現頻度効果が，語彙判断課題において観察されるという事実は，心的辞書内の検索において，高頻度語の方が低頻度語よりも優先的に検索される可能性を示唆するものである。

　語彙判断課題のデータを手がかりとして心的辞書の検索の仕方に関する知見をまとめた語の認知モデルが複数提案されている。ここでは，そのうちの代表的な2つのタイプのモデルを紹介する。1つは直列検索モデル（Serial-Search Model），もう1つは活性化モデル（Activation Model）である。上で紹介したRubenstein et al.（1970; 1971）が提案したモデルは直列検索モデルに属するものであり，心的辞書の検索において，視覚情報と語彙表象との間の直列検索を仮定するモデルである（図3-1参照）。これに対して，活性化モデルとは，語彙表象を閾値をもった語検出装置（word detector）と仮定し，提示された刺激の視覚的特徴の類似性の程度に応じて，この語検出装置が活性化されると仮定するモデルである（図3-2参照）。

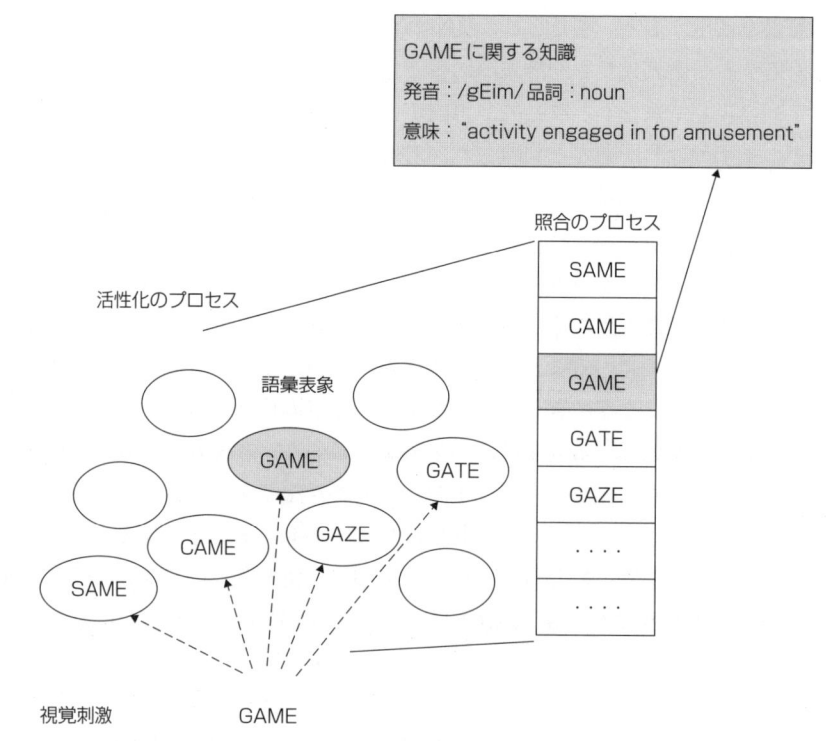

図3-1 直列検索モデル。与えられた刺激の視覚情報に類似する語彙ユニットすべてが活性化され、候補セットが形成される。候補セット内の語彙ユニットは出現頻度順に刺激の視覚情報と照合され、一致する語彙ユニットが発見されると、照合は打ち切られ、その語彙ユニットに対応する語の認識が生じる。

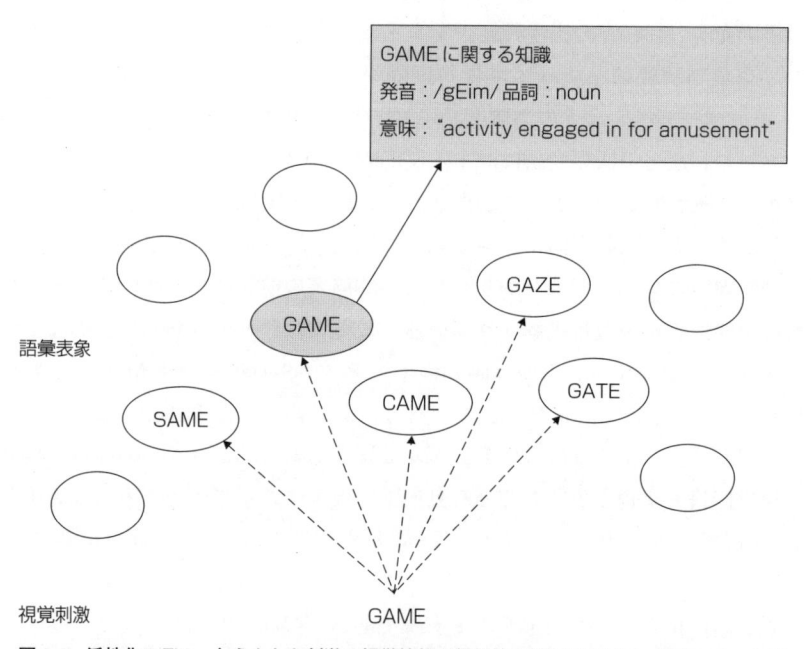

図3-2 活性化モデル。与えられた刺激の視覚情報の類似性の程度に応じて、語彙ユニットが活性化される。最初に閾値を越えて活性化された語彙ユニットに対応する語の認識が生じる。

2.3 直列検索モデルと活性化モデル

　直列検索モデルは，心的辞書内の語彙表象選択の際に，語彙表象と視覚入力情報との間で，直列検索を仮定するモデルである（e.g., Becker, 1980; Forster, 1976; Paap, Newsome, McDonald & Schvaneveldt, 1982; Paap et al., 1987）。視覚刺激が与えられると，刺激の視覚特徴の類似性の程度に依存して，複数の語彙表象が活性化される。この活性化のプロセスを通して，候補セット（Candidate Set, Sensory Set）が形成される。次に，候補セット内にリストされた語彙表象は，照合のプロセスにおいて，視覚的記憶内に記録された刺激の視覚情報と照合される。この照合はそれぞれの語彙表象が対応する語の出現頻度に依存して，出現頻度の高い方から低い方へ1つずつ順番に行われる。つまり，出現頻度が高く，日常，比較的よく目にする語に対応した語彙表象の方が出現頻度の低い語に対応した語彙表象よりも先に照合される。そして，語彙表象と視覚情報が一致したとき，照合のプロセスは打ち切られ，一致した語彙表象に対応した語が認識されることになる。このように，直列検索モデルでは，活性化のプロセスと，それに続く照合のプロセスを仮定し，照合のプロセスにおける直列検索の順番は語の出現頻度に依存すると仮定することで，語彙判断課題で観察される語の出現頻度効果を説明する。

　一方，活性化モデルは，語彙表象の選択は単一の活性化プロセスのみで実行されると仮定する。上に述べたように活性化モデルは，個々の語に対応した語彙表象を閾値をもった活性ユニットと仮定する（e.g., Morton, 1969）。このモデルでは，視覚刺激が与えられると，刺激の視覚特徴の類似性の程度に依存して複数の語彙ユニットが活性化される。各語彙ユニットは語の出現頻度に応じて，それぞれ固有の閾値をもっており，活性化された語彙ユニットの中で，どれか1つ最初に閾値を越えて活性化された語彙ユニットに対応する語の認識が生じると仮定される。したがって，図3-3に示

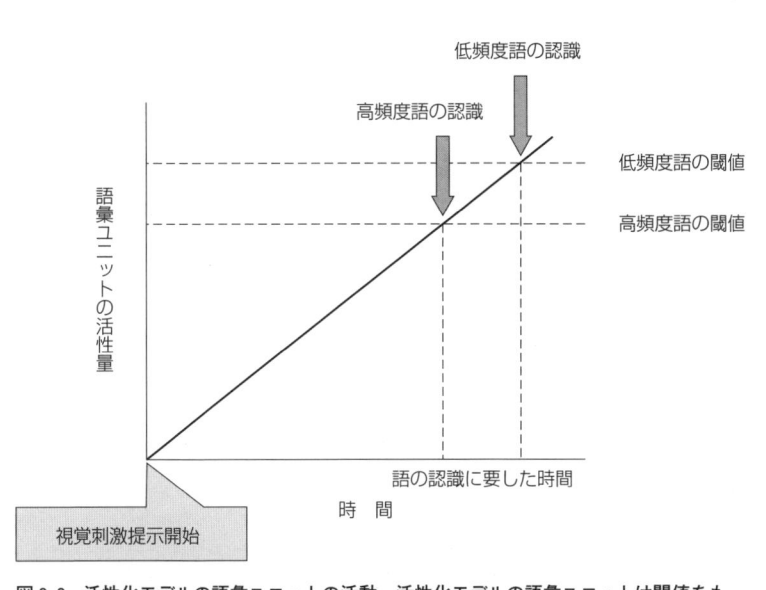

図3-3　活性化モデルの語彙ユニットの活動。活性化モデルの語彙ユニットは閾値をもった語検出器である。視覚刺激との形態類似性の程度に依存して，これらのユニットは活性化され，閾値を越えて活性化されたとき，そのユニットに対応する語の認識が生じる。

すように，語彙ユニットが閾値を越えて活性化されるのに必要な情報量は，それぞれの語彙ユニットに対応する語の出現頻度の関数であり，出現頻度が低いほど必要な情報量は多くなる。このように，活性化モデルでは，閾値を越えて語彙ユニットが活性化されるのに必要な情報量の違いから，語彙判断課題で観察される語の出現頻度効果を説明する。

　直列検索モデルも活性化モデルも，ともに心的辞書を仮定し，その中から適切な語彙表象がどのような仕方で検索されるのかということを説明するためのモデルであった。これらのモデルは，意味情報の検索については，どのような仮定を置いているのだろうか。上に述べたように，心的辞書内に格納されている語彙表象とは，国語辞典の各語の見出しのような役割を果たすものと仮定されている。そして，語彙表象そのものが意味などの語彙情報を含むわけではなく，語彙表象とは，対応する語の語彙情報が格納されている長期記憶内の番地を指し示すポインタのような役割を果たすものと仮定されている。したがって，語の意味情報の復元には，刺激の視覚情報に基づく心的辞書内の検索による語彙表象選択と，それに続く意味決定のプロセスが必要なのである（e. g., Balota, Ferraro & Connor, 1991; Forster & Hector, 2002）。たとえば，Morton（1969）の活性化モデルでは，語彙レベルのユニットの他に意味レベルのユニットが仮定される。1つの語彙ユニットが閾値を越えて活性化すると，次にそのユニットと結合している意味ユニットが活性化され，意味情報が利用可能となる。直列検索モデルにおいても，語の意味情報が利用可能になるのは，語彙表象の選択が完了した後である（e. g., Forster, 1976）。

　このように，直列検索モデルも活性化モデルも，基本的には，語を視覚刺激として受け取ってから，対応する意味情報を復元するまでには，語彙表象選択のプロセスと意味決定のプロセスとが介在し，それぞれのプロセスは独立に機能し，語彙表象選択が完了した後に意味決定のプロセスは実行されると仮定している。このように互いに独立に機能するプロセスを仮定する情報処理の考え方をモジュラリティー仮説という（e. g., Fodor, 1983; Samuel, 1981）。とくに，意味情報の復元においては，刺激の視覚情報に基づく形態処理が完了し，語彙表象が選択された後で，意味符号化が実行されるという考えを形態優先仮説（Form-First Hypothesis）とよぶ（e. g., Forster & Hector, 2002）。

　一方，人の情報処理システムを考えるうえで，知識に基づいて駆動されるトップダウン型の処理の重要性を強調する研究者も多数存在する（e. g., Neisser, 1967; McClelland, 1987; McClelland & Rumelhart, 1981）。彼らは，人の情報処理システムでは，ボトムアップ型の処理に加えてトップダウン型の処理が有効に機能すると主張する。これは，交互作用仮説とよばれる考え方である。交互作用仮説によれば，「読み」の処理における語の意味符号化のプロセスにおいてもボトムアップ型の処理ばかりでなくトップダウン型の処理が考慮されなければならない。つまり，語の意味情報の検索における語彙表象選択のプロセスと意味決定のプロセスとを独立なものとは考えず，むしろ，互いに影響し合いながら機能するプロセスであると仮定するのである（e. g., Balota et al., 1991）[1]。

2.4 形態優先仮説と交互作用仮説

　活性化モデルを例に，形態優先仮説と交互作用仮説についてさらに詳しく説明しよう。上で紹介した Morton（1969）の活性化モデルでは，視覚刺激が提示されると，その形態類似性の程度に依存して複数の語彙ユニットが活性化する。そして複数の語彙ユニットの中から，最初に閾値を越えて活性化した語彙ユニットが選択される。このとき，閾値を越えて活性化した語彙ユニットに結合している意味ユニットには活性信号が伝播し，意味情報が復元される。このモデルでは，どれか1つの語彙ユニットが閾値を越えて活性化するまで，意味ユニットへの活性信号の伝播は開始されないため，語彙ユニット選択と意味ユニットの活性化を独立のプロセスとみなすことができる。このような構造のモデルは，形態優先仮説に一致する。

　これに対して，同じ活性化モデルでも，McClelland & Rumelhart（1981）のモデルをもとに Balota et al.（1991）が提案した活性化モデルは，交互作用仮説に立脚するものである。Balota et al. のモデルでは，語彙ユニットが部分的に活性化されると，閾値を越えて活性化されるよりも前に，接続している意味ユニットへ活性信号が伝播すると仮定している。さらに，部分的に活性化された意味ユニットは，語彙ユニットへフィードバックの信号を伝播するため，語彙ユニットの活性化に意味ユニットからのフィードバックが促進的に作用する。このモデルは，明らかに語彙ユニットの選択と意味ユニットの活性化のプロセスの間に交互作用を仮定しており，交互作用仮説に一致するモデルである。

2.5 並列分散処理モデル

　形態優先仮説と交互作用仮説とはどちらがより妥当なものなのだろうか。実際のデータによる検討に入る前に，交互作用仮説に基づく，別のモデルを紹介しておきたい。これまで，「読み」における語彙情報復元の作業では，心的辞書内の語彙表象の検索と，それに続く意味決定のプロセスが必要であるとするモデルを紹介してきた。さらに，各語に対応する語彙表象を心的辞書内から検索するのにかかる時間を語彙判断課題の成績から推測することができるということについても論じた。しかし，1980年代後半から，心的辞書という概念および語彙判断課題の成績が反映するものに関して，これまで紹介してきた古典的なモデルに基づく説明とは異なる議論がなされるようになってきた。

　これまで，語の出現頻度効果をはじめとする多くの効果が，心的辞書内の語彙表象選択のプロセスにおいて生じると説明されてきた。ところが，1980年代半ば頃から，これらの効果が実は語彙表象選択とは関係のない別のプロセスで生じている可能性が指摘されるようになってくるのである（e.g., Balota & Chumbley, 1984; Besner & McCann, 1987; Hino & Lupker, 1998; 2000; Seidenberg & McClelland, 1989）。それに伴い，心的辞書の検索を通して語彙表象が選択されるという枠組みで「読む」という行為を説明することを疑問視する研究者が出てくるのである。どのような効果も心的辞書や語彙表象という概念を仮定することなく説明可能であるなら，これらの概念を心理学の理論の中で使用する必要がないということになってしまう。こうした背景から，Seidenberg & McClelland（1989）は，心的辞書や語彙表象という概念を仮定しな

い新しいモデルを提案した。

　活性化モデルや直列検索モデルなど，心的辞書を仮定するモデルでは，語やその意味にそれぞれ局所的表象（ユニット）を仮定し，語彙情報復元のための中心的な作業として心的辞書内の語彙表象の検索という作業を仮定した。このように語やその意味に対応する局所的表象を仮定するモデルをローカリスト・モデルとよぶ。これに対してSeidenberg & McClelland（1989）が提案したモデルは並列分散処理モデル（parallel distributed processing model）とよばれる。このモデルでは，語彙情報は，形態・音韻・意味ユニット群上の固有の活性パターンとして表象される（e.g., Borowsky & Masson, 1996; Kawamoto, Farrar & Kello, 1994; Plaut, 1997; Plaut, McClelland , Seidenberg & Patterson, 1996; Rodd, Gaskell & Marslen-Wilson, 2004; Seidenberg & McClelland, 1989; Van Orden et al., 1990）（図3-4参照）。

　ローカリスト・モデルは，1つの概念を1つのユニットを使って表象し，1つの語に対応する語彙表象を心的辞書内に仮定した。これに対して並列分散処理モデルは，心的辞書という概念を仮定せず，語彙表象も仮定しない。並列分散処理モデルでは，語の形態情報，音韻情報，意味情報をそれぞれ部分的に表象するユニット群が仮定され，それぞれのユニットは，互いに別のユニットと結合されている。各ユニットは語がもつ部分的な特徴を表象するものであり，これらのユニットの活性レベルは，その特徴の強さの程度に依存する。たとえば，形態レベルのユニットは，語を構成する文字や文字の部分的特徴に対応するユニットであり，語の形態情報は，これらのユニットの固有の活性パターンとして表象される。同様に，語の音韻情報も，音素や音節に対応する音韻ユニットの固有の活性パターンとして表象され，語の意味についても，複数のプリミティブな意味特徴に対応する意味ユニットの固有の活性パターンとして

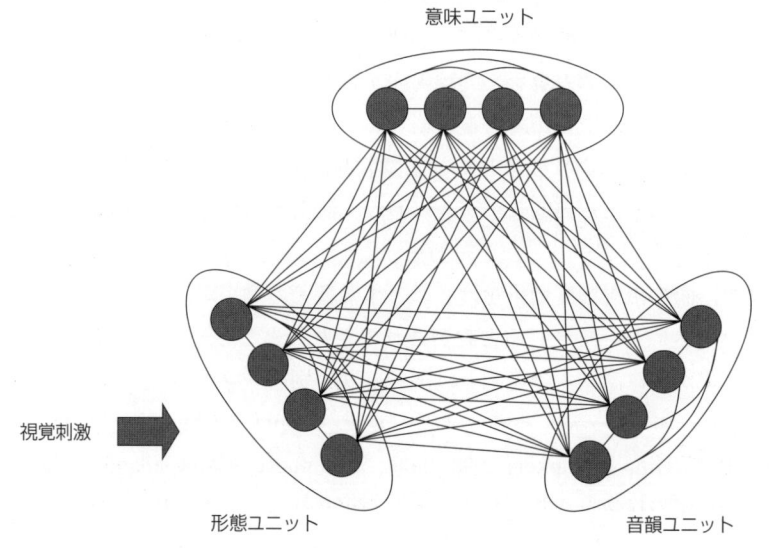

図3-4　並列分散処理モデル。語の形態・音韻・意味情報は，それぞれの部分的特徴を表わすユニットの活性パターンとして表象される。また，このモデルは，語の形態・音韻・意味間の対応関係を，それぞれのユニット間の結合強度の調節により学習する。つまり，それぞれの語がもつ形態・音韻・意味間の対応関係の知識がユニット間の結合強度として蓄積されるのである。

表象される。さらに並列分散処理モデルでは，このような異なるレベルに対応するユニット群が互いに双方向に結合されたネットワークを仮定し，それぞれのユニット間の結合強度として，それぞれの語の形態，音韻，意味情報間の対応関係が記憶されるのである。したがって，形態ユニット群に，ある特定の活性パターンとして刺激の形態情報が入力されると，各形態ユニットの活性レベルとユニット間の結合強度に依存して，音韻レベルのユニット群と意味レベルのユニット群に計算された活性パターンが出力される。こうしたネットワークの計算により，形態情報から音韻情報や意味情報への符号化処理が行われるのである。

このネットワークの計算は，いくつかの特徴をもつことが知られている。まず，ユニット間の結合強度は学習の頻度に依存する。より多く形態－音韻間，形態－意味間の対応関係を学習した語ほど，強い結合関係が形成され，結果として，より速くしかも正確に音韻情報や意味情報が計算される。こうしたネットワークの計算の特徴から語の出現頻度効果が（少なくとも部分的に）説明されている。第2に，対応関係の学習は，対応関係の一貫性の程度に強く依存する。図3-5に示すように，仮名表記語のように同じ形態情報（文字）から常に同じ音韻情報への対応が学習される場合，形態－音韻対応の一貫性が高い。この場合，比較的強力な結合関係が形成される。たとえば，「ミス」という語の形態－音韻対応の学習も，「ミリ」という語の形態－音韻対応の学習も，ともに「ミ-/mi/」という対応関係の学習を含む。この対応関係の一貫性のゆえに，それぞれの学習が互いに促進的に作用することになる。これに対して一貫性の低い対応関係の学習では，あまり強力な結合関係は生じない。たとえば，「大型」という語の形態－音韻対応の学習では，「大-/oo/」という対応が学習され，それ以外の対応は抑制される。これに対して「大切」という語の形態－音韻対応の学習では，「大-/tai/」という対応が学習され，それ以外の対応は抑制される。このように形態－音

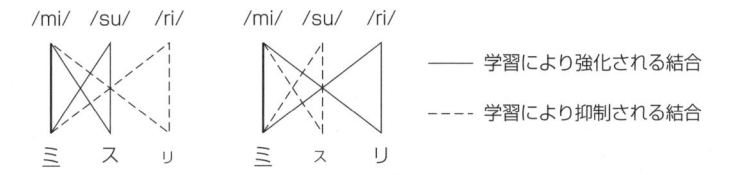

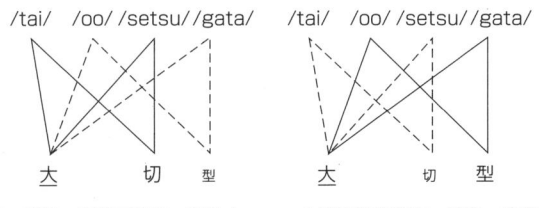

図3-5 形態－音韻対応の一貫性とユニット間の結合強度。形態－音韻間の対応が一貫している場合，複数の語の形態－音韻対応の学習が互いに促進的に作用する。ところが，形態－音韻対応が一貫していない場合，一方の対応関係の学習が他方の対応関係の学習を妨害するように作用し，強力な結合関係は形成されない。

韻対応の一貫性が低い場合，一方の学習が他方の学習を妨害するように作用してしまうため，強い結合関係は形成されにくいのである。こうした特徴から，音読課題で観察される形態-音韻対応の規則性・一貫性効果などが説明されている[2]。

このように並列分散処理モデルは，心的辞書の代わりに，形態・音韻・意味ユニット群が双方向性をもつ結線によってリンクされたネットワークを仮定し，このネットワークの計算を通して，視覚刺激として与えられた語の語彙情報が計算されるのである。さらに，こうしたネットワークによる語彙情報の計算に加えて，各課題には，それぞれの課題に特有のプロセスが介在することも仮定されている。たとえば，音読課題では，与えられた視覚刺激により，形態入力ユニット群が活性化すると，音韻情報が計算され，音韻ユニット群に活性パターンを出力する。しかし，音読反応を生成するには，発声に関わるいくつかのプロセスが仮定されなければならないし，そうしたプロセスで生じる効果も考慮されなければならない。また，Seidenberg & McClelland (1989) のモデルによる語彙判断課題のシミュレーションでは，与えられた視覚刺激に基づいて形態入力ユニット群が活性化されると，出力パターンが計算され，この形態出力パターンと形態入力（正解）パターンとの偏差が計算される。この値は，形態誤差得点（orthographic error score）とよばれ，刺激の形態親近性を示す指標であると考えられる。つまり，形態誤差得点が小さい程，そのパターンは計算しやすく，形態的親近性が高いと考えられる。このモデルは，語彙判断の遂行に，刺激の形態的親近性に基づいた判断生成のプロセスを仮定し，刺激の形態親近性の指標である形態誤差得点をもとに，判断生成のプロセスが実行されると仮定する。そして，この判断生成のプロセスにおいて出現頻度効果が増幅されることになるのである[3]。

2.6 並列分散処理モデルにおける意味符号化

並列分散処理モデルは語の意味符号化処理をどのようなプロセスとして記述しているだろうか。このモデルは，形態-意味間，形態-音韻間，音韻-意味間それぞれに双方向性の情報の流れを仮定し，入力情報が与えられると，形態・音韻・意味ユニット群をつなぐ三角形のネットワーク全体が安定するまで計算が繰り返される。したがって，形態ユニット群の活性状態が，音韻ユニット群や意味ユニット群の活性状態に影響を及ぼすばかりでなく，時間経過に伴い音韻ユニット群および意味ユニット群の活性状態が形態ユニット群の活性状態にも影響する。このように並列分散処理モデルは，形態・音韻・意味間の交互作用を仮定するモデルであり，形態ユニット群や音韻ユニット群の活性化の推移に意味レベルからのフィードバックも仮定されるのである。

また，すでに述べたように並列分散処理モデルでは，入出力レベル間の対応関係の一貫性の程度が，出力パターンを計算する際の速度と正確さを規定する重要な要因と考えられている。たとえば，同形語は，1つの綴りが複数の音韻情報に対応するが(e.g., LEAD)，非同形語の綴りは常に1つの音韻情報に対応する。並列分散処理モデルは，このような形態-音韻対応の一貫性の違いから，同形語の音読は非同形語の音読よりも時間がかかるという事実 (e.g., Seidenberg et al., 1984) を説明する (e.g., Seidenberg & McClelland, 1989)。そして，このモデルは同様の性質を形態-意味レベル間の符号化処理にも仮定する。たとえば，一義語は1つの綴りが常に1つ

の意味に対応するため（e.g., テント），形態－意味対応の一貫性は高いが，多義語の場合，1つの綴りが複数の意味に対応するため，形態－意味対応の一貫性は低いと考えられる（e.g., ライト，レバー）。このような形態－意味対応の一貫性の違いが語の意味符号化処理の速度と正確さを規定する重要な要因であると予測するのである（e.g., Joordens & Besner, 1994）。

3　実証的研究

これまでのモデルに関する議論を通して，主に2つの問題を取り上げた。1つは，形態・語彙レベルの処理における意味レベルからのフィードバックの問題であり，もう1つは，語の形態－意味対応の一貫性と意味符号化処理に関する問題である。スペースの制約から，ここでは意味レベルからのフィードバックの問題を中心に私と私の共同研究者たちが行った研究を紹介する。そして，研究データをもとに，私たちが日頃行う「読む」という作業の特徴を反映するモデルについて考えてみたい。

3.1　多義語の促進効果

語の中には「サンダル」のように1つの意味しかもたない一義語が存在する一方で，「トラック」のように複数の意味をもつ多義語も存在する。語がもつ意味数の違いは，私たちが語を読む際の処理に効果をもっているのだろうか。実は，上で紹介したRubenstein et al.（1970）の研究では，すでにこの問題が取り上げられている。彼らは，多義語と一義語を使って語彙判断課題を実施し，多義語に対する反応が一義語に対する反応よりも速いという多義語の促進効果を報告している。Rubenstein et al. が報告した多義語の促進効果は，データ分析の方法に関する議論や，語の意味数と親近性との混同可能性などの問題から，その効果の存在を疑問視する研究者も存在する（e.g., Clark, 1973; Gernsbacher, 1984）。しかし，現在までに，多くの研究者により同様の効果が繰り返し報告されている（e.g., Hino & Lupker, 1996; Hino, Pexman & Lupker, 2006; Hino, Lupker & Pexman, 2002; Hino, Lupker, Sears & Ogawa, 1998; Jastrzembski, 1981; Kellas, Ferraro & Simpson, 1988; Millis & Button, 1989; Pexman & Lupker, 1999; Pexman, Hino & Lupker, 2004; Rubenstein et al., 1970）。こうした事実から語彙判断課題における多義語の促進効果の存在は確かなものと考えていいだろう。では，多義語に対する反応が一義語に対する反応よりも速いという事実はどのように解釈すべきだろうか。

Rubenstein et al.（1970）やJastrzembski（1981）は，この効果を語彙表象検索の段階で生じる効果であると説明している。彼らは，意味1つひとつに対応する語彙表象が心的辞書内に存在すると仮定した。たとえば，「トラック」という語が「貨物自動車」，「陸上競技場などの競走路」，「ディスクやテープ上のデータが記録される帯状の部分」という3つの意味をもつなら，「トラック」という語の語彙表象は3つ存在するのに対して，「サンダル」という語は，「履物」の意味しかないので，1つの語彙表象しかもたないことになる。そして，心的辞書内から語彙表象を探すとき，3つの語彙表象のどれかが発見される確率の方が，1つの語彙表象が発見される確率よりも高

いため，一義語より多義語の語彙表象選択の方が速くなされると説明した。これまで紹介してきたように，多義語に1つの語彙表象しか仮定しない形態優先仮説に基づくローカリスト・モデルは，語彙表象選択までのプロセスに語の意味属性の効果を予測しない。しかし，語彙表象の数の違いとして多義語の促進効果が説明されるなら，語彙判断課題で観察される多義語の促進効果は，このモデルと矛盾しないのである。

これに対して，交互作用仮説に基づくローカリスト・モデルは，多義語の促進効果を意味レベルから語彙レベルへのフィードバックによる効果として説明する。すでに紹介したようにBalota et al. (1991) は，語彙ユニットが部分的に活性化されると，即座に意味ユニットも活性化されると仮定する活性化モデルを提案している。このモデルでは，多義語にも一義語にもそれぞれ1つの語彙ユニットが仮定される。語彙ユニットが部分的に活性化されると，即座に，活性信号は接続されている意味ユニットに伝播する。このとき，多義語の語彙ユニットはそれぞれの意味に対応した複数の意味ユニットを活性化するのに対して，一義語の語彙ユニットは1つの意味ユニットのみを活性化する。活性化された意味ユニットは，さらに語彙ユニットへ活性信号をフィードバックするため，語彙ユニットの活性化が意味ユニットからのフィードバックにより促進されることになる。このとき，多義語は複数の意味ユニットをもつのに対して，一義語は単一の意味ユニットしかもたないから，意味ユニットから語彙ユニットへのフィードバックは，一義語より多義語の方が強く，結果として，語彙表象選択における意味レベルからのフィードバックによる促進効果は，多義語の方が一義語よりも大きくなる。このようにBalota et al. (1991) のモデルでは，意味ユニットから語彙ユニットへのフィードバックの効果として多義語の促進効果を説明する。

このようにローカリスト・モデルは，形態優先仮説に基づくものも，交互作用仮説に基づくものも，語彙判断課題で観察される多義語の促進効果を説明することができ

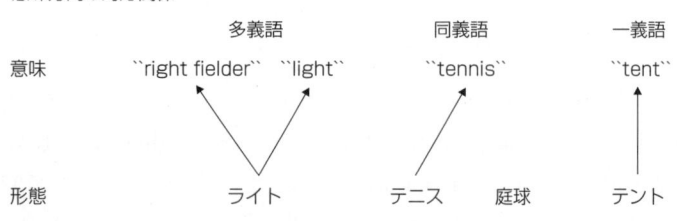

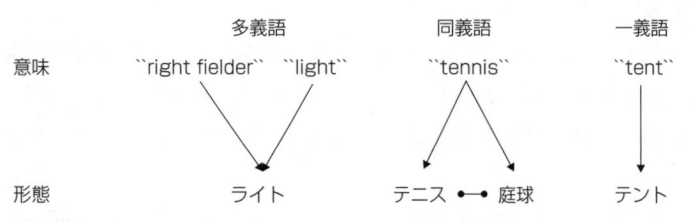

図3-6 多義語，一義語，および同義語をもつ語の形態-意味間の対応関係。多義語は，1つの綴りに複数の意味が対応する。逆に，同義語をもつ語は，1つの意味に複数の綴りが対応する。したがって，多義語と同義語をもつ語とは，形態レベルから意味レベルへの対応関係と意味レベルから形態レベルへのフィードバック関係に異なる性質が仮定される。

る。それでは並列分散処理モデルはどうだろうか。図 3-6 上段に示すように，多義語は，1 つの綴りに複数の意味が対応づけられた語である。これに対して一義語は 1 つの綴りに 1 つの意味が対応づけられている。並列分散処理モデルは，こうした形態 – 意味間の対応関係の性質の違いが，意味符号化処理に効果をもつと仮定する。すでに述べたように，このモデルでは，形態情報に基づく意味符号化処理の速度と正確さが形態 – 意味間の対応関係の一貫性の程度に依存する。1 つの形態パターンが常に 1 つの意味パターンに対応づけられる一義語では，形態 – 意味間の対応関係は一貫しており，強い結合関係が成立する。これに対して，多義語は 1 つの形態パターンに複数の意味パターンが対応づけられることになるため，1 つの形態 – 意味対応の学習が，他の形態 – 意味対応の学習を妨害するように働いてしまう。その結果，多義語の形態 – 意味対応には，あまり強力な結合関係を形成することができず，一義語の意味符号化処理の方が多義語の処理よりも正確なうえに時間もかからないはずである。このような理由から Joordens & Besner（1994）は，語彙判断課題で観察される多義語の促進効果を並列分散処理モデルは説明できないと議論している。

　Joordens & Besner（1994）の議論は，語彙判断課題の遂行には常に意味符号化処理が含まれることを暗黙のうちに仮定しているが，このような仮定には否定的な研究者も多い。むしろ，語彙判断課題は，刺激の形態情報の親近性に基づいて判断が生成される課題であると考えられる（e.g., Balota & Chumbley, 1984; Besner & McCann, 1987; Borowsky & Masson, 1996; Hino et al., 2002; Kawamoto et al., 1994; Seidenberg & McClelland, 1989）。そこで，Hino & Lupker（1996）は，Balota et al.（1991）の説明と同様，意味レベルからのフィードバックを仮定すれば，並列分散処理モデルにおいても，語彙判断課題で観察される多義語の促進効果を説明することができると提案した。さらに，Hino et al.（2002）は，並列分散処理モデルによる説明の妥当性を再検討するため，同じ多義語と一義語を使って語彙判断課題とカテゴリー判断課題のデータを比較した。多義語は意味 – 形態間に多対一の対応関係をもつのに対して，一義語は一対一の対応関係をもつ。この意味 – 形態間の対応関係の違いが意味レベルからのフィードバックの強さの違いを生じ，語彙判断課題で観察される多義語の促進効果を生じるとするなら，この効果は語彙判断課題では観察されてもカテゴリー判断課題では観察されないはずである。カテゴリー判断課題は，提示された語の意味が，特定の意味カテゴリーに属するかどうかの判断を実験参加者に求める課題である。与えられた語が，ある意味カテゴリーに属するかどうかを判断するには，その語の意味符号化が不可欠であると考えられるから，この課題の反応時間は，意味符号化処理に要した時間を反映すると考えることができる。したがって，並列分散処理モデルによれば，カテゴリー判断課題の成績は語がもつ形態 – 意味間の順方向の対応関係の性質に大きく依存することになり，Joordens & Besner（1994）が議論するように多義語に対する抑制効果が観察されるはずである。Hino et al.（2002）は，この予測通り，語彙判断課題では多義語の促進効果を，生物カテゴリーを使ったカテゴリー判断課題においては多義語の抑制効果を報告している。これらの結果は明らかに並列分散処理モデルの予測に一致するものであった。しかし，同時に，このデータは 2 つのローカリスト・モデルとも矛盾するものではない。Hino et al. のカテゴリー判断課題で

は，一義語と多義語とは生物カテゴリーに属さない負試行の刺激として提示されていた．さらに，一義語の意味はもちろん，多義語がもつすべての意味も生物カテゴリーに属さないことを確認したうえで刺激として使用している．この課題で「いいえ」判断がなされるためには，語がもつすべての意味が検索され，そのすべての意味が生物カテゴリーに属さないことが確認されなければならないとすれば，判断に要する時間は意味数が多いほど長くなることになる．こうした判断のプロセスを仮定すれば，2つのローカリスト・モデルもこの結果を説明可能である．

3.2 同義性効果

Hino et al. (2002) は，意味レベルからのフィードバックの存在を確認するための別の実験も報告している．同義性効果の検討である（Pecher, 2001 も参照）．語には「季節」と「シーズン」のように同じ意味を共有するものがある．これを同義語という．同義語をもつ語と同義語をもたない語とを比較すると，そこに処理の違いを予測できるだろうか．形態優先仮説に基づくローカリスト・モデルでは，語彙表象選択と意味決定のプロセスは互いに独立なので，同義語の有無が語彙選択のプロセスに効果をもつとは考えられない．これに対して，交互作用仮説に基づくモデルはローカリスト・モデルも並列分散処理モデルも同義語の有無による効果を予測する．たとえば，並列分散処理モデルによれば，刺激の形態親近性に基づく判断生成などの形態情報処理に意味レベルからのフィードバックが影響する．そしてこのフィードバック効果の大きさは，意味-形態間のフィードバック関係の性質に依存する．図 3-6 下段に示すように，複数の意味が1つの形態表象に収束する多義語では，形態情報処理に意味レベルからのフィードバックによる促進効果が期待される．これに対して，同義語をもつ語の場合，1つの意味が複数の形態表象に対応するため，意味-形態間に一対多の関係が仮定され，意味レベルからのフィードバックは複数の綴り情報に拡散されることになる．これは，形態レベルに余分な綴り情報の活性化を招くことになり，形態情報処理に抑制的な効果を引き起こすものと思われる．したがって，並列分散処理モデルによれば，語彙判断課題において同義語をもつ語に対する反応は，同義語をもたない語に対する反応よりも時間がかかると予測される．交互作用仮説に基づくローカリスト・モデルでも，意味レベルからのフィードバックにより活性化された語彙表象が語彙レベル内では互いに抑制し合うと仮定すれば，同様の効果を予測することができる[4]．

同義語数は，語がもつ意味数が増えるに連れて増加する傾向が顕著なため，Hino et al. (2002) の実験では，多義語と一義語それぞれについて同義語数を操作した．その結果，多義語にも一義語にも同義性効果が観察された．同義語数が多い程，語彙判断の反応時間は長かったのである．さらに，同じ語刺激を使ったカテゴリー判断課題では，多義語の抑制効果は観察されたが，同義性効果は観察されなかった．この結果も，同義性効果が意味レベルから形態レベルへのフィードバックによるものであることを裏付けるものと思われる．このように，Hino et al. のデータは，意味レベルから形態・語彙レベルへのフィードバックの存在を示すものであり，形態優先仮説に基づくローカリスト・モデルによる説明は難しいように思われる．

3.3 意味特徴数の効果と心像性効果

　さらに意味レベルからのフィードバックの存在を示すデータは他にも報告されている。なかでも意味レベルの表象に局所的表象を仮定すべきかあるいは分散表象を仮定すべきかという問題に，1つの回答を与えてくれる研究を紹介しておきたい。Pexman, Lupker & Hino（2002）は，具体名詞に対する語彙判断課題の成績が，それぞれの語がもつ意味特徴数の影響を受けることを報告している。McRae, de Sa & Seidenberg（1997）は，具体名詞がどのような意味特徴をもつかを実験参加者に回答するよう求めた。たとえば，「ランプ」という名詞に対して実験参加者は，「光る」「発熱する」「電球がある」「かさがある」などの特徴を報告している。McRae et al. が収集したデータをもとに，Pexman et al. は語の意味特徴数を操作し，語彙判断課題を使って意味特徴数の効果を検討した。彼らの語彙判断課題では，多くの意味特徴をもつ語に対する反応の方が意味特徴の少ない語に対する反応よりも速かった。Pexman et al. はこの結果を並列分散処理モデルにおける意味レベルから形態レベルへのフィードバックによる効果であると説明している。多くの意味特徴をもつ語は，より多くの意味ユニットを活性化すると考えることができる。したがって，意味レベルからのフィードバックも意味特徴の多い語の方が意味特徴の少ない語よりも大きくなると仮定することができ，語彙判断に必要な形態処理は，意味特徴数の多い語ほど，大きく促進されることになる。

　この説明は，Strain et al.（1995）が提案する心像性効果の説明と類似のものである。Strain et al. は，心像性が高い語の意味ほど，より多くの意味特徴により表象されると仮定した。したがって，彼らが音読課題で観察した心像性効果は，活性化される意味特徴数の違いに基づく意味レベルから音韻レベルの処理に対するフィードバックの大きさの違いを反映すると説明している。

　意味レベルから語彙レベルへのフィードバックを仮定するにしても，ローカリスト・モデルが意味特徴数の効果や心像性効果を説明するのは難しい。このモデルは意味レベルに局所的表象を仮定する。つまり，意味特徴数に関係なく，1つの意味には1つの意味ユニットを仮定することになる。このようなモデルは1つの意味に含まれる意味特徴数の違いや心像性の違いを反映する手立てをもたないため，これらの効果を説明するのは難しいように思われる。

4　まとめと展望

　語彙判断課題で観察される多義語の促進効果や同義性効果は，形態・語彙レベルと意味レベルとの間の交互作用を示唆するものと考えられる。さらに，語の意味特徴数の違いが意味レベルからのフィードバックの強さを決定することを示唆する意味特徴数の効果や心像性効果を考慮すると，意味レベルに分散表象を仮定する必要があるように思われる。したがって，これらのデータから，語の意味処理の性質を最もよく記述しているのは，交互作用仮説に基づく並列分散処理モデルであるように思われる。

　では，私たちの「読む」という作業を最もよく反映しているのは並列分散処理モデルであると結論を下すことができるだろうか。残念ながら，答えは「否」である。す

でに紹介したように，このモデルは語がもつ形態-意味対応の性質が意味符号化処理の速度と正確さを決定すると仮定する。確かに，Hino et al. (2002) が報告したカテゴリー判断課題における多義語の抑制効果は，このモデルに一致するものであった。さらに，提示される2つの語の関連性の有無の判断を求める関連性判断課題を使った研究においても，多義語の抑制効果が報告されており，この効果は多義語と一義語の意味符号化速度の違いを反映すると説明されてきた（e.g., Gottlob, Goldinger, Stone & Van Orden, 1999; Piercey & Joordens, 2000）。しかし，その後の私たちの研究データは，これらの課題で観察された多義語の抑制効果は多義語と一義語の意味符号化速度の違いを反映するものではなく，意味符号化とは無関係の別のプロセスで生じている効果であることを示唆するものであった。Hino et al. (2006) は，カテゴリー判断課題で観察される多義語の抑制効果について再検討し，この効果は特定の意味カテゴリーを使用した課題でしか観察されないことを明らかにするとともに，この効果は意味符号化のプロセスではなく，判断生成のプロセスにおいて生じる効果であると議論している。また，Pexman et al. (2004) は関連性判断課題で観察される多義語の抑制効果を再検討し，この効果は多義語の余計な意味の活性化による反応バイアスの効果であり，意味符号化のプロセスで生じる効果ではないと議論している。このように，Hino et al. (2006) と Pexman et al. (2004) のデータは，いずれも並列分散処理モデルからの予測には一致しないものであった。

　では，語の意味符号化プロセスとは，どのような性質をもつプロセスなのだろうか。残念ながら，現段階ではこのプロセスの特徴を十分に反映するモデルを記述するのは難しいようである。しかし，私たちは，この問題の解明を目指して小さな一歩を積み重ねているのである。事実，私の研究室においても，ここには紹介できなかった複数の研究が現在進行中である。Hino et al. (2002) の研究の一部がそうであったように，ときには誤った方向に一歩を踏み出してしまうこともあるかもしれない。しかし，このような一歩を積み重ねることにより，やがて語の意味符号化処理のプロセスの性質ばかりでなく，私たちがもつ情報処理システムの性質を正確に記述することができるようになると私は信じている。私も，私の共同研究者たちも，そうした日が来ることを確信しながら日々の研究に専念しているのである。いつか，この文章に目を通してくださった皆さんの中から，こうした問題に共に取り組んでいける仲間が生まれることを期待しつつ，この文章を閉じることにする。

引用文献

Balota, D. A., & Chumbley, J. I. (1984). Are lexical decisions a good measure of lexical access? The role of word frequency in the neglected decision stage. *Journal of Experimental Psychology: Human Perception and Performance*, 10, 340-357.

Balota, D. A., Ferraro, R. F., & Connor, L. T. (1991). On the early influence of meaning in word recognition: A review of the literature. In P. J. Schwanenflugel (Ed.), *The psychology of word meanings*. Hillsdale, NJ: Lawrence Erlbaum Associates. pp. 187-221.

Becker, C. A. (1980). Semantic context effects in visual word recognition: An analysis of semantic strategies. *Memory & Cognition*, 8, 493-512.

Besner, D., & McCann, R. S. (1987). Word frequency and pattern distortion in visual word identification and production: An examination of four classes of models. In M. Coltheart (Ed.), *Attention and performance XII*. Hillsdale, NJ: Erlbaum. pp. 201-219.

Borowsky, R., & Masson, M. E. J. (1996). Semantic ambiguity effects in word identification. *Journal of Experiment Psychology: Learning, Memory, and Cognition*, 22, 63-85.

Clark, H. H. (1973). The Language-as-fixed-effect fallacy: A critique of language statistics in psychological research. *Journal of Verbal Learning and Verbal Behavior*, 12, 335-359.

Coltheart, M. (1978). Lexical access in simple reading tasks. In G. Underwood (Ed.), *Strategies of information processing*. London: Academic Press. pp. 151-216.

Fodor, J. A. (1983). *Modularity of mind: An essay on faculty psychology*. Cambridge, MA: MIT Press.

Forster, K. I. (1976). Accessing the mental lexicon. In R. J. Wales and E. Walk (Eds.), *New approaches to language mechanisms*. Amsterdam: North-Holland. pp. 257-287.

Forster, K. I., & Hector, J. (2002). Cascaded versus noncascaded models of lexical and semantic processing: The turple effect. *Memory & Cognition*, 30, 1106-1117.

Gernsbacher, M. A. (1984). Resolving 20 years of inconsistent interactions between lexical familiarity and orthography, concreteness, and polysemy. *Journal of Experimental Psychology: General*, 113, 256-281.

Gottlob, L. R., Goldinger, S. D., Stone, G. O., & Van Orden, G. C. (1999). Reading homographs: Orthographic, phonologic, and semantic dynamics. *Journal of Experimental Psychology: Human Perception and Performance*, 25, 561-574.

Hino, Y., & Lupker, S. J. (1996). Effects of polysemy in lexical decision and naming: An alternative to lexical access accounts. *Journal of Experimental Psychology: Human Perception and Performance*, 22, 1331-1356.

Hino, Y., & Lupker, S. J. (1998). The effects of word frequency for Japanese Kana and Kanji words in naming and lexical decision: Can the dual-route model save the lexical-selection account? *Journal of Experimental Psychology: Human Perception and Performance*, 24, 1431-1453.

Hino, Y., & Lupker, S. J. (2000). The effects of word frequency and spelling-to-sound regularity in naming with and without preceding lexical decision. *Journal of Experimental Psychology: Human Perception and Performance*, 26, 166-183.

Hino, Y., Lupker, S. J., & Pexman, P. M. (2002). Ambiguity and synonymy effects in lexical decision, naming and semantic categorization tasks: Interactions between orthography, phonology and semantics. *Journal of Experimental Psychology: Learning, Memory, and Cognition*, 28, 686-713.

Hino, Y., Lupker, S. J., Sears, C. R., & Ogawa, T. (1998). The effects of polysemy for Japanese katakana words. *Reading and Writing: An Interdisciplinary Journal*, 10, 395-424.

Hino, Y., Pexman, P. M., & Lupker, S. J. (2006). Ambiguity and relatedness effects in semantic tasks: Are they due to semantic coding? *Journal of Memory and Language*, 55, 247-273.

Jastrzembski, J. E. (1981). Multiple meanings, number of related meanings, frequency of occurrence, and the lexicon. *Cognitive Psychology*, 13, 278-305.

Joordens, S., & Besner, D. (1994). When banking on meaning is not (yet) money in the bank: Explorations in connectionist modeling. *Journal of Experimental Psychology: Learning, Memory, and Cognition*, 20, 1051-1062.

Kawamoto, A, H., Farrar, W. T., & Kello, C. (1994). When two meanings are better than one: Modeling the ambiguity advantage using a recurrent distributed network. *Journal of Experimental Psychology: Human Perception and Performance*, 20, 1233-1247.

Kellas, G., Ferraro, F. R., & Simpson, G. B. (1988). Lexical ambiguity and the timecourse of attentional allocation in word recognition. *Journal of Experimental Psychology: Human Perception and Performance*, 14, 601-609.

国立国語研究所. (1970). 電子計算機による新聞の語彙調査. 東京：秀英出版.

Kucera, H., & Francis, W. N. (1967). *Computational analysis of present-day American English*. Providence, R I: Brown University Press.

McClelland, J. L. (1987). The case for interactionism in language processing. In M. Coltheart (Ed.),

Attention and performance XII. Hillsdale, NJ: Erlbaum. pp. 3-36

McClelland, J. L., & Rumelhart, D. E. (1981). An interactive activation model of context effects in letter perception: Part 1. An account of basic findings. *Psychological Review*, **88**, 375-407.

McRae, K., de Sa, V. R., & Seidenberg, M. S. (1997). On the nature and scope of featural representations of word meaning. *Journal of Experimental Psychology: General*, **126**, 99-130.

Millis, M. L., & Button, S. B. (1989). The effect of polysemy on lexical decision time: Now you see it, now you don't. *Memory & Cognition*, **17**, 141-147.

Monsell, S., Doyle, M. C., & Haggard, P. N. (1989). Effects of frequency on visual word recognition tasks: Where are they? *Journal of Experimental Psychology: General*, **118**, 43-71.

Morton, J. (1969). Interaction of information in word recognition. *Psychological Review*, **76**, 165-178.

Neisser, U. (1976). *Cognition and reality: Principles and implications of Cognitive Psychology*. San Francisco, CA: W. H. Freeman and Company.

Paap, K. R., McDonald, J. E., Schvaneveldt, R. W., & Noel, R. W. (1987). Frequency and pronounceability in visually presented naming and lexical decision tasks. In M. Coltheart (Ed.), *Attention and performance XII*. Hillsdale, NJ: Erlbaum. pp. 221-243.

Paap, K. R., Newsome, S. L., McDonald, J. E., & Schvaneveldt, R. W. (1982). An activation-verification model for letter and word recognition: The word-superiority effect. *Psychological Review*, **89**, 573-594.

Pecher, D. (2001). Perception is a two-way junction: Feedback semantics in word recognition. *Psychonomic Bulletin & Review*, **8**, 545-551.

Pexman, P. M., Hino, Y., & Lupker, S. J. (2004). Semantic ambiguity and the process of generating meaning from print. *Journal of Experimental Psychology: Learning, Memory and Cognition*, **30**, 1252-1270.

Pexman, P. M., & Lupker, S. J. (1999). Ambiguity and visual word recognition: Can feedback explain both homophone and polysemy effects? *Canadian Journal of Experimental Psychology*, **53**, 323-334.

Pexman, P. M., Lupker, S. J., & Hino, Y. (2002). The impact of feedback semantics in visual word recognition: Number of features effects in lexical decision and naming tasks. *Psychonomic Bulletin & Review*, **9**, 542-549.

Piercey, C. D., & Joordens, S. (2000). Turning an advantage into a disadvantage: Ambiguity effects in lexical decision versus reading tasks. *Memory & Cognition*, **28**, 657-666.

Plaut, D. C. (1997). Structure and function in the lexical system: Insights from distributed models of word reading and lexical decision. *Language and Cognitive Processes*, **12**, 765-805.

Plaut, D. C., McClelland, J. L., Seidenberg, M. S., & Patterson, K. (1996). Understanding normal and impaired word reading: Computational principles in quasi-regular domains. *Psychological Review*, **103**, 56-115.

Rodd, J. M., Gaskell, M. G., & Marslen-Wilson, W. D. (2004). Modelling the effects of semantic ambiguity in word recognition. *Cognitive Science*, **28**, 89-104.

Rubenstein, H., Garfield, L., & Millikan, J. A. (1970). Homographic entries in the internal lexicon. *Journal of Verbal Learning and Verbal Behavior*, **9**, 487-494.

Rubenstein, H., Lewis, S. S., & Rubenstein, M. A. (1971). Evidence for phonemic recoding in visual word recognition. *Journal of Verbal Learning and Verbal Behavior*, **10**, 645-657.

Samuel, A. G. (1981). Phonemic restoration: Insights from a new methodology. *Journal of Experimental Psychology: General*, **110**, 474-494.

Seidenberg, M. S., & McClelland, J. L. (1989). A distributed, developmental model of word recognition and naming. *Psychological Review*, **96**, 521-568.

Seidenberg, M. S., Waters, G. S., Barnes, M. A., & Tanenhaus, M. K. (1984). When does irregular spelling or pronunciation influence word recognition? *Journal of Verbal Learning and Verbal Behavior*, **23**, 383-404.

Strain, E., Patterson, K., & Seidenberg, M. S. (1995). Semantic effects in single-word naming. *Journal of Experimental Psychology: Learning, Memory, and Cognition*, **21**, 1140-1154.

Van Orden, G. C., Pennington, B. F., & Stone, G. O. (1990). Word identification in reading and promise of subsymbolic psycholinguistics. *Psychological Review*, 97, 488-522.

注
1) 私たちの情報処理システムは感覚器官を通して外界から刺激を受け取る。たとえば「読み」の作業では，受け取った刺激に対して，まず，形態的特徴に関する分析がなされ，それに続いて意味情報の復元などの処理が実行される。このように私たちの情報処理は，与えられた刺激に対して下位レベルの処理からスタートし，次第に上位レベルの処理へと進む。このように刺激提示により駆動される下から上へという流れをもつ情報処理を刺激駆動型処理あるいはボトムアップ型処理という。しかし，私たちの情報処理は，常に，刺激の提示により受動的に駆動されるわけではない。むしろ，私たちは外界を能動的に探索する。そして，自分がもっている知識を使って外界を認識しようとする。このような知識により駆動される上から下へという流れをもつ情報処理を概念駆動型処理あるいはトップダウン型処理という。たとえば，文章を読むとき，私たちは文脈情報を利用して，次にどのような語が出てくるのかを予測しながら読むことができる。文脈情報から，次の語が予測されると，実際にその語が与えられた場合の形態的特徴に関する分析は促進的影響を受けることになる。

2) 英単語のスペリングと発音の対応関係に注目すると，対応が規則的な規則語（e.g., SAVE, GAVE; FIVE, DIVE）と，規則的でない不規則語（e.g., HAVE; GIVE）とが存在する。音読課題において規則語と不規則語の音読反応時間を比較すると，低頻度語の場合，不規則語の音読反応時間が規則語の音読反応時間より長くなることが知られている（e.g., Strain, Patterson & Seidenberg, 1995; Seidenberg, Waters, Barnes & Tanenhaus, 1984; Hino & Lupker, 1996; 2000）。これをスペリングと発音の対応規則性・一貫性効果という。

3) 語彙判断課題の出現頻度効果が判断生成のプロセスにおいて生じるという提案は Balota & Chumbley (1984) に基づくものである。また，並列分散処理モデルによる語彙判断課題の成績の説明として，ここでは，Seidenberg & McClelland (1989) が提案したものを紹介したが，このモデルを使って別の方法により語彙判断課題の成績を説明する試みも多くの研究者によりなされている（e.g., Borowsky & Masson, 1996; Kawamoto et al., 1994; Plaut, 1997; Rodd et al., 2004）。

4) Balota et al. (1991) のモデルは，McClelland & Rumelhart (1981) の交互作用活性化モデルに基づくものである。この交互作用活性化モデルでは，1つの語彙ユニットが活性化すると，他の語彙ユニットへ抑制信号が伝播すると仮定されている。このような語彙ユニット間の抑制結合を仮定すれば，意味レベルからのフィードバックにより，複数の語彙ユニットが活性化すると，それらは互いに抑制しあうことになり，語彙ユニットの活性化が遅れることになる。このように，Balota et al. のモデルを使って語彙判断課題の同義性効果を説明することができる。

第4章 脳損傷患者の症例から見た読字過程

浅川　伸一

　言語を司る脳の一部が障害を受けると様々な言語行為に影響が現れる。ここでは難読症（dyslexia）あるいは失読症（alexia）とよばれる失語症の一症候を取り上げ，脳損傷患者の示す読字成績から文字を読む際の脳内過程を考える。はじめに失語症における一般モデルを紹介し，近年の機能的脳画像研究の知見をどう解釈すべきかの短い考察を提示する。ついで表層失読，音韻失読，深層失読という3つの失読症に触れ，これらの失読症を説明するためのモデルとして，二重経路モデル，トライアングルモデル，エキスパート混合モデルを説明する。最後に，深層失読のニューラルネットワークモデルを示し，若干の考察を加えた。

　図4-1に言語処理に関与していると考えられる脳内部位を示した。言語処理に関連する領野は他にも存在することが知られているが，言語機能の多くは左半球に極在している。

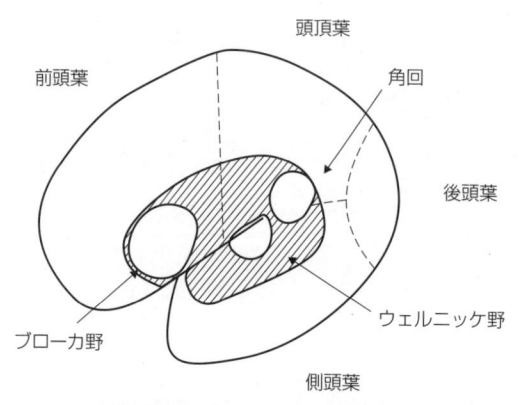

図4-1　読字過程に関与する脳内部位の模式図。言語に関与すると考えられる領野はこの他にも存在し，主なものだけでも，縁上回，上下側頭回，補足運動野，島，帯状回，海馬など多岐にわたる。

1　古典的な失語症のモデル Welnicke-Lichtheim 図式と今日的機能的脳画像研究，ニューラルネットワークモデリング

　図4-2に古典的な失語症のモデルである Welnicke-Lichtheim の図式を示した。図中のAは聴覚的イメージの座，Mは発話に用いられる運動表象の座。Bは言語の概念が保持されている部位，aは聴覚情報の入力系，mは運動機能の言語中枢である。このモデルによれば，言語理解は a→A→B，発話はB→M→m，復唱は a→A→M→m という経路を通ることになる。Mが損傷されると理解はできるが自発的な発話と復唱（言われた言葉をそのまま口に出して言うこと）ができなくなり（ブローカ失語），Aが損傷を受けると言語理解と復唱の障害が生じる（ウェルニケ失語）。実際この図式は患者の症状をよく説明し，モデルから予測される症状を呈する患者の発見もあって有効性が確認されている（岩田，1996）。理論上，A→Mの結合が断たれると復唱のみができなくなり，言語理解も自発発話も保たれる伝導失語が（図中の3），A→B間の結合が切れると復唱はできるが言語理解が不能な超皮質性感覚失語が（図中の6），また，B→Mの結線が切断されると復唱はできるが自発発話が侵される超皮質性運動失語が生じることになる。さらに，M→mでは書字障害を伴わず発語に障害がみられる純粋語唖が生じる。

　このように Wernicke-Lichtheim 図式は簡潔にまとまっていてわかりやすい有効なモデルである。しかし，このモデルは典型的なボックスアンドアローモデルであるため，内部のデータ表現が考慮されていないし，伝達されるべき情報がどのようなものであるのかという問題に対して，答えてくれはしない。経路を流れる情報の具体的な内容，その量と質などについて，何も教えてくれないといった欠点が指摘できる。

　加えて，fMRI，PET，NIRS などに代表される機能的脳画像研究が明らかにした事実として，単純な言語課題を処理する際の脳内活動でさえ，きわめて多くの領野の活動が関与しているという点が指摘できる。このことは，1つの機能が1つの脳内部位に存在するという単純な言語機能対応図式が，必ずしもあてはまらないことを意味し

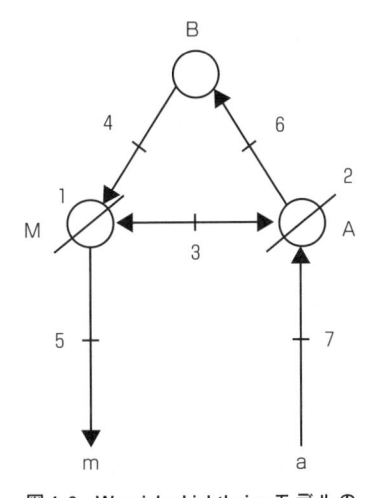

図4-2　Wernicke-Lichtheim モデルの模式図

ていると考えられる。損傷部位と言語機能の対応関係を探求する神経心理学，および，言語機能と活性部位との対応を研究する機能的脳画像研究の再考を迫るものであるといえよう。このように言語処理系評価を，その系の機能や性能と結びつけるには慎重な調査，観察が必要である。だが，驚くべきことにこのような認識が生まれたのは比較的最近になってからのことである。

　上記のような問題を解決する1つのアプローチとして，ニューラルネットワークモデリングがある。ニューラルネットワーク研究とは，人間の脳機能をモデル化し，シミュレートするプログラムをコンピュータ上に実現する。そして，そのモデルの示す様々な機能，性能を調べることによって人間のもつ柔軟で強力でダイナミックな言語機能を探求しようとするアプローチである。また，ニューラルネットワークを破壊することで言語を含む様々な認知機能の障害をコンピュータ上に再現できる。人間の認知機能とニューラルネットワークプログラムとを同一視し，かつ，ニューラルネットワークを部分的に破壊することと脳損傷を同一視することとによって，近年の認知神経心理学は大きく変化してきた。

2　純粋失読

　では，本章の主題である読字過程には特異的な神経系が存在するのであろうか？
　この問いに対する答えとして，純粋失読症（pure alexia）とよばれる読みの障害が参考になる。純粋失読とは，日常会話が可能で，発話理解も可能，書字にも障害がなく，物体認知にも障害が認められないにもかかわらず，印刷された文字だけ読めない症状を指す。典型的には，自分の書いた文字を直後に読むような課題でさえ困難である[1]。読字過程だけが選択的に障害されるという意味で「純粋」失読とよばれる。純粋失読のこのような特徴を考えれば，読字過程は，他の高次脳機能とは独立して存在するモジュールによって処理されていることが示唆される。ここでモジュールとは機能単位という意味で用いたが，このモジュールは大脳皮質における機能局在を意味しているわけではない。既述のとおり脳内の複数部位が協調して1つの認知機能を実現していると考えるべきであって，特定の認知機能の局在が単純に特定の脳内部位に還元可能だと考えるべきではない。

　日本語との関連でいえば，仮名に選択的な障害を示す失読患者と，漢字に選択的な障害を示す失読症患者とが存在するという報告もある。仮名に選択的な障害を呈する失読症患者は色名呼称障害をも併発していることがある。すなわち，書記素（orthography「つづり字」あるいは「印刷された文字」の意）と音韻（phonology）との一対一の対応関係が存在する仮名と，同じく視覚情報と音韻との間に一対一対応関係が存在する色名呼称に関して同一患者において障害が共起する。一方，書記素から音韻への一対一対応が存在しない漢字の読みに関しては，色名呼称障害と症状が共起するとはいえない。このことから，視覚情報処理から言語情報処理への共通の神経機序を有している可能性が考えられ，興味深い。

3 表層失読，音韻失読，深層失読

　読字過程の障害には3種類ある。音韻失読症（phonological dyslexia），表層失読症（surface dyslexia），深層失読症（deep dyslexia）である。

　音韻性失読症の患者は実在する単語は読むことができるし，非単語を書き取ることもできるし，言われた単語を復唱することもできるが，非単語を読むことができない。たとえば must は読むことができても実際には存在しないが発音可能な単語 nust を発音することができない。4.1節で説明する二重経路モデルに照らして考えれば音韻失読は書記素から音韻へ変換（直接経路という）の障害と考えることができる。音韻性失読に選択的障害をもつ患者は，通常の単語であれば問題なく読めるので，一見すると失読患者ではないようにみえる。

　表層失読の患者は，規則語や非単語を読むことができるが，低頻度の例外語（低頻度の例外語とは，語の出現頻度が低く，かつ，その単語の読みが，書記素と音韻とを結びつける簡単なルールには則っていない語のことをいう，たとえば yacht）を読むことができない。表層失読の患者は視覚性の誤り（dog を dot と言ったりする）もするが，意味の誤りはない。健常者であれば，たとえ自分の知らない単語であって，綴りと音の一般的対応関係から，それらしい発音をすることができる。ところが表層失読の患者はそれができない。表層失読はトライアングルモデルに沿って考えれば，意味への間接経路の障害と考えることができる。

　深層失読の患者は音韻失読の患者と同じく非単語を読むことができない。このことに加えて，深層失読の患者は意味性の錯読を示す。たとえば dog を cat と言ったりする。また，視覚性の誤りを示すことがある。ときには上記2つの混ぜ合わさった読みの誤り，たとえば sympathy を orchestra と言ったりする（おそらく sympathy と綴りの似ている symphony を介して）。この種の患者は，抽象語と具体語の成績にも差があることがある。具体語である「椅子」よりも抽象語である「真実」の読みの成績が悪い。4.1節の二重経路モデルによる深層失読の説明では，書記素から音韻への直接経路の障害の他に意味経路の障害が加わったとされる。

4 二重経路モデル，トライアングルモデル，エキスパート混合モデル

　次に古典的な読みのモデルである二重経路モデルを説明し，二重経路モデルへの批判から生まれたニューラルネットワークモデルであるトライアングルモデルを紹介する。そしてトライアングルモデルを用いた労働の分割問題（4.2参照）によって，どのように表層失読と音韻失読とが，とらえられるのかを説明する。

4.1　二重経路モデルによる読みの障害の説明

　印刷された文字を音読する場合を考える。Coltheart たち（Coltheart et al., 1993; Coltheart & Rastle, 1994）によって開発された記号処理的な読みのモデルである二重経路モデルでは，印刷文字を音韻へ変換するための明示的な規則に基づく直接経路と，

規則にあてはまらない単語を読むための単語ベースのルックアップテーブルをもつ間接経路（語彙経路）とから構成されている。ルックアップテーブルとは，それぞれの単語が登録された表のようなものだと考えればよい（書記素語彙目録という）。このルックアップテーブルにエントリのある単語項目は，この一対一対応関係のある間接経路を通って読まれ，ルックアップテーブルに登録されていない単語は書記素音韻対応規則系を通って発話に至る。

様々な議論はあるものの，心理学における論争の1つは，単一経路か二重経路かという議論ではなく，直接経路と間接経路の処理の違いに関する議論である。二重経路モデルとニューラルネットワークモデルであるトライアングルモデルとの違いは，二重経路モデルの特徴は明示的で記号処理的なルール（ルックアップテーブル）を用いるということにある。すなわち，二重経路モデルでは2つの経路間のどちらの経路を通って印刷された文字が読まれるかを決めるための（離散的な）スイッチが仮定されていることである。

4.2 トライアングルモデルによる読みの障害の説明

二重経路モデルの批判から出発したモデルであるトライアングルモデルを見てみよう。トライアングルモデル（Plaut et al., 1996）では明示的で記号処理的なルール（ルックアップテーブル）あるいはスイッチの存在を仮定しない。代わりに，トライアングルモデルでは同時的，相互作用的処理が仮定される。書記素，音韻，意味の情報は各ユニット群内／群間で分散表現されており，類似した単語は，ユニット群内の類似した活性パターンとして表現されている。

トライアングルモデルにおける直接経路では，多くの単語と発音規則が一致する規則語と高頻度の不規則語が学習される。一方，低頻度の不規則語は意味系に依存すると仮定される。したがって直接経路は単語の頻度効果に，すなわち単語の統計情報（生起確率）に敏感である。規則語および高頻度例外語と低頻度例外語との処理の違いには労働の分割（divison of labor）とよばれる作用が関与する。

対照的に規則に基づく二重経路モデルでは高頻度不規則語を扱うことが期待できない。さらに，2つの経路間の離散的なスイッチをもつ代わりに，トライアングルモデルでは同時的，相互作用的処理による，軟らかい労働の分割が行われる。

トライアングルモデルでは英語の単音節単語約3000語を読むことができる。初期のトライアングルモデル（Seidenberg & McClelland, 1989）では，非単語を読むことができなかったため，人間の読みのモデルとしては適当でないという批判を受けていた。Plautら（1996）では入力表現を工夫し，オンセット，母音，コーダという3つの部分から構成される母音中心表現とよばれる表現を用いている。この入力表現の工夫により非単語の読みについても人間と同程度の能力があることが示された。

トライアングルモデルの読むことができる単語は，単音節の単語である。すなわち，母音については1つだけのコーディングが必要である。加えて母音の前後に子音のクラスターが必要である。母音の前の子音をオンセット，母音の後の子音をコーダという。したがって，単語makeの入力表現は，オンセットがM，母音がA，コーダがKなどと表現できる。

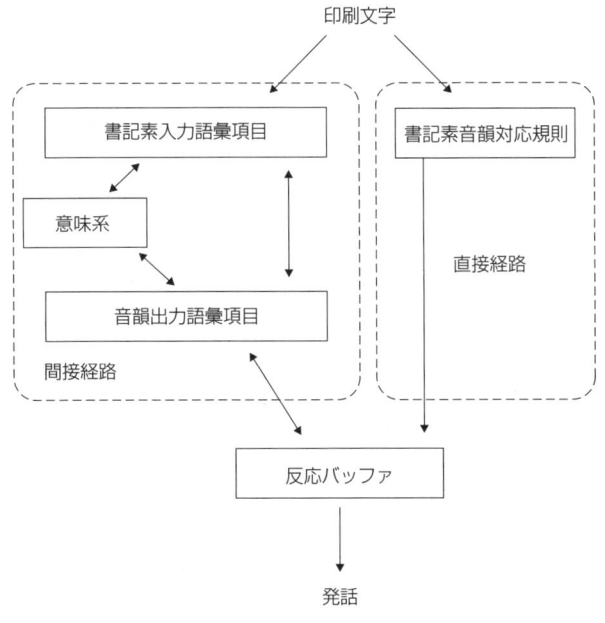

図 4-3 二重経路モデル

　この例のようにニューラルネットワークモデルではネットワークに与える入力表現にどのような工夫を凝らすかが重要である場合が多い。Pluat ら（1996）が用いた母音中心表現を自動的に学習させる試みもなされている（O'Reilly & Munakata, 2000）。
　トライアングルモデルでは，次のような心理実験結果を説明することができた。

1. 高頻度語の音読潜時は低頻度語の音読反応時間よりも速いこと，
2. 規則語は例外語よりも音読反応時間が速いこと，
3. 頻度効果との交互作用があること，すなわち規則語か例外語かの違いによる効果については，低頻度語の方が効果が大きく，高頻度語では効果が小さいこと，

などである。これに加えてトライアングルモデルでは，図 4-4 の実線で描かれた部分を実装し，部分的に破壊することで音韻失読の症状が再現された。とくに低頻度の例外語を規則化して発音する誤りがみられた。すなわち，音韻失読は直接経路への損傷の結果生じるとみなすことができ，モデルの出力結果は患者の検査結果とも一致していることが示された。
　トライアングルモデルはニューラルネットワークの特徴である相互作用をする。一旦書記素層へ入力された文字は，意味層を介する間接経路と音韻層に直接出力を送る直接経路との両方の影響を受けるとされる。ある単語がどちらの経路をたどって読まれるかは，単語ごとに，また，個人ごとに異なると仮定されている。直接経路では規則語と高頻度語例外語とが処理され，低頻度例外語は間接経路である意味層のサポートを必要とする。このように単語ごとに 2 つの経路の影響が異なって表現されることを労働の分割問題という。
　表層失読は，この労働の分割問題によって説明される。労働の分割による説明では

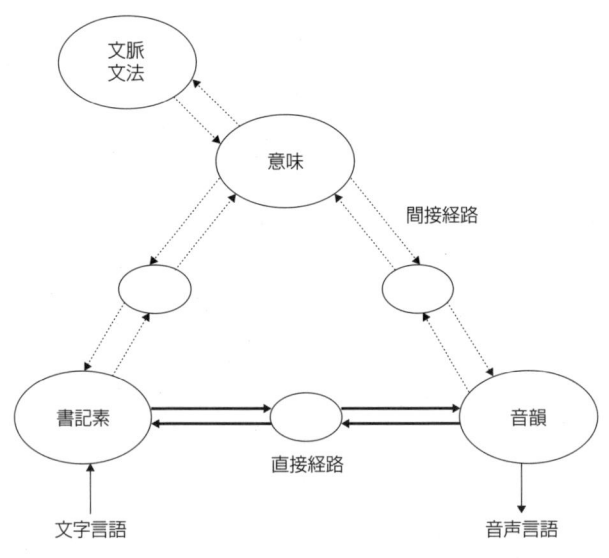

図4-4 トライアングルモデル

直接経路に損傷がある場合，間接経路を経由した読みは労働の分割の程度によって不完全な読みが生じるからである。

上記のように表層失読と音韻失読という二重乖離した失読症状を，同一機構で説明することに成功したことがトライアングルモデルの特徴である。一方，二重経路モデルによる表層失読の説明では，なぜ表層失読患者に視覚性の誤りが生じるのかが不明確である。二重経路モデルにおいては，表層失読は直接経路の障害に加えて間接経路も障害されているという説明になり，複数の認知機能が同時に損傷を受けたと仮定せざるをえないからである。

4.3 混合エキスパートネットワークモデルによる統合

ただし，トライアングルモデルでは労働の分割問題を実装しているわけではない。トライアングルモデルでは書記素層から音韻層への直接経路だけがシミュレートされただけであり，モデルで説明できない部分を労働の分割とよんでいるだけである。

4.3.1 ニューラルネットワークモデルによる読みの再解釈

以上，トライアングルモデルの二重経路モデルに対する優位性を概説してきた。ここで，あらためてニューラルネットワークモデルに単語の読みを学習させることの意味を考えてみよう。ニューラルネットワークに単語の読みを学習させるということは，書記素から音韻への変換規則を学習させることである。低頻度例外語にエラーが大きいのは，他の大部分の単語に共通する書記素–音韻対応規則を学習し，その結果を適用しているからであって，ニューラルネットワークの見地からすれば正しい一般化と解釈することができる。すなわち，未学習のデータに対して，学習によって獲得した書記素–音韻対応規則を適用しているという意味である。むしろ，高頻度例外語は学習のしすぎ，すなわち過学習なのである。例外語と規則語との頻度効果の交互作用は，このような説明が可能である。そして，直接経路と間接経路との労働の分割問題は2

つのネットワーク間の競合あるいは協調作用とみなすことができるだろう。

　もし，書記素‐音韻対応規則を学習し，例外語と規則語を自動的に分類して学習できるアルゴリズムが存在すれば，表層失読と音韻失読という神経心理学的症状を説明するための労働の分割問題を解決できるモデルになるだろう。この語彙の自動分類機構を実現するのが ME（Mixture of experts）（以下 ME と略記）とよばれるニューラルネットワークモデルである。

　ME とは入力データ空間をいくつかの小領域に分割し，その分割された各領域に対してひとつのニューラルネットワークを割り当てることによって，複雑な問題の解を求めるための手法である（Jacobs et al., 1991; Jordan & Jacobs, 1994）。複雑な問題を分割して小領域に区切ることによって，1つの大きなニューラルネットワークを学習させるよりも効率の良い学習をさせようというモデルである。ME における学習とは，入力空間の分割の仕方を発見させ，分割された各小領域に属するデータに対する最適な答えとを見つけ出すことである。このような手法を分割統治（divide and conquer）といったりする。分割統治は科学における一般原理であるといってよい。この分割統治を自動的に行い学習させようというのが ME の発想である。

　ME はローカルネットワークとゲートネットワークから成り立っている教師あり学習の一手法である。ローカルゲーティングネットワークは問題空間を分割するために用いられ，各エキスパートは分割された領域内での局所的な解を出力する。ME は階層的な問題空間の分割とエキスパートの割り当てが可能である。2階層の場合の ME を図 4-5 に示した。

　トライアングルモデルは直接経路と意味層を介した間接経路という2つのエキスパートネットワークを持つ ME とみなすことができる。そして，トライアングルモデル

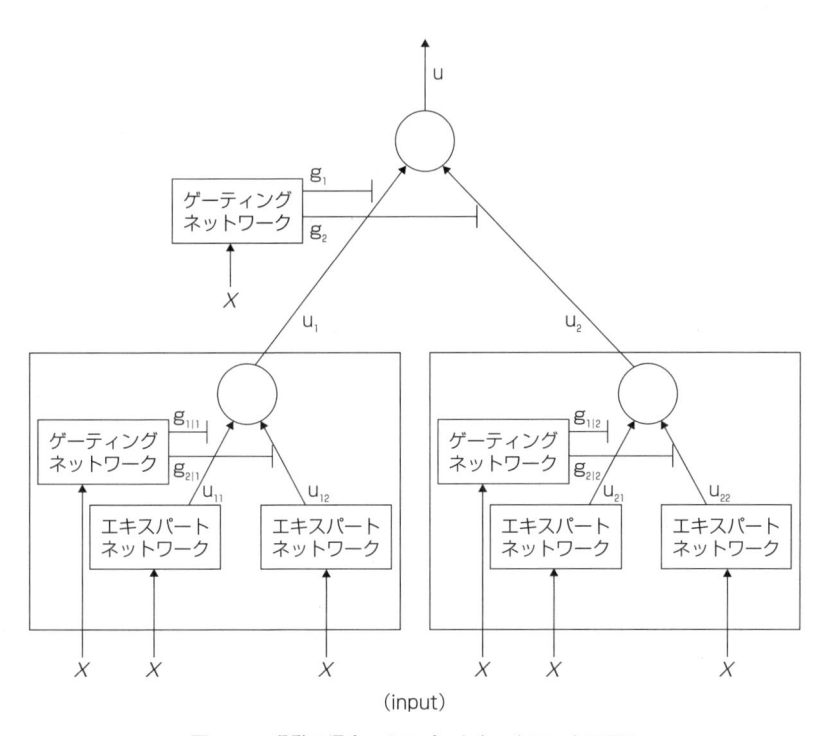

図 4-5　2段階の混合エキスパートネットワークモデル

における労働の分割問題はMEにおけるゲーティングネットワークによる領域の分割そのものである。実際のトライアングルモデル（Plaut et al., 1996）では，意味経路は実装されなかった。論文中では推定上の意味経路（putative semantic pathway）を用いたとしか書かれていない。すなわち図4-4中の実線部分だけがシミュレートされただけである。図4-4の書記素から音韻へいたる直接経路は3層のネットワークであり，意味を介した経路は5層のネットワークだとみなすことができる。この意味においてMEにおいて，ゲーティングネットワークが，図4-5中の g_1, g_2 という値（これは確率だとみなしてよい）により出力が混合されることと労働の分割問題は直接対応すると考えられる。さらに，意味層を介した間接経路のネットワークでは，例外語に特化した局在化した領域分割がなされていると考えれば，労働の分割問題が説明できる。すなわち，MEにおいては，各エキスパートネットワークの出力は，（多次元）正規分布に似た式として表わされる。このとき，正規分布の分散を表わすパラメータが0に近づくこと，すなわち，エキスパートの出力を表わす式の値を決める領域（正規分布の分散に相当する）が極端に狭くなると，各々の低頻度例外語ごとに限局されることになる。このようなときには，その単語のみに応答するルックアップテーブルと同一視できるのである。

すなわちMEモデルの観点からトライアングルモデルを解釈し直すとすれば，なぜ低頻度例外語は意味経路を通るのかを見通しよく説明することができる。さらに，意味経路に先の分散パラメータをもつ領域の分割を行う適切なゲーティングネットワークをもつMEにより，二重経路モデルにおけるルックアップテーブルも，トライアングルモデルにおける労働の分割問題も統一的に記述できる。この意味において，二重経路モデルとトライアングルモデルの間に本質的な違いはない。両者の間に存在する違いとは，分散パラメータによる入力空間の領域分割の大きさという量的な問題に帰結され，本質的には二重経路モデルとトライアングルモデルは同じMEという，より一般的な範疇（はんちゅう）ニューラルネットワークモデルとして同一視できるのである。紙面の都合上具体的なデータを示す余裕がなくなってしまったが，実際MEは驚くほどよく動作し，現象を説明できる（具体的なMEの数式の説明については浅川，2005を参照のこと）。

4.3.2 新しい視点の重要性

このようにみてくると，MEを導入することで，失読症のモデルである二重経路とトライアングルモデルにおける直接経路と間接経路の処理の違いに関する論争は，より一般的な読みのモデルの一形態にすぎないということが導き出せる。二重経路モデルにおけるルックアップテーブルの存在も，トライアングルモデルにおける労働の分割問題も，MEによる領域分割の仕方として記述可能である。すなわち混合エキスパートネットワークモデルにより，この論争に結着をつけることができると考えられる。

5　アトラクタネットによる深層失読のシミュレーション

最後に深層失読を扱ったモデルを紹介する。Plaut & Shallice（1996）はアトラクタ

ネットとよばれるニューラルネットワークを使って意味性の錯読や視覚性の誤りと意味性の誤りとの混ぜ合わさった誤りの説明を試みた。ニューラルネットワークではユニットが相互に結合されている。この相互作用から生じる活性化パターン上で定義された空間の中で，ユニットの状態がある特定の状態に遷移することによって意味記憶の検索を表現する。すなわち単語が提示されてからその単語に対応する意味表現を検索するときに，ユニットの活性値が意味空間上で遷移する。任意の初期値からある領域へと引き込まれることをアトラクタに吸引されたといい，各単語ごとに吸引領域が異なると考えるのである。

図 4-6 は，損傷前の吸引領域を実線で，損傷を受けて吸引領域が変化した様子を点線で模式的に表現したものである。cat を dog と言う意味性の誤りに加え，bog を dog と言い間違える視覚性の誤りも起こりうることを示している。なお，アトラクタネットの考え方は Plaut et al.（1996）にも取り入れられている。

このように Plaut et al. は意味記憶における障害によって深層失読の症状が再現できることを示した。彼らのシミュレーションでは，さらに意味記憶の構造を操作することで，具体語と抽象語との二重乖離の説明にも成功している（Plaut et al., 1995; Plaut, 2001）。具体語における意味表現は抽象語の意味表現に比べてより多くの特徴をもっているとして意味記憶を構成し，損傷の程度が軽度ならば具体語よりも抽象語の方がより損傷の程度が大きく，損傷が重篤な場合には反対に具体語の方が損傷されやすいという結果を示した。

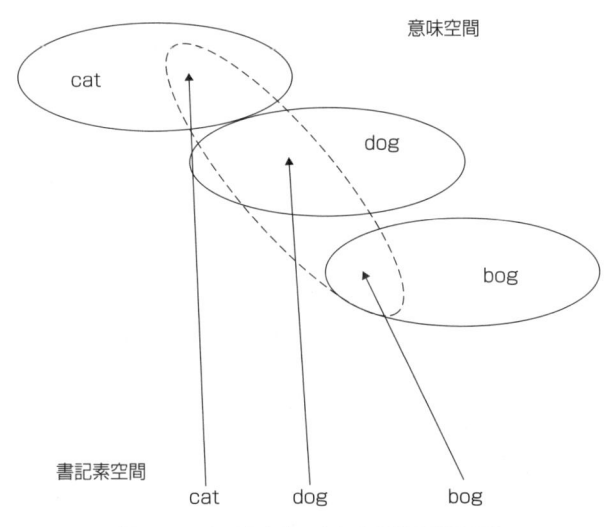

図 4-6　アトラクタネットによる意味記憶空間

6　二重乖離の原理，あるいは局在性仮説再考―まとめにかえて―

二重乖離の原則によって脳内の認知的機能局在が論じられる。たとえば第 3 節でみたように，表層失読症患者は，非単語は読むことができるが，低頻度例外語を読むことができない。これに対して，音韻失読症患者は非単語は読めないが低頻度例外語は

読むことができる。このようにある特定の認知機能Aだけに障害を示し，別の認知機能Bは正常に保たれている患者が存在し，逆に認知機能Bだけが選択的に障害され，認知機能Aは正常の範囲である患者も存在する場合，認知機能Aと認知機能Bとは二重に乖離しているという。二重乖離の現象が観察された場合，それぞれの認知機能に対応する脳内機構が存在し，それら脳内の認知機構は他方の影響を受けずに独立に機能すると主張するのが二重乖離の原則である（山鳥，1985）。二重乖離の原則は神経心理学における基本原理とされてきた。二重乖離の原則の背後には，脳内の認知機能は完全に独立して営まれており，この機能的に独立した単位は脳内の他の部位とは単純な情報を伝えあうだけであるという認知機能の局在性の強い仮定に基づいている（局在性仮説 locality assumption, Farah, 1994）。

　神経心理学の分野では機能局在性仮説が重要な役割を果たしてきた。機能局性在仮説とは，心の機能が独立した下位モジュールによって構成されているとする考え方である（Fodor, 1983）。そしてこのモジュール間では，比較的簡単な情報を伝達するにすぎない。各モジュールは情報論的にカプセル化（encapsulated）されていて，あるモジュールの損傷が別のモジュールの機能に影響を与えることはほとんどなく，あるモジュールの損傷は比較的単純な1つの認知機能の低下として表出する，というのが局在性仮説である。

　二重乖離を示す例は，上記の例外語と非単語の例ばかりでなく，日本語における仮名と漢字の乖離，意味記憶における生物と非生物の知識の乖離，具体語と抽象語の知識の乖離，自発話において名詞のみが損傷される失名辞失文法と助詞や冠詞が抜け落ちる機能的失文法との乖離，文章理解と文法性判断の乖離など，枚挙に暇がない。こうした認知機能の独立性と脳の画像診断結果との対応を考察することが認知神経心理学における確立された研究手法であった。

　脳は複雑な相互作用をするシステムであるので，二重乖離の原則によって，ある認知機能の特別な要素と損傷の効果とを結びつけることは危険な作業だと考えられる。にもかかわらず，伝統的な神経心理学では患者の検査成績を文字通りの意味で解釈する傾向があった。たとえば，視覚性の誤りは，視覚処理段階における障害であると解釈されてきた。換言すれば，神経心理学的な解釈の特徴は，脳における認知機能を，相互作用をする複雑なシステムとしてではなく，個別的な働きをする機能的構造体の個別の働き総和として解釈する傾向にあったのである。二重乖離の原則はきわめてナイーブな見方と言わざるをえない。なぜなら脳の各部位は互いに密接に連結されており，脳内の特定の機能が損傷を受けた場合，他の部位に影響が及ばないという考える理由はほとんどないからである。

　特定の認知機能の検査結果とその認知システムの障害の部位を特定することの関連は，かつて信じられていた程明らかな関係にはない。認知機能の局在を示す脳損傷患者のデータと，その認知機能を推論する伝統的な認知神経心理学的手法に疑問を投げかけている。本章で議論した内容は，二重乖離の原則を別の視点でとらえ直し，新たな解釈を提供するといえよう。従来からの神経心理学的障害分類論に本質的な変更を迫っているように思われる。

引用文献

浅川伸一 (2005) 英単語の読みにおける二重経路モデルとトライアングルモデルの統合の試み. 心理学研究, **75**(6), 523-529.

Coltheart, M., Curtis, B., Atkins, P., & Haller, M. (1993). Models of reading aloud: Dual-route and parallel-distriputed-processing approaches. *Psychological Review*, **100**(4), 589-608.

Coltheart, M., & Rastle, K. (1994). Serial processing in reading aloud: Evidence for dual-route models of reading. *Journal of Experimental Psychology: Human Perception and Performance*, **20**, 1197-1211.

Farah, M. J. (1994). Neuropsychological inference with an interactive brain: A critique of the locality assumption. *Behavioral and Brain Sciences*, **17**, 43-104.

Fodor, J. A. (1983). *The modularity of mind*. Cambridge, MA: MIT press.

岩田 誠 (1996) 脳とことば 東京：共立出版.

Jacobs, R. A., Jordan, M. I., Nowlan, S. J., & Hinton, G. E. (1991). Adaptive mixtures of local experts. *Neural Computation*, **3**, 79-87.

Jordan, M. I., & Jacobs, R. A. (1994). Hierarchical mixtures of experts and the em algorithm. *Neural Computation*, **6**, 181-214.

O'Reilly, R. C. & Munakata, Y. (2000). *Computational Explorations in Cognitive Neuroscience: Understanding in mind by simulating the brain*. Cambridge, MA: MIT Press.

Plaut, D. C. (2001). A connectionist approach to word reading and acquired dyslexia: Extension to sequential processing. In M. H. Chirstiansen & N. Charter (Eds.), *Connectionist Psycholinguistics chapter 8*. Westport, CT: Ablex Publishing. pp. 244-278.

Plaut, D. C., MaClelland, J. L., & Seidenberg, M. S. (1995). Reading exception words and pseudowords: Are two routes really necessary? In J. P. Levy, D. Bairaktaris, J. A. Bullinaria & P. Cairns (Eds.), *Proceedings of the Second Neural Computation and Psychology Workshop*. London: University College London Press.

Plaut, D. C., McClelland, J. L., Seidenberg, M. S. & Patterson, K. (1996). Understanding normal and impaired word reading: Computational principles in quasi-egular domains. *Psychological Review*, **103**, 56-115.

Plaut, D. C., & Shallice, T. (1993). Deep dyslexia: A case study of connectionist neuropsychology. *Cognitive Neuropsychology*, **10**(5), 377-500.

Seidenberg, M. S., & McClelland, J. L. (1989). A distributed, developmetal model of word recognition and naming. *Psychological Review*, **96**(4), 523-568.

山鳥 重 (1985) 神経心理学入門 東京：医学書院.

注

1) 純粋失読症患者の読みは，逐次読み letter-by-letter reading になり，たとえば英単語 read を R, E, A, D と非常にゆっくりと発話する。

第2部　記　　憶

第5章 記憶高進─記憶に与える検索（テスト）の効果

林　美都子

　人間の記憶システムは不思議である。しばしば常識外れの現象が生じる。たとえば授業の後，テストを受けっぱなしにして，間違えたところを復習しなくても得点の上がる方法があると言ったら，あなたは信じるだろうか？　そんなウマい話はもちろんない……かと思えば，実は認知心理学の実験で，それに近しい現象が確認されている。記憶高進だ。はたして，復習無用の学習スタイルが世界の主流となる日が，いつか来るのだろうか。

1　記憶高進研究への誘（いざな）い

　記憶は，生活の土台を支える認知活動の1つであり，興味がつきない。その不思議さに翻弄された経験をお持ちの方も多いであろう。たとえば，一生懸命試験勉強をしたのに，テスト本番でどうしても答えが思い出せない。あれだけ頑張って覚えたのに，結局忘れてしまったのかとがっかり…。ところが家に帰ってお風呂に入ったら「あ！」と思い出し，実は忘れてなかったのにと悔しい思いをした。そんな経験はないだろうか。覚えているはずの事柄を思い出せたり出せなかったり，一体全体，我々の記憶はどうなっているのであろうか。

　この章では，そのような疑問への答えとなりうる，記憶高進（hypermnesia）とよばれる現象を紹介する。約100年前から科学的なアプローチが開始され，約40年前から認知心理学的に取り扱われるようになった現象である。比較的新しい研究分野であり，日本ではまだ，ほとんど知られていない。記憶の新たな側面を明らかにする，面白い現象であるにもかかわらず残念なことである。

　記憶高進の研究がなかなか行われない理由の1つは，実験手続きの難しさ…ではなく，むしろ手続きが簡単すぎるためであろう。記憶高進の実験手続きでは，通常は1回しか行わない記憶テストを，複数回繰り返す。そして，テストとテストとの間で答えあわせや復習など，正答や誤答のフィードバックになりそうなことは決して行わないのが特徴である。研究者（と実験参加者）の多くは，テストばかりを繰り返しても新しい情報が入ってくるわけでも間違いが正されるわけでもないのだから，そんな手続きなら記憶成績が低下するのは明白であり，実験するまでもないと感じるようだ。

2つ目の理由は，実験手続きが不自然すぎるからというものである。一般にテストは復習とセットにされ，2回目のテストは復習の効果を測定するために行われると考えられている。したがって，復習の機会もないのにさらにテストだけ繰り返しても無意味であり不自然に感じるというのである。

しかし，よくよく考えれば，復習の機会がありうるのは学校や資格の勉強など限られた場合のみである。日常生活を思い描くと，復習の機会なく記憶を繰り返し試されることの方が多いのではないだろうか。修学旅行の思い出，昨日食べた夕ご飯，部活の朝練で見た太陽の美しさ……いずれも友人たちと繰り返し語り合うかもしれないが，そのとき，うろ覚えだからといって，タイムマシンに乗って確認してくることができるだろうか？

記憶高進が常識外れで誤解を受けやすい概念かつ現象であることも，これまで科学的な研究として取り上げられにくかった理由の1つであろう。今までに記憶（テスト）で苦しめられた経験が少しでもあれば，「復習しなくても，記憶成績は良くなりますよ」などと言われても，とうてい信じる気にはなれないだろう。せいぜい，何かバレにくいカンニング方法があるんじゃないかと疑いの目をむけたくなるのは当然である。

最後に，記憶高進研究がこれまできちんと扱われなかった最大の理由をあげておきたい。それは，1980年代後半まで記憶高進の定義が明確にならず，初期研究が混沌としてしまったことである。その結果，不統一な専門語が用いられ，よく似た現象との混乱が生じ，記憶高進は科学的に研究するに値しない，あやしい現象だとの誤解が生まれてしまった。

本章では，記憶高進研究がこれらの問題点を抱えていることを踏まえつつ，それでも記憶高進は，科学的に研究するに値する，記憶に関する最先端の面白い現象であることをお伝えしたい。記憶高進の定義，初期の研究の様子，これまでの研究でわかってきた記憶高進の面白い特徴といくつかの理論について紹介する。読み終わったとき，ちょっと試しに……と，あなたがテストを繰り返しやってみたくなったなら，本章は十分に役目を果たしたことになる。

2　記憶高進とは

この節では，記憶高進の定義，初期の研究と，記憶高進現象に関する4種類のよくある疑問について述べる。記憶テストを繰り返すという単純な手続きがもたらす面白さと発見，そして混沌を味わってもらえれば幸いである。

2.1　記憶高進の定義

記憶高進（Hypermnesia）とは，再学習なしにテストばかり繰り返したときに，記憶成績の向上がみられる現象のことである（Payne, 1987）。2種類の下位現象から成立している。1つはテスト間回復（Reminiscence）とよばれる現象，もう1つはテスト間忘却（Forgetting）とよばれる現象である。テスト間回復とは，前のテストでは忘れていたが次のテストでは思い出す現象であり，思い出した項目を回復項目（a gained item）とよぶ。テスト間忘却とは，前のテストでは思い出していたが次のテストでは思い出せない現象であり，忘れた項目を忘却項目（a lost item）とよぶ。テスト間回復現象がテスト間忘却現象を上回ると記憶高進は生起し，テスト間回復現象がテスト間忘却現象を下回ると記憶高進は生起しない。つまり記憶高進とは，テストを何度も繰り返すなかで，思い出したり忘れたりを何度も繰り返し，最終的に，思い出した量が忘れた量を上回ったときに生じる現象なのである。

　具体例をあげつつ，もう少し詳しく説明しよう。図5-1に，記憶高進実験の典型的手続きとその結果（仮想データ）を示した。学習と1回目のテストとの間を保持時間（長い場合は保持期間とよぶこともある），テストとテストとの間をテスト間間隔，テスト1回あたりの時間をテスト時間，繰り返すテストの回数をテスト回数とよぶ。様々な実験手続きのバリエーションがありうるが，図5-1には，記憶高進現象についてわかりやすく説明するため，動物の名前リストを1回学習した後，正答や誤答のフィードバックなしにテストを2回繰り返す場合をあらわした。

　さて図5-1のとき，1回目のテストで答えられていた「クジャク」が2回目では答えられていない。このとき，「クジャク」は忘却項目である。1回目のテストと2回目のテストとの間でテスト間忘却現象が生起している。また，1回目のテストでは答えられなかった「ゾウ」と「キリン」と「アヒル」が2回目のテストでは答えられている。「ゾウ」と「キリン」と「アヒル」は回復項目である。1回目と2回目との間には，テスト間忘却現象だけでなく，テスト間回復現象も生起している。この2つの下位現象に加え，「ペンギン」「ラッコ」のようにテストの1回目でも2回目でも答えられている固定項目も存在する。以上，総合的にながめると，テスト1回目の成績は正解が3項目，テスト2回目では5項目と増加している。つまり，再学習の機会はなかった

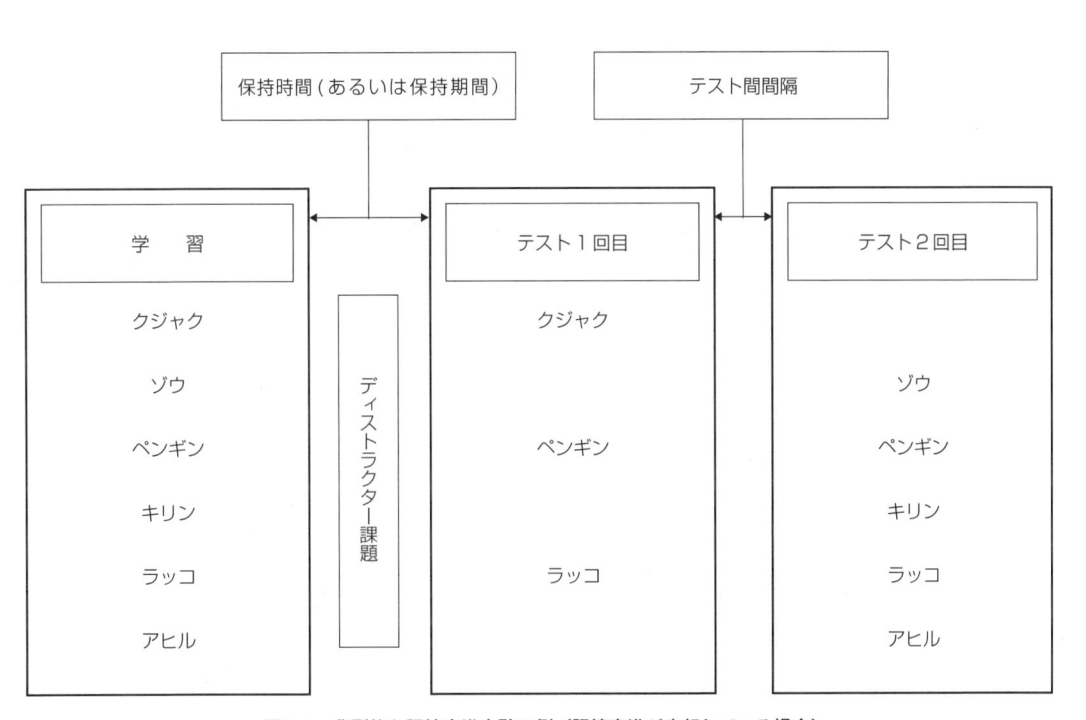

図5-1　典型的な記憶高進実験の例（記憶高進が生起している場合）

が，テストを繰り返すことで記憶成績が向上を示した。したがって，記憶高進が生起したということになる。

　ここで，強調しておきたいことがある。それは，テストを繰り返すとテスト間回復とテスト間忘却の2つの現象が，ほぼ確実に，同時に起こるということである。記憶高進が生起しない場合であっても，正答項目が入れ替わりながら減少していく様子（図5-2）が，しばしば観察される。このことは，記憶高進の実験手続きによってもたらされた，記憶に関する大いなる発見の1つであろう。

　本項の最後に，現在なされている記憶高進の定義に関して，問題を1点，指摘しておきたい。それは，エラーの扱いに関してである。本章での記憶高進の定義は，ほかの多くの記憶高進研究同様，Payne（1987）に基づいている。そこでは，エラーの扱いについて明示されていない。Payne自身も指摘しているが，実際に記憶高進実験を行ってみると，ほとんどエラーは生じない。よってエラーに関する定義は無用であると考えることもできる。しかし，まったくエラーが生じないわけでもない。後述の回答基準（recall criteria）の議論にその片鱗があるが，今後，意図的に大量のエラーを生じさせる手続きなどを通して，エラーのもつ意味に新たな知見と定義がもたらされた時，記憶高進研究は次なるステージを迎える可能性がある。

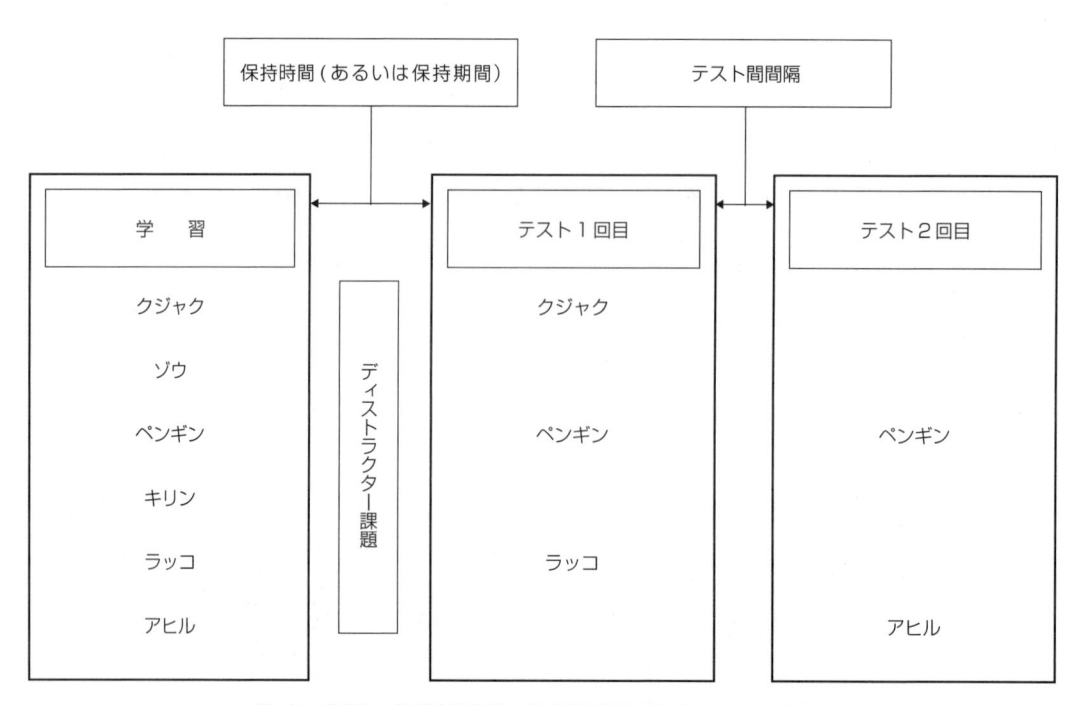

図5-2　典型的な記憶高進実験の例（記憶高進が生起していない場合）

2.2　初期の記憶高進研究

　記憶高進実験のまとまったデータを報告し，科学的な記憶高進研究の発端となったのは，Ballard（1913）である。Ballardは，数多くの学生たちにテストを複数回繰り返し受けさせ，最初のテストよりも後から受けたテストの方が成績の良くなる現象が観察されたと報告した。テストとテストとの間に学生たちが復習をしている様子もない

し，再学習を命じたわけでもないのに不思議なことである。実験対象者の年齢や性別，あるいは保持時間やテスト間間隔，テスト回数などを様々に変え，学習材料の方も様々な詩や図形を用いて試してみたが，やはり同様の現象がみられたと報告した。

それらのうち，典型的な実験を例としてあげる。平均年齢12歳の19人の生徒たちに，13分で詩を暗記するよう求めた。直後に実験を行ったところ，1人が完全に暗記していた。予告なしに2日後，再びテストを行った。今度は8人が完全に記憶していた。予告していなかったのだから，再テストに備えて復習などをしていたとは考えにくい。時間が経てば忘却が進むと考えられるにもかかわらず，学習直後よりも2日後の方が完全に暗記している人数が増え，クラス全体での成績も10％も上昇していたというものである。

この不思議な現象は，当時，大いに注目を集めた。しかし，いくつかの要因によってその後の研究はしばらく混乱し，この不思議な現象は科学的な研究には値しないと思われるようになった。原因の1つ目は，用語の定義の混乱である。2つ目は，当時の記憶研究の流行のために，記憶高進の生起を確認するには不適切な記銘材料が用いられたことである。3つ目は，Ballardの行った数々の実験は，教育の現場で実践的に行われ，条件の統制がゆるいものが多かったためである。

Ballardは一連の実験を報告するにあたって，ImprovementならびにReminiscenceという単語をよく用いている。Improvementは，今日でいう記憶高進（Hypermnesia）とほぼ同義として用いられているが，今日ほど明確に定義されていたわけではなかった。Reminiscenceについては「再学習なしに忘れていた事項を思い出すこと（the remembering again of the forgotten without relearning）」と定義された。これは，今日用いられているReminiscence（テスト間回復現象），記憶高進の下位現象としてのそれと同じ定義である。

Ballard自身は，ImprovementとReminiscenceとを大体使い分けている。しかし，ところどころで混同して用いてしまったことと，ImprovemnetよりもReminiscenceの方がインパクトのある用語であったため，その後，ReminiscenceはBallardの定義を離れ，拡大解釈されるようになった。McGeochら（1935）は，Reminiscenceを今日でいう記憶高進と同義に解釈することを提唱した。本来，区別したほうがよい記憶高進現象とテスト間回復現象が混同されるようになり，記憶高進をめぐる研究状況は混沌とし始めた。

そんな中で，Buxton（1943）はBallardの実験とReminiscenceに対して否定的なレビューを発表した。それ以降，1970年代まで記憶高進の研究はほとんど下火となってしまった。

かの有名なEbbinghaus（1964／1885）の忘却曲線実験が，無意味綴りを用いていたために，当時の記憶研究のトレンドが，できるだけ意味やイメージを含まない無意味綴りを中心としていたことも記憶高進研究にとっては不幸であった。当時は知られていなかったが，実は，記憶高進はどのような記銘材料を用いたかによって生起しやすさが異なる。Ballardが用いた詩や図形のように，有意味でイメージしやすいものだと記憶高進は生起しやすいが，無意味でイメージしにくいものでは生起しにくい。当時，多くの研究者が無意味綴りを用いて記憶高進に取り組んだため，なかなか生起せ

ず，再現性に問題のある，科学的研究の価値がない現象とみなされた。

　以上に加え，Ballard（1913）の研究が教育現場での実践的なものが多かったことも仇となった。テストの繰り返し以外の影響，すなわち剰余変数の統制がゆるく，Ballard の報告した記憶成績の向上は，カンニングや学生がきちんと復習していることに気付かなかっただけではないかなど，様々に批判されることとなった。さきほど典型例としてあげた実験のように，テスト間間隔が 2 日間あるなど比較的長期にわたる実験が Ballard のものには多いため，それだけ時間があれば，Ballard の目の届かないところで，たまたま教科書を読み返したり学生同士でこの間のテストのことを話し合ったりして，しかしそのことを学生が忘れていたり嘘をついたりということもあったのではないかなどとも言われたようである。

　このまま記憶高進の研究は途絶えてしまうかに思われた。しかし，1970 年代に記憶高進研究は息を吹き返した。Erdelyi とその共同研究者たちが，Hypermnesia という用語を提唱し，認知心理学的な手法を用いて，テストの繰り返しだけで記憶成績が向上したという目覚しい実験結果を報告し始めたからである（Erdelyi & Becker, 1974; Erdelyi et al., 1976; Erdelyi & Kleinbard, 1978）。しかし，彼らの用語の提唱によって，記憶高進とテスト間回復とを混同することがなくなったわけではなかった。Erdelyi ら自身が，「Ballard（1913）は，当初 Reminiscece を『再学習なしに忘れていたことを再び思い出すこと』と定義しているが，これは Hypermnesia の定義としても完璧である」（Shapiro & Erdelyi, 1974）などと，両用語を同一視する記述を残している。

　用語の混乱とそれに伴う定義や概念の混乱に一段落がついたのは，Payne（1987）がレヴューの中で Hypermnesia と Reminiscence との明確な区分を示して以降である。だからといって，必ずしも各現象を表現する用語が 1 つに統一されたわけではない。Hypermnesia だけでなく，その下位現象を表す Reminiscence や Forgetting という用語も，それぞれに歴史的紆余曲折を抱え，心理学における他の研究領域における専門用語や日常語として，記憶高進研究内におけるそれらとは別の意味を含んでいる。そのため，現在もなお，研究者一人ひとりができるだけ誤解を招かない表現方法を模索して，様々な表記が試みられている。たとえば，Hypermnesia のことを Improvement あるいは Net Inprovement, Reminiscence のことを Gains や Gets, テスト間忘却のことを Forgetting, Intertest Forgetting, あるいは Losses や Losts などと表記する場合がある。しかし，Payne（1987）以降，用語に相違はみられても，記憶高進はテスト間回復とテスト間忘却という 2 種類の下位現象から成立しているという定義と概念は多くの研究者間で共有され，混乱は最小限に抑えられている。

2.3　記憶高進をめぐる 4 件の疑義

　ここまで，記憶高進とはどのような現象なのか，歴史的混乱も含めて丁寧に説明してきた。簡単にまとめると，記憶高進とは，復習することなくテストを何回も繰り返すうちに，一部分を忘れたり思い出したりしながら，正しく思い出せる量が増えていく現象である。

　これまでの常識では「正しく思い出せる量」を増やすためには，繰り返しのテストではなく，繰り返しの再学習こそが大切であるとされてきた。だからこそ再学習では

なくテストの繰り返しに注目する記憶高進研究は面白く，そして奇妙で受け入れがたい。前述の用語の混乱以外にも「記憶高進？……何をおおげさな。そんなの単純な話でしょ」と，記憶高進という概念の存在価値自体が疑われてきた。単なる練習の効果ではないか，もしくは，カンニングやラストスパート効果，回答基準の変化によるものではないのかという疑いである。この4つの疑義について，検討してみたい。

まず，練習の効果ではないかという疑問についてである。何度もテストを繰り返すことが練習となり，慣れが生じ，解き方のコツがわかるようになって正解が増えるのではないかという疑いである。しかし，記憶高進で用いられるテストはほとんどが普通の記憶テストであり，慣れが必要なほど複雑であることは滅多にない。「さきほど学習した単語をできるだけたくさん思い出してください」と真っ白な回答用紙を渡されるようなテストが，練習が必要なほど難しいだろうか？

さらにもう1点，記憶材料や符号化教示の違いによって，その他の部分はまったく同じ実験手続き（実施されるテストの形式もまったく同じ）であっても，記憶高進現象への影響が異なるとの報告が数多くなされている（詳しくは，次節「符号化段階における特徴」を参照）。練習による効果なのであれば，学習時に単語を提示しても記憶高進は生起しないが，その単語に相当する絵を提示すると記憶高進が生起するなどということが起こりうるだろうか？　どちらの場合においても，同じだけテストを繰り返している，すなわち練習量は同じである。練習による効果であると考えるより，単語や絵を処理する際のなんらかの認知過程の違いによって，記憶高進が生じたり生じなかったりすると考える方が妥当ではないだろうか。

以上の2点ではまだ納得できない場合は，ぜひ，Erdelyi（1996）の第3章をご参照いただきたい。実は，1930～1950年代の研究には，この問題に真正面から取り組んだものが多い。実験開始前にテスト形式に慣れるよう十分練習させておくなどの素朴な手法も含め，練習効果を取りのぞく実験手法を開発するための様々な試みや練習による疲労効果も含めての考察など大いに議論されている。

次に，記憶高進はカンニングによるものではないかという疑問についてである。この疑問に関しては，ほとんどが実験手続きや実験室の整備に関する問題である。多くの研究者はカンニングの可能性を考慮して，最低限次のような対策を行っている。まず，学習時に提示した記憶材料はそれ以外の時にはきちんとしまい，テストは一回ごとに集め，いずれも実験参加者の目に触れないようにする。実験参加者同士でお互いの答えが見えないよう，背中合わせにもしくは間隔を十分開けて座らせるよう心がけるか，集団実験ではなく1人ずつ個別実験を行う。さらに，Ballard（1913）のように保持時間やテスト間間隔が1日単位以上と長い場合には参加者同士で情報交換したのではないかと疑われやすいが，1970年代以降の記憶高進研究は，保持時間やテスト間間隔は短めで，実験自体30分から1時間程度で終了するものがほとんどであるため，実験中に他の実験参加者やその他外部情報を得ることは困難である。また実験終了時には，あるいは保持時間，テスト間間隔が長期にわたる場合には，実験参加者たちに口外しないようお願いする（強制力はないので，残念なことになっている可能性も完全には否定できないが）。

また，実験参加者本人が答えを書きこんだテスト用紙，それ自体がカンニング的役

割を果たしているのではないかという指摘もある。多くの実験において，1回のテストにつき1枚の回答用紙に答えを書き出させる。つまり，次のテストの前には取り上げられるにせよ，そのテストに取り組んでいる間は，自分の答えを何度も繰り返し見ることができる。これが記憶高進をもたらすのではないかと，Madigan & Lawrence (1980) や前原 (1991) は，参加者が自分の答えを参照できないよう，1枚に1つずつ答えを書かせる実験を行っている。その結果，テスト間回復の量は通常の手続きの場合と同程度であったが，テスト間忘却の量が増え，記憶高進が生起しにくくなることを示した。

しかし，林・宇根 (2004) では同じく1枚につき1つずつ答えを書かせる手続きを採用しているが，記憶高進が生起したと報告されている。さらに言えば，これまでの研究において，1回のテストにつき1枚の回答用紙に答えを書き出させる手続きにおいて必ず記憶高進が生起しているわけではなく，生起したりしなかったりする報告が多く寄せられているのである。つまり，まったく影響がないとはいえないが，回答の一覧性のみが記憶高進をもたらすわけではないということである。何らかの認知的なメカニズムの影響が推測される。

また，本人による回答用紙は，カンニング用紙としてあまり優秀ではない可能性も指摘しておきたい。一般に，初回のテストにおいて学習時の項目を完全に再現できることは少ない。学習時より少ない項目数の1回目のテストに基づき2回目のテストを受けるならば，2回目の回答数は1回目のものよりさらに少なくなる。このようにして回数を重ねれば重ねるほど，答えられる量はどんどん減っていく。こんな調子で，記憶高進が生起するとは考えにくい。

3点目として，ラストスパート効果ではないかとの疑問があげられる。ラストスパート効果とは，これで最後だと思うと急に作業量が増加する現象である。マラソンでヘトヘトになっていてもゴールテープが見えてきたら走るペースがあがったり，それまでダラダラしていたのに〆切が近づいてきたら仕事やレポートがバリバリ進み始めたりした経験はないだろうか。記憶高進もこれらと同じで，ようやくこれで最後のテストだとなるとラストスパートがかかり，最後のテストで正答数が増えているだけではないかというのである。

しかし，少なくとも1970年代以降の研究では，この点に気をつけ，テスト回数を明言することを避け，最後のテストを行う際にも最後だと参加者に伝わらないよう配慮されているのがほとんどである。また，テストを3回繰り返す形式の実験において，最後の3回目でではなく，1回目と2回目のテスト間での正答数の増加が著しいために記憶高進が生起している例 (Einstein & Hunt, 1980) もあり，ラストスパート効果では説明が難しい。

最後に，回答基準 (recall criteria) の変化ではないかとの疑問を取り上げる。回答基準の変化とは，つまり，あてずっぽうの増加のことである。答えがわからなくても，白紙のままにしておくより，正解と思われるものを推測し，あてずっぽうでもいいから何か書いた方が，正答数が増加する可能性が高い。最初は「確実に正しい」と思った答えしか書かなかった実験参加者が，テストを繰り返すうちに，「多分正しい」「もしかしたら正しい」「正しくないかもしれないけどダメ元で」など回答する基準を変

化させ，その結果，実際に覚えている項目数は一定もしくは減少していても，あてずっぽうのまぐれ当りが加算され，記憶高進が生起するのではないかという問題である。

このような回答態度の場合，まぐれ当たりの正答数が増える反面，まぐれ当りしなかった項目も増え，エラーが増加するであろう。しかし，記憶高進の実験を行ってみると，そもそもエラー自体がさほど生じないことが多く（Payne, 1987），あてずっぽうの行為自体が非常に少ない可能性が高い。

実験手続きを工夫して回答基準をコントロールし，このことを端的に確かめた実験がある。Roediger & Payne (1985) は，70個の単語刺激を用いて3回テストを繰り返す実験を行った。あてずっぽうの量をコントロールするため，3種類の教示条件が設けられた。自由再生（free recall）条件，無抑制再生（uninhibited recall）条件，強制再生（forced recall）条件である。自由再生条件では，推測しないで思い出した単語を答えるよう求めた。一般的な自由再生の教示であり，記憶高進実験でよく用いられている教示である。無抑制再生条件では，思い出した単語だけではなく，思い出そうとする過程で頭に思い浮かんだ単語もすべて答えるよう求めた。強制再生条件では，無抑制再生条件と同じ教示に加え，1回のテストにつき必ず50個の単語を答えるよう回答数に制限を設けた。この強制再生条件は，実験者側で回答数を制限するため，自由再生よりも回答基準の変化を実験者がコントロールしやすいと考えられ，1970年代の記憶高進研究ではしばしば用いられた（現在では，この手法は様々な問題点が判明しており，用いられることは少ない）。

実験の結果，各条件間で誤答の数には大きな違いがあったが，正答の数には差のないことが示された。テスト3回分の平均を求めたところ，誤答数は強制再生条件が最も多く23.8個，ついで無抑制再生条件で9.6個，最も少なかったのが自由再生条件で2.5個であった。正答数は条件間に差はなく，テスト回数間において差がみられた。1回目の平均正答数は24.8個，2回目は26.3個，そして3回目は28.0個となり，増加を示したのである。つまり，回答基準の違いは，誤答数にのみ影響し，正答数には影響しなかった。誤答数の変化が回答基準の変化に関する指標となりうること，回答基準の変化は正答数の変化には影響しないこと，したがって正答データにのみ基づいて記憶高進を考える立場ならば，回答基準の変化は記憶高進には影響しないことが示されたといえよう。

ただし，記憶高進実験で生じるエラーが，すべてあてずっぽうによるものだとは考えにくい。前節とも重複するが，記憶高進の生起理由に迫る理論的根拠がエラーの中に潜んでいる可能性も高い。正答のみに注目し，誤答数や誤答そのものを考察対象外と扱うことには慎重になりたい。話がそれた。元に戻そう。Roedigerらの実験によって，少なくとも記憶高進現象が単なるあてずっぽうによる見かけ上の現象ではないことが示されたといえよう。

以上，記憶高進現象を取り巻く4つの疑義を取り上げた。1910年代に発見された記憶高進現象は，疑惑に満ちた混沌時代を経て1970年代に再発見され，1980年代に再定義された。共通の定義に基づく研究データが少しずつ蓄積され2010年代を迎えた今，記憶高進研究は新たな時代を迎えつつある。次節では，1970年代以降の研究を中心に，記憶高進現象の特徴についていくつか紹介する。

3 記憶高進現象の特徴

本節では，記憶高進現象の特徴を，符号化，保持，検索という記憶の3段階別に整理する。なお，ここでは1970年代以降の研究を中心としてまとめた。それ以前の研究は，前述の議論に耐えられない問題を含むものが多いためである。

3.1 符号化段階における特徴

記憶高進は，記銘材料として絵を用いたりイメージ化の処理を行わせると生起しやすい。Madigan (1976) は，符号化時すなわち学習時に絵を提示すると記憶高進が生起するが単語では生起しないと報告した。Payne (1987) は，記銘材料に絵を用いた実験51件中49件，単語を記銘材料とした実験121件中56件で記憶高進が生起しており，単語で記憶高進が生起した56件中16件がイメージ処理，11件が意味的処理，2件がイメージ処理と意味的処理を行ったものであると報告した。Erdelyi et al. (1976) では，旗やトランペットなどの線画を見せたグループと，それらの線画の名前だけを見せたグループ，名前だけ示しイメージするよう求めたグループに7分間のテストを3回繰り返した。その結果，絵を見せたグループとイメージ化を求めたグループでは記憶高進が生じ，名前だけ示したグループには生じなかった。

記銘材料として単語を用いた場合，符号化時に意味的精緻化を促すと記憶高進が生起しやすい。Belmore (1981) は，単語刺激の内容をイメージさせるグループ，単語刺激を用いて文章を作成させるグループと単語を静かに読むだけのグループで実験を行った。その結果，イメージ化と文章化を行った群では記憶高進が生起したが，静かに読むだけでは生起しなかった。文章化により単語刺激の意味内容が精緻化されて記憶痕跡が明確になり，記憶高進をもたらしたと考えられる。

記憶高進は，符号化時の提示回数や提示時間によっても影響を受ける。Payne (1986) は，絵画刺激であれ単語刺激であれ，学習時に1回だけ見せた場合より2回見せたほうが，2回だけ見せるより3回見せたほうが，正答数の増加の多い大きな記憶高進が生起することを示した。Burns (1993) は，学習時に4秒だけ記銘材料を提示するより8秒間提示したほうが，記憶高進が大きく生じることを報告している。

その他にも，生成効果やSPT効果も記憶高進に影響する。生成効果とは，学習刺激をただ読むだけの条件（読み条件）よりも，反意語を考えたり謎々を解くなど学習刺激を生成する条件（生成条件）のほうが記憶成績が良くなるという現象である。読み条件より生成条件のほうが確実に記憶高進が生起する（Erdelyi et al., 1977; Davis & Dominowski, 1986; Payne & Wenger, 1992; Mulligan, 2001）。生成条件では記憶高進が必ず生起するが，読み条件では，学習項目間に意味的な関係性があるときにのみ記憶高進が生じた（Mulligan, 2001）。

SPT効果とは，「電球を磨く」などの動作を含む学習項目は，読んだり聞いたりするだけでなく，実際にその動作をしたほうがよく覚えられるという効果である。Olofsson (1997) は，動作を含む学習項目を読んだだけでは記憶高進は生起しないが，実際に動作させたところ記憶高進が生起したと報告している。

3.2 保持段階における特徴

1970年代ごろからの実験室における記憶高進実験は，1時間以内で終わるものが多く，学習段階と1回目のテストまでの保持時間が短いものがほとんどである（Payne, 1987）。Roediger & Payne（1982）は，2分，9分，18分の保持時間を比較し，記憶高進現象に影響がないことを確認している。

Rose（1992）は，学習の直後，2日後，16日後に4回テストを繰り返し，いずれの場合も記憶高進が生起することを示した。ただし，直後の記憶高進が最も大きく，16日後の記憶高進はやや小さかった。Wheeler & Roediger（1992）は，保持時間が1週間以上になると，記憶高進は生起しないと報告している。また彼らは，テスト間間隔についても検討し，1分程度と短ければ記憶高進は生起するが，1週間ぐらい長くなると生起しないことを示した。保持時間とテスト間間隔の影響が混在している部分もあるが，林ら（2008）も類似の報告をしている。テスト間間隔の短いテストを連続して行い記憶成績が向上したところで，1週間のテスト間間隔を挟むことにより成績が低下しても，その後，テスト間間隔の短い連続したテストを行うと，再び成績が向上する。

記憶高進研究においても，他の記憶研究同様，学習直後に記憶テストを行うのではなく，計算課題や文字当てクイズなどなんらかのディストラクター課題を実施することが多い。ディストラクター課題の影響を，保持時間において検討したもの（Burns, 1993）のほか，テスト間間隔において検討した報告（Widner et al., 2000; Macie & Larsen, 1996）もある。いずれにおいても，記憶高進に影響はなかった。ただし，学習してからテストまでの間，黙って想起努力（学習内容を思い出そうと努力すること）をさせる課題を行うと大いに記憶成績が向上する（Erdelyi et al., 1974; Shapiro et al., 1974）。記憶高進の実験を行う際には，この点，配慮する必要があろう。

3.3 検索段階における特徴

テスト回数に関しては，2回以上5回以下繰り返す研究が多い。6回以上のテスト回数を検討した研究としては，12回テストを繰り返したOrne（1983）や7日間に渡って28回まで検討したErdelyi & Kleinbard（1978）があげられる。また，Erdelyi（1984）は，約90日間にわたってテストを繰り返した実験例も報告している。絵画課題を60項目記憶させて再生テストを繰り返したところ，最初の数日で正答率が90％を超え，以降成績は一定であることを示した。残念ながら，Erdelyi（1984）には具体的なテスト回数は記載されていないが，グラフから読み取れる限りでは，7回目（10日以内）のテストにおいて正答率が90％を超え，以降34回目のテスト（91日目）まで成績はほぼ一定であった。

Payne（1980）は，1回あたりのテスト時間の長さは再生量には影響するが，記憶高進には影響しないと報告している。1回のテスト時間が3分間，5分間，10分間の3群を設け，各群3回テストを繰り返した。結果，3群とも記憶高進は生起し，テスト時間の長い群の方が再生量は多かった。しかし，3回目と1回目の差分を求め，各群の記憶高進の量を比較したところ，いずれの群も同程度であった。テスト間回復とテスト間忘却の量にも差はなかった。同様に，3分間，4.5分間，9分間のテストを

2回行わせた各群と，2分間，3分間，6分間のテストを3回行わせた各群の検討も行い，同様の結論を得ている。

　記憶高進の生起のしやすさは，テストの形式によって異なる。テストの形式とは，自由再生か手がかり再生か再認かということである。基本的にテストにおける回答の自由度が高いほど，記憶高進は生起しやすいようである。自由再生形式での実験は数が多く，記憶高進報告も枚挙に暇がないので省略する。

　手がかり再生形式を用いた実験については，現在では，自由再生より実験者側での操作や統制が可能なテスト形式として，ほぼ自由再生と同様に扱われることが多い。しかし，Otani & Whiteman（1994）が確かな現象であると保証するまで，手がかり再生で記憶高進が生起するか否か多くの議論が重ねられてきた（研究例として，Estes, 1955; Izawa, 1968, 1969, 1989; McDaniel et al., 1998; Mulligan & Duke, 2002; Payne & Roediger, 1987; Payne et al., 1993; Whitehouse et al., 1988）。

　再認テストを用いた場合に関しては研究例が少なく，生起の有無に関してはいまだ議論の決着をみない状態である。再認記憶高進が生起したという報告（Erdelyi & Stein, 1981; Kazén & Solís-Macías, 1999; Shaw, 1987; Talasli, 1990; 林・宇根，2004）としなかったという報告（Otani & Hodge, 1991; Otani & Stimson, 1994; Payne & Roediger, 1987）はほぼ半々である。

3.4　その他の特徴

　Ohta（2001）は，小学生や大学生では記憶高進が生じるが，幼児や高齢者では生じないという実験結果を報告し，記憶高進の生起の有無は，年齢にシンメトリーなのではないかという仮説を提唱している。しかし，高齢者においても記憶高進は生起するとの報告（Bluck et al., 1999）もある。

　記憶高進現象は無意識的記憶との関連が深いのではないかとの指摘は古くより数多くなされ，臨床場面や睡眠学習，サブリミナル効果などの研究文脈において今まで検討されてきた（レヴューとして，Erdelyi, 1984, 1992, 1996）。Otani et al.（2002）は，カテゴリー生成課題を用いた検討を行い，無意識的記憶における記憶高進は生起しなかったが，テスト間回復現象は意識的記憶でも無意識的記憶でも生起した旨を報告している。Landrum（1997）は，絵画断片完成課題を用いた検討を行い，無意識的記憶における記憶高進を報告している。林ら（2004）は，プライミング手続きを用いた検討を行い，記憶高進は無意識的記憶よりも意識的記憶において生起することを示し，テスト間回復現象やテスト間忘却現象などの下位現象のほうが無意識的記憶において生起する可能性を示唆している。

　そのほかにも，次のような面白い研究が報告されている。DRM（Deese-Roediger-McDermott）パラダイムを用いて検討すると，偽りの記憶にも記憶高進様の現象が生じる（Payne et al., 1996）。不快な感情を喚起する絵と感情に影響しない絵では，不快な絵を用いた方が成績が良くなり，記憶高進が生起する（Kern et al., 2002）。

4　記憶高進の理論

　記憶高進がなぜ生起するのか，今日までに様々な理論が提唱されている。ここでは，記憶高進が科学的に扱われるキッカケとなったイメージ仮説を始めとして，3種類の主だった理論を紹介したい。

4.1　イメージ仮説

　イメージ仮説は，Erdelyiとその共同研究者によって提唱された（Imagery hypothesis: Erdelyi & Becker, 1974; Erdelyi & Stein, 1981）。先述の通り，絵画や高イメージ語を記銘材料とすると記憶高進は生起しやすく，再認記憶高進よりも再生記憶高進の方が生起しやすいという従来のデータの蓄積（レヴューとして，Erdelyi, 1996; Payne, 1987）に忠実な仮説である。イメージ仮説は再生の2段階説（Kintsch, 1970）や再認の2段階説（Glass et al., 1979; Mandler, 1972）をベースとしているため，Erdelyiの2段階説とよぶこともある。図5-3に，イメージ仮説の概略を示した。

　イメージ仮説（Erdelyi & Becker, 1974）においては，再生の記憶高進が生じるメカニズムを以下のように説明する。まず，長期記憶から一連の候補項目を探索もしくは生成し（図5-3 "探索段階"），次に，各候補項目を再認できたかどうかに基づき，再生するか否かを決定する（図5-3 "決定段階"）。そして，第2段階で再生が決定された項目だけが実際に再生される（図5-3 "回答行動"）。

　第2段階においては，記銘材料が絵画の場合は言語の場合よりも正確に再認される（実証データとして，Nickerson, 1965; Shepard, 1967; Standing et al., 1970など）。以前正しく再認された項目は探索経路が確立され素早く候補項目となるため，テストを繰り返すにつれ成績が上昇して記憶高進が生じる。一方記銘材料が言語であった場合，再認がうまくいかず，エラー反応やフォールスアラーム反応により忘却が進み記憶高進は生じない。ただし，記銘材料が絵画ではなく言語であっても，イメージによる符号化がなされ，心的絵画（mental pictures）が生成されて記銘されていれば，記憶高進が生じる。

　Erdelyi & Stein（1981）は，上記を拡張し，再認の記憶高進が生起するメカニズムを説明した。再生同様に再認も，検索－再認の2段階の過程に基づき，まず候補項目が検索され（図5-3 "探索段階"），あったかなかったか内在的に再認された後（図5-3 "決定段階"），その再認反応が顕在化する（図5-3 "回答行動"）。

　再認における，この"探索段階"での候補項目の検索過程は自動的なものではなく，時間のかかる作業であると仮定されている。図5-3に示したように"Penguin"のラベルに"ペンギンの絵"のように記銘項目が統合性（Gestalt）をもっていれば再認すべき刺激を構成する要素間（図5-3の場合は絵そのものと絵についているラベルがそれぞれ要素となる）の関連性が高く，各要素が相補的に検索すべき心的空間を示唆するので，記銘項目の全体像が容易に再構成されて検索過程における時間短縮が可能となり，記憶高進が生じる。一方，"Giraff"のラベルに"ペンギンの絵"のように記銘項目に統合性（Gestalt）がない場合，要素間の関連性が低く，全体像の再構成が難し

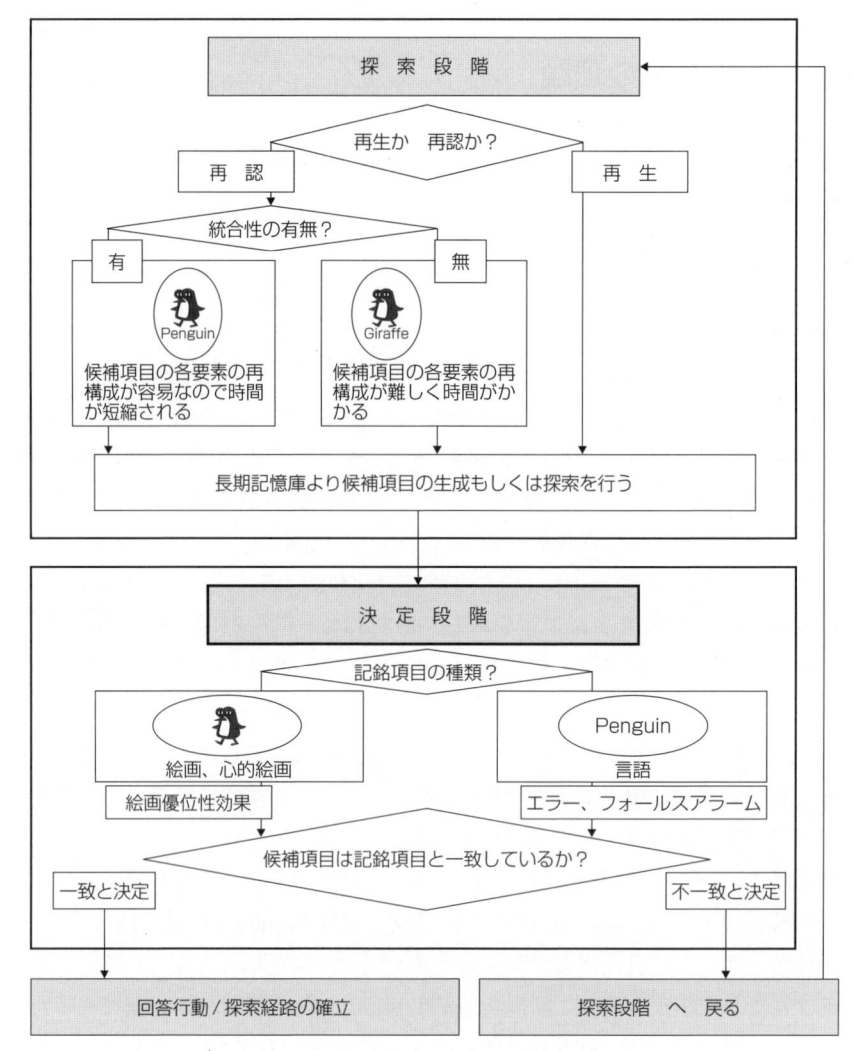

図5-3 イメージ仮説（The Imagery Hypothesis）
(Erdelyi & Becker, 1974 ; Erdelyi & Stein, 1981)

いため検索過程が短縮されず，記憶高進は生じない。

つまり，再認の場合はイメージ符号化に加え記銘材料に統合性（Gestalt）があるかどうかが重要となる。記銘材料に統合性がなければ，イメージ符号化が行われていても，記憶高進は生起しない。再認の方が再生よりも記憶高進が生起するために必要な条件が厳しいため，再認では再生よりも記憶高進が生起しにくくなる。

4.2 代理検索回路仮説

代理検索回路仮説（Alternative retrieval pathways（ARP）hypothesis: Kazen & Solis-Macias, 1999）は，絵画材料を用いた記憶高進の先行研究のほとんどが記銘時にのみ絵画を提示し想起時には単語を用いていること（レヴューとして，Erdelyi, 1996; Payne, 1987 など）に発想を得たのではないかと思われるユニークな仮説で，形式変換（Format transformation）仮説と文脈完成（Contextual completion）仮説の2つの下位仮説から構成されている。

形式変換仮説では，記憶項目に絵画（イメージ）形式と言語形式の2つの形式を想定し，記銘時と想起時で記憶項目の形式が異なれば記憶高進が生起すると考える。つまり，記憶高進が生起するためには，記銘時に絵画（イメージ）形式で記憶項目が提示された場合，想起時には言語形式で記憶項目を思い出す必要があり，記銘時に言語形式で記憶項目が提示された場合，想起時には絵画（イメージ）形式で思い出す必要がある。記銘時も想起時もどちらも絵画（イメージ）形式，もしくはどちらも言語形式であるならば記憶高進は生起しない。なお，代理検索回路仮説では，再認であれ再生であれ，記憶高進の生起の有無に条件の違いはないと考えている。再認のほうが生起しにくいのは，一般的に再認では記銘時と検索時ともに同一の項目を提示するため，形式変換が生じにくいせいであろう。

文脈完成仮説は，先述したイメージ仮説における記銘項目の統合性（Gestalt）の考えと似ている。記銘項目の要素間に統合性，すなわちまとまりがあれば記憶高進は生起しやすく，なければ生起しにくくなる。

さらに加えて，文脈完成仮説では，記銘時から検索時まで一貫した統合性が必要であるとする。イメージ仮説においては，統合性は再認時の探索段階のみに影響すると仮定されていた。しかし，代理検索回路仮説では，形式変換仮説を満たし記憶高進を生起させるためには，記銘時と想起時とで記憶項目が異なる形式で提示されることになる。このとき，記銘時と想起時とで異なる形式で提示されても，それが同一の記銘項目のことであるとわかるような統合性，実験全体を通してのまとまりが必要となるというのが文脈完成仮説である。

4.3 項目特定性と項目間関係性仮説

記憶高進は，項目特定性の処理と項目間関係性の処理の組み合わせによって生じるとする仮説である。項目特定性の処理とは，他の項目との違いから各項目の特徴を覚えることによって，テスト間回復項目の増加に影響する処理のことである。項目間関係性の処理とは，項目同士の類似性から各項目間の関連性によって，テスト間忘却項目の減少に影響する処理のことである。これら2つの処理の組み合わせによって記憶高進の生起や大きさ，特徴が決定する（Hunt & McDaniel, 1993）。

この仮説では，これまでの仮説では説明できなかった現象，3回繰り返しテストを行った場合に，前半の記憶高進（2回目と1回目）が後半（3回目と2回目）より大きくなる場合（Payne, 1986, Experiment 4; Roediger et al., 1982, Experiment 3）と後半の方が前半より大きくなる場合（Payne, 1986, Experiments 1 and 2; Roediger et al., 1982, Experiments 1 and 2; Erdelyi et al., 1977）があることについて，明快に説明することができる。項目関係性の処理を行うと前半の方が大きくなり，項目特定性の処理を行うと後半の方が大きくなる。先行研究（Payne, 1986, Experiments 1, 2 and 3; Roediger & Payne, 1982; Roediger & Thorpe, 1978 など）の多くにおいて，前半の方が後半よりもテスト間忘却項目数が多い（Hunt et al., 1993）。そこで，項目関係性の処理を行ってテスト間忘却項目を減少させれば，前半での記憶高進が大きくなる。一方，項目特定性の処理の場合，前半部分においては圧倒的なテスト間忘却項目数によってテスト間回復項目数が相殺され，後半になってテスト間忘却項目数が落ち

着いてくると忘却項目数と回復項目数との間に差ができて，後半が大きな記憶高進が生じる。

　本仮説は，記憶高進を成立させる2つの現象，テスト間回復現象とテスト間忘却現象を包括している点と時間の経過による変化を視野に入れている点とが非常に優れている。1990年代後半，この仮説を支持する研究者が増えている（Mulligan, 2001; Otani et al., 1999; McDaniel et al., 1998）。

5　まとめと今後の課題

　本章では，記憶高進現象について，その定義や混沌とした研究史，よくある疑問，最近の研究成果，主要な理論などを紹介した。記憶について考えるとき，学習（符号化）や復習（再符号化）に注目されることが多い。記憶高進研究は，テスト（検索）やテストの繰り返し（再検索）の影響に着目し，無力だと誤解されがちなテストのチカラ，すなわち検索の力によって記憶成績が向上することもあるのだと示した。第3節にまとめたように，イメージ化や繰り返し提示など一般に記憶が良くなると考えられていることを行うと，記憶高進は生起しやすく大きく生じやすい。その反面，一般には自由再生より再認の方が簡単なテストで点をとりやすいと考えられているのに，自由再生では記憶高進が生起しても再認では生起しにくいなど，独特の不思議な特徴をも示している。

　ここまで読んで，面白そう，もしくはやっぱり信じられないと感じ，実験手続きは簡単だからちょっと自分でも試してみようかと思っていただけたなら何よりである。混乱期を抜けてデータが蓄積し始めており，記憶高進研究はこれからが面白くなるところである。ようこそ，摩訶不思議な記憶高進の世界へ！

引用文献

Ballard, P. B. (1913). Oblivescence and reminiscence. *British Journal of Psychology Monograph Supplements*, **1**, 1-82.

Belmore, S. M. (1981). Imagery and semantic elaboration in hypermnesia for words. *Journal of Experimental Psychology: Human Learning and Memory*, **7**, 191-203.

Bluck, S., Levine, L. J., & Laulhere, T. M. (1999). Autobiographical remembering and hypermnesia: A comparison of older and younger adults. *Psychology and Aging*, **14**, 671-682.

Burns, D. J. (1993). Item gains and losses during hypermnesic recall: Implications for the item-specific-relational information distinction. *Journal of Experimental Psychology: Learning , Memory, and Cognition*, **19**, 163-173.

Buxton, C. E. (1943). The status of research in reminiscence. *Psychological Bulletin*, **40**, 313-340.

Davis, S. C., & Dominowski, R. L. (1986). Hypermnesia and the organization of recall. *Bulletin of the Psychonomic Society*, **24**, 31-34.

Ebbinghaus, H. (1964). *Memory: A contribution to experimental psychology*. (H. A. Ruger & C. E. Bussenius, Trans.) New York: Dover. (Original work published 1885.)

Einstein, G. O., & Hunt, R. R. (1980). Levels of processing and organization: Additive effects of individual-item and relational processing. *Journal of Experimental Psychology: Human Learning and Memory*, **6**, 588-598.

Erdelyi, M. H. (1984). The recovery of unconscious (inaccessible) memories: Laboratory studies of hypermnesia. *Psychology of learning and motivation: Advances in research and theory*, **18**, 95-127.

Erdelyi, H. M. (1992). Psychodynamics and the unconscious. *American Psychologist*, **47**, 784-787.
Erdelyi, M. H. (1996). *The recovery of unconscious memories: Hypermnesia and reminiscence*. Chicago: University of Chicago Press.
Erdelyi, M. H., & Becker, J. (1974). Hypermnesia for pictures: Incremental memory for pictures but not words in multiple recall trials. *Cognitive Psychology*, **6**, 159-171.
Erdelyi, M. H., Buschke, H., & Finkelstein, S. (1977). Hypermnesia for socratic stimuli: The growth of recall for an internally generated memory list abstracted from a series of reddles. *Memory & Cognition*, **5**, 283-286.
Erdelyi, M. H., Finkelstein, S., Herrell, N., Miller, B., & Thomas, J. (1976). Coding modality versus input modality in hypermnesia: Is a rose a rose a rose? *Cognition*, **4**, 311-319.
Erdelyi, M. H., Finks, J., & Feigin-Pfau, M. (1989). The effect of response bias on recall performance, with some observations on processing bias. *Journal of Experimental Psychology*, **118**, 245-254.
Erdelyi, M. H., & Kleinbard, J. (1978). Has Ebbinghaus decayed with time? The growth of recall (hypermnesia) over days. *Journal of Experimental Psychology: Human Learning and Memory*, **4**, 275-289.
Erdelyi, M. H., & Stein, J. B. (1981). Recognition hypermnesia: The growth of recognition memory (d') over time with repeated testing. *Cognition*, **9**, 23-33.
Estes, W. K. (1955). Statistical theory of spontaneous recovery and regression. *Psychological Review*, **62**, 145-154.
Glass, A. L., Holyoak, K. J., & Santa, J. L. (1979). *Cognition*. Massachusetts: Addison Wesley pp.57-63.
林美都子・藤岡真也・本田真大 (2008). 記憶高進現象における意識の影響—検索意図と代理検索回路仮説の観点から— 心理学研究, **79**, 317-324.
林美都子・太田信夫 (2002). 記憶高進研究の近年の動向 筑波大学心理学研究, **24**, 59-73.
林美都子・宇根優子 (2004). ドルードル課題を用いた再認と再生における記憶高進 認知心理学研究, **1**, 13-24.
Hunt, R. R., & McDaniel, M. A. (1993). The enigma of organization and distinctiveness. *Journal of Memory and Language*, **32**, 421-445.
Izawa, C. Z. (1968). Effects of reinforcement, neutral and test trials upon paired associate acquisition and retention. *Psychological Reports*, **23**, 947-959.
Izawa, C. Z. (1969). Comparison of reinforcement and test trials in paired-associate learning. *Journal of Experimental Psychology*, **81**, 600-603.
Izawa, C. Z. (1989). *Current issues in cognitive processes: The Tulane floweree symposium on cognition*. Hillsdale, NJ: Erlbaum.
Kazén, M., & Solís-Macías, V. M. (1999). Recognition hypermnesia with repeated trials: Initial evidence for the alternative retrieval pathways hypothesis. *British Journal of Psychology*, **90**, 405-424.
Kern, R. P., Libkuman, T. M., & Otani, H. (2002). Memory for negatively arousing and neutral pictorial stimuli using a repeated testing paradigm. *Cognitiion and Emotion*, **16**, 749-767.
Kintsch, W. (1970). Models for free recall and recognition. In D. A. Norman (Ed.), *Models of human memory*. New York: Academic Press. pp.331-373.
Landrum, R. E. (1997). Implicit memory effects when using pictures with children and adults: Hypermnesia too? *Journal of General Psychology*, **124**, 5-17.
Macie, K. M., & Larsen, J. D. (1996). Word frequency affects hypermnesia. *Psychological Reports*, **79**, 1379-1382.
Madigan, S. (1976). Reminiscence and item recovery in free recall. *Memory & Cognition*, **4**, 233-236.
Madigan, S. & Lawrence, V. (1980). Factors and affecting item recovery and reminiscence in free recall. *American Journal of Psychology*, **93**, 489-504.
前原いずみ (1991). ハイパームネジアの生起に及ぼす再生手続きの効果 日本心理学会第55回大会発表論文集, 345.
Mandler, G. (1972). Organization and recognition. In E. Tulving & W. Donaldson (Eds.),

Organization of memory. New York: Academic Press. pp.139-166.

McDaniel, M. A., Moore, B. A., & Whiteman, H. L.(1998). Dynamic changes in hypermnesia across early and late tests: A relational/item-specific account. *Journal of Experimental Psychology: Learning, Memory, and Cognition*, 24, 173-185.

McGeoch, G. O. (1935). The conditions of reminiscence. *American Journal of Psychology*, 47, 65-89.

Mulligan, N. W. (2001). Generation and hypermnesia. *Journal of Experimental Psychology: Learning, Memory, and Cognition*, 27, 436-450.

Mulligan, N. W., & Duke, M. D. (2002). Positive and negative generation effects, hypermnesia, and total recall time. *Memory & Cognition*, 30, 1044-1053.

Nickerson, R. S. (1965). Short-term memory for complex meaningful configurations: A demonstration of capacity. *Canadian Journal of Psychology*, 19, 155-160.

Ohta, N. (2001, July). Symmetry in the mechanisms of hypermnesia in younger children and older adults. *Proceedings of the 3rd International Conference on Memory*, Valencia, Spain, 91.

Olofsson, U. (1997). Win some, lose some: Hypermnesia for actions reflects increased item-specific processing. *Memory & Cognition*, 25, 797-800.

Orne, M. T.(1983). Requoted in Erdelyi, M. H.(1996). *The recovery of unconscious memories: Hypermnesia and reminiscence*. Chicago: University of Chicago Press. pp.123-124.

Otani, H., & Hodge, M. H. (1991). Does hypermnesia occur in recognition and cued recall? *American Journal of Psychology*, 104, 101-116.

Otani, H., & Stimson, M. J.(1994). A further attempt to demonstrate hypermnesia in recognition. *Psychological Record*, 44, 25-34.

Otani, H., & Whiteman, H. L. (1994). Cued recall hypermnesia is not an artifact of response bias. *American Journal of Psychology*, 107, 401-421.

Otani, H., Widner, Jr. R. L., Whiteman, H. L., & St.Louis, J. P. (1999). Hypermnesia: The role of multiple retrieval cues. *Memory & Cognition*, 27, 928-934.

Payne, D. G.(1986). Hypermnesia for pictures and words: Testing the recall level hypothesis. *Journal of Experimental Psychology: Learning, Memory, and Cognition*, 12, 16-29.

Payne, D. G.(1987). Hypermnesia and reminiscence in recall: A historical and empirical review. *Psychological Review*, 101, 5-27.

Payne, D. G., Elie, C. J., Blackwell, J. M., & Neuschatz, J. S. (1996). Memory illusions: Recalling, recognizing, and recollection events that never occurred. *Journal of Memory and Language*, 35, 261-285.

Payne, D. G., Hembrooke, H. A., & Anasatasi, J. S. (1993). Hypermnesia in free recall and cued recall. *Memory & Cognition*, 21, 48-62.

Payne, D. G., & Roediger, H. L., III (1987). Hypermnesia occurs in recall but not in recognition. *American Journal of Psychology*, 100, 145-165.

Payne, D. G., & Wenger, M. J. (1992). Repeated recall of pictures, words, and riddles: Increasing subjective organization is not sufficient for producing hypermnesia. *Bulletin of the Psychonomic Society*, 30, 407-410.

Roediger, H. L. III, & Payne, D. G. (1982). Hypermnesia: The role of repeated testing. *Journal of Experimental Psychology: Learning, Memory, and Cognition*, 8, 66-72.

Roediger, H. L. III, & Thorpe, A. L.(1978). The role of recall time in producing hypermnesia. *Memory & Cognition*, 6, 296-305.

Rose, R. J.(1992). Degree of learning, interpolated tests, and rate of forgetting. *Memory & Cognition*, 20, 621-632.

Shapiro, S. R., & Erdelyi, M. H.(1974). hypermnesia for pictures but not words. *Journal of Experimental Psychology*, 103, 1218-1219.

Shaw, G. A.(1987). Creativity and hypermnesia for words and pictures. *Journal of General Psychology*, 114, 167-178.

Shepard, R. N. (1967). Recognition memory for words, sentences, and pictures. *Journal of Verbal Learning and Verbal Behavior*, 1, 156-163.

Standing, L., Conezio, J., & Haber, R. N. (1970). Perception and memory for pictures: Single-trial learning of 2560 visual stimuli. *Psychological Science*, **19**, 73-74.

Talasli, U. (1990). Simultaneous manipulation of propositional and analog codes in picture memory. *Perceptual and Motor Skills*, **70**, 403-414.

Wheeler, M. A., & Roediger, H. L. III (1992). Disparate effects of repeated testing: Reconciling Ballard's (1913) and Bartlett's (1932) results. *Psychological Science*, **3**, 240-245.

Whitehouse, W. G., Dinges, D. F., Orne, E. C., & Orne., M. T. (1988). Hypnotic hypermnesia: Enhanced memory accessibility or report bias? *Journal of Abnormal Psychology*, **97**, 289-295.

Widner, Jr. R. L., Otani, H., & Smith, A. D. (2000). Hypermnesia: Age-related differences between young and older adults. *Memory & Cognition*, **28**, 556-564.

第6章　情報源の記憶

生駒　忍

　我々の記憶は，経験したものごと自体を蓄えているだけではない。それをいつ，どこで，どんな形で見たのか，聞いたのかがわかることも，記憶の重要なはたらきである。本章では，そういった記憶の情報源の記憶に注目する。たとえば，あなたは「ドロシーはバケツの水を火に注いだ」という文を読んだことがあるだろうか？　あるとしたら，いつ，どこで読んだのか思い出せるだろうか？　そして，もしそれがわかったなら，その判断は一体どのようにして行われたのだろうか？

1　情報源の記憶への関心

　受験勉強のような記憶活動では，覚えるべき内容自体が頭に入ればほぼ足りる。しかし，日常場面では，単に何かを覚えておくだけでなく，その記憶の情報源（ソース；source）を思い出せることもまた重要である。実際にしたことと夢の中でしたこと，自分で直接見たこととテレビドラマの中で見たこととが区別できなければ，生活に混乱をきたす。ものをなくす原因は，最後にどこで見たか，どこでどう使ったかが思い出せないためであることが多い。薬を飲む行為を過去に何度もした覚えはあっても，さっきの食後に飲んだかどうかがわからなくなると危険である。せっかく面白い話を耳にしても，誰から聞いたかを忘れて，その話を聞かせてくれた人に親切に教えたら，恥ずかしい思いをする。

　しかし，記憶研究がこういったことに関心を向け始めたのは，そう古いことではない。記憶の科学的研究の歴史は長いが，前世紀の中盤までは，無意味綴りを用いた系列学習や対連合学習の時代が続いた。認知心理学の登場からしばらくして，記憶研究は認知発達（Flavell, 1971, 1977）や生態学的妥当性（Neisser, 1978; Schmuckler, 2001）の議論から影響を受け，より質的な部分や日常認知的な側面も研究対象に取り上げられるようになった。また，もっぱら記憶の「量」に関心を置く従来的な研究から，正確性指向アプローチ（accuracy-oriented approach: Koriat & Goldsmith, 1994; Koriat et al., 2000）という形で関心が拡がった。本章で取り上げる情報源の記憶の研究は，そういった流れと関わりつつ発展した。とくに，実際に体験したことと頭の中で想像したこととを弁別するリアリティモニタリング（reality monitoring: Johnson &

Raye, 1981）や，どこからどのようにして入ってきた記憶かを判断するソースモニタリング（source monitoring: Johnson et al., 1993）といった概念が提案され，実験手法や議論の枠組みが整理された後，多くの実証研究が行われるようになった。

我が国で研究数が増えたのは今世紀に入ってからで，金城（2001）や松本ら（2003）によって紹介されたことが大きい。その後，近藤（2007）は子どものソースモニタリングについて，金城（2009）は高齢者のソースモニタリングについて，杉森・楠見（2007）や伊藤・菊地（2007）はソースモニタリングの一種であるアウトプットモニタリングについて，レヴューをまとめている。

情報源の記憶は，やや周辺的な研究テーマのようにも思われやすいが，記憶研究の本質に迫りうる側面をもっている。一般的な再生や再認課題は，無意味綴りやランダム図形のような新奇な刺激を使う古風な実験でもない限り，実はソースモニタリングを潜在的に伴っている。テスト課題時には，他の場面ではなく学習課題時に学習したかどうかを判別しなければ課題遂行は不可能であるからである。また，記憶研究における一大潮流となった虚偽の記憶（false memory）との関連も深い。

また，情報源の記憶は，冒頭であげた例のようなものも含め，普段からいたるところで必要になることはもちろんだが，こころの不調や犯罪の取り調べのような，人生を大きく変えかねない出来事にも関わってくる。本章では，そういったより応用的なテーマに関しても紹介する。そして最後に，近未来における「情報源」の記憶のあり方について考える。

2　ソースモニタリングとは

ソースに関わる記憶現象は幅広い。ソース記憶を判断させるソースモニタリングの他にも，学習－テスト間でのソースの一致性の効果といえる文脈依存記憶（Smith & Vela, 2001）については，多くの研究が行われている。奇異性効果（星野・太田，2002），凶器注目効果（越智，2000），プルースト現象（Chu & Downes, 2000）なども，ソースの効果として理解できる面をもっている。近年では，ソース手がかり化（source cuing: Radvansky & Potter, 2000），説得におけるソースへの接触の効果（Weisbuch et al., 2003），語りの範型からの情報源識別（森，2006）なども興味深い。ここではその中から，ソースモニタリングおよび関連する現象を中心に取り上げる。

2.1　ソースモニタリングの概念と分類

ソースモニタリングやこれに関連する用語は，その指す範囲や用法が異なることが少なくなく，混乱を招きやすい。ここでは，図6-1のような位置づけで理解しておきたい。意識に上ったある事項について，その由来を判別するのが，広義のソースモニタリングである。外界の事象の知覚なのか，思考内容や心的イメージのような内的に生成されている状態なのか，記憶からの意識化なのかが区別される。この3つは，現在－過去，外的－内的の区分でとらえると，ここに並べた順で近接し合っていると考えられることも多い。しかし，音楽幻聴で「聴く」曲を意識的に切り替えられる症例（Brust, 2003）のように，記憶由来と知覚由来との混同とも理解できる場合があるこ

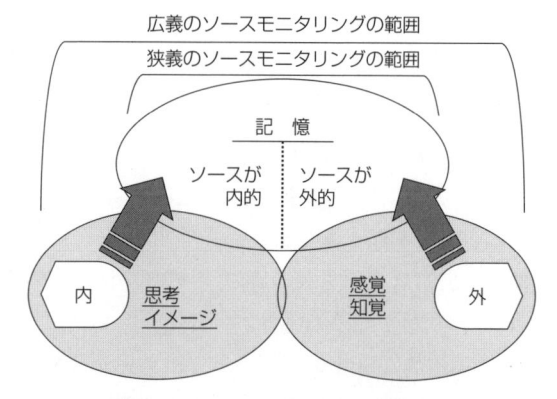

図6-1 ソースモニタリングの位置づけ

とに注意すべきである。そして，記憶の部分について行われるのが狭義のソースモニタリングであり，単にソースモニタリングというと主にこちらを指す。これはさらに，選択肢になるソースが外的か，内的か，その両方かという観点から区分されることが多い。そのうち，両方つまり内外を弁別する過程がリアリティモニタリングである（狭義のソースモニタリングに対してリアリティモニタリングという呼称を用いたり，内外を弁別する能力を指す用語としてリアリティモニタリングを定義したり（林，2003）することもあるが，ここでは採用しない）。また，アウトプットモニタリング（output monitoring）という用語もあり，これも多義的であるが（伊藤・菊地，2007），ここでは自身が行ったかそれ以外（他者が行う，自分が行動するイメージのみを行うなど）かの弁別をするソースモニタリングの一種を指すこととする。

問われる項目自体の記憶はアイテム記憶とよばれ，ソースモニタリングにおいて問われるそのソースの記憶はソース記憶とよばれる。アイテム記憶は，内容記憶（content memory）や事実記憶（fact memory）とよばれることもある。ソース健忘（source amnesia）という表現は，アイテム記憶はあるがそのソース記憶が取り出せない状態を指す場合と，ソース記憶の能力が選択的に障害されそのような問題が起こりやすくなる臨床的な症状を指す場合とがある。どちらも加齢に伴い増えるものの，前者はごく日常的に起こるものである。たとえば，図6-2は東京都下水道局のモニター調査の結果であるが，見た場所まで思い出せるのはむしろ少数派であることがうかがえる。

基本的な実験手順は，以下の通りである。まず，種類の異なるソースから，刺激を

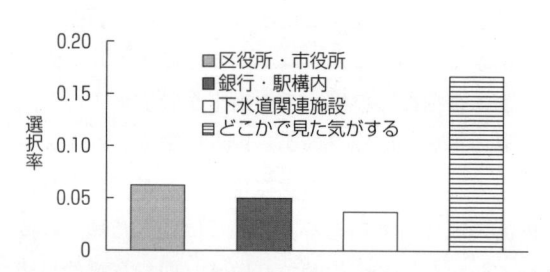

図6-2 平成19年度浸水対策強化月間ポスターをどこで見たか（複数回答可）
〈東京都下水道局・下水道モニター平成19年度第2回アンケート結果より〉

学習させる。たとえば，男声と女声，ゴシック体と丸文字，絵と単語，といった異なるフォーマットで刺激を提示する。あるいは，行為文を提示し，あるものではその行為を行い，またあるものでは行為をイメージさせる。複数の演者が手品を演じる（Sugimura, 2007）など，より生態学的妥当性の高いものもある。アナグラムを2人で協力して解かせ，どちらが解いたかをソースとする（Foley et al., 2006）ような，実験者側からはソース変数を操作しない準実験的なものもある。いずれも，通常は偶発学習で行う。その後，ソースモニタリング課題が行われる。これは，テスト項目を提示し，それの学習時のソースはどれか，あるいはそもそも学習していないのかについて，多肢選択形式で回答させるものである。

2.2 ソースモニタリングの基本的特徴

記憶研究では，学習時のエピソードを意識的に想起させる顕在記憶課題（再生や再認）と，そのような想起意識を伴わない潜在記憶課題（単語完成課題など）とを区別し，比較することが多い。ソースモニタリング課題は，学習時のソースを意識的に想起させることから，顕在記憶課題であるといえる。しかし，典型的な顕在記憶課題である再認とソースモニタリングとでは，単に後者のほうが難しいだけでなく，他の要因からの影響の受け方も一部異なっている。少なくとも，フォントのような知覚的なソースの場合，顕在記憶課題で広くみられる処理水準効果は認められない一方で，むしろ潜在記憶課題でよくみられる学習－テスト間での知覚的特徴の一致の効果は得られる（畑中・藤田，2002, 2004）。この点で，ソースモニタリングの議論は記憶区分論や記憶システム論にはなじみにくい印象を受ける。

とはいえ，ソースモニタリングの認知神経科学的な検討は進んでおり，前頭前野の関与が強く言われている。これを支持する知見は，神経心理学的な症例，健常者のERP（第9章参照）および脳画像研究の双方で得られている。また，前頭葉機能を反映する検査であるウィスコンシンカード分類課題（WCST）の成績とソースモニタリング成績との間に正の相関を認めた研究も多い（Dywan et al., 1993; McIntyre & Craik, 1987; Schacter et al., 1984）。ただし他にも，頭頂葉内側部や側頭葉内側部などの関与も指摘されており，今なお議論がある（Johnson, 2006；松本ら，2003）。

高齢者がソースモニタリングの誤りを起こしやすいことは，広く知られている。その原因について，脳研究の知見を取り入れつつ諸説が提案されており，金城（2001）はそれらを5種に整理して紹介している。そして，発達のもう一方の極である子どももまた，成人に比べソースモニタリングに困難を示す（Jones, 2003）。ただし，そのすべてがソースの記憶に関わる能力のみに起因するとは限らず，メタ認知など他の認知機能が未発達であることの影響もあろう（近藤，2007）。たとえば，子どもは夢で見たことと現実の経験との混乱を生じやすいことをリアリティモニタリングの観点から説明する（齋藤，2001）ことがあるが，夢が現実とは別であるという理解がまだなかったり成人ほどには区別してとらえていなかったりすることも影響している可能性がある。

記憶の鮮明さと，その細部やソースの記憶の正確性とは対応すると考えられがちであるが，常にそうとは限らない。とくに，衝撃的な出来事のフラッシュバルブ記憶は，

| 私が最初に爆発のことを知ったのは、自分の寮の部屋でルームメイトとテレビを見ていたときです。ニュース速報が入って、本当にびっくりしました。そのまま上の階の友だちの部屋まで行って話をし、実家の両親に電話をかけてしまったくらいです。 | → 1年後 → | 宗教の授業のときに、何人かの学生が教室に入ってきて、そのことを話しだしました。詳しいことはわからなかったのですが、生徒たちがみんな見ている前での爆発だったということを聞いて、たいへんだと思いました。授業の後、自分の部屋に戻ると、テレビでそのことをやっていたので、詳しく知ることができました。 |

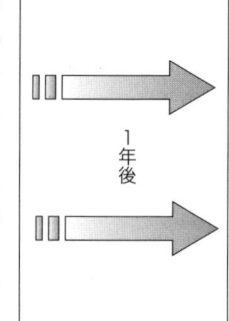

図6-3　チャレンジャー号爆発事故を知ったときの想起内容の変容例（Neisser & Harsch, 1992，訳は林，2003による）

主観的には鮮明であっても多くの誤りやゆがみを含むことがある。図6-3は、スペースシャトル・チャレンジャー号の爆発事故をどのようにして知ったかの想起例（Neisser & Harsch, 1992）である。また、後述する虚偽の記憶では、そもそも学習していない「記憶」が想起されるが、それに対して高い確率でソースモニタリングまで行える（Payne et al., 1996, Exp. 3）。

一般に、何度も思い出すことはその記憶を忘れにくくさせるとされる。記憶研究では、テスト試行の反復による想起成績の向上である記憶高進（第5章参照）やテスティング効果（testing effect: Roediger & Karpicke, 2006a, 2006b）という形で知られている。しかし、ソースモニタリングに関しては、むしろ妨害的に働くことも考えられる。想起したこと自体が記憶に残り、これが重なるとそれとオリジナルな記憶との間でのソースモニタリングを困難にするからである。また、アイテム記憶とソース記憶との結びつきは時間と共に弱まるとされるため、遅延を挟むとソースモニタリングは難しくなる。これが、後述するスリーパー効果などをもたらす。

2.3　ソースモニタリングにおける判断バイアス

ソースモニタリングの研究は、モニタリングの正確さはどの程度か、モニタリングエラーがどれだけ出るかだけでなく、そのエラーに何らかの方向性がみられるかどうかについても明らかにしてきている。イメージした事象を「見た」と誤判断するより、見た事象を「イメージした」と誤ることのほうが多いことが一般的であるし（中田・森田，2005）、ステレオタイプ的知識の影響を受けたバイアスも起こる（たとえば、Bayen et al., 2000）。ここではそのうち、自己と関連のあるバイアスを取り上げる。

認知バイアス一般によくみられる性質として、自己にとって都合のよい方向へと判断が偏ることがあげられる。記憶についてもよくみられ（Conway, 2005）、ソースモニタリングのバイアスも同様の傾向をもつ。Sheen et al. (2001) は、双生児や兄弟間でみられる、自己と同胞との間でのソース錯誤現象を明らかにした。仁平ら（2008）はこれを拡張し、他者の行為を自己の行為として誤って記憶している場合を「取りこみ記憶」、その逆を「押しつけ記憶」と定義したうえで、大学生を対象とした質問紙調査を行った。その結果、両者の間には特性に相違がみられ、行為の社会的望ましさで

は取りこみ記憶のほうが高く，一方で恥ずかしさでは押しつけ記憶のほうが高いことが示された。これは，自己評価を高める方向へソース記憶をゆがめるバイアスの存在を示唆する。

記憶実験による検証がされている現象としては，選択擁護バイアス（choice-supportive bias: Mather et al., 2000）や願望的思考（wishful thinking: Gordon et al., 2005）がある。選択擁護バイアスは，多属性意思決定の後に各属性情報がどちらの選択肢に含まれていたかを判断させると，よい情報を自分が選んだ側に帰属しがちになるというものである。一方，願望的思考は，望ましい予測をより信頼できる情報源に帰属するバイアスであり，Gordon et al.（2005）は，よい発言内容は予言がよく当たる超能力者が行ったものと判断されやすいことを示した。

これらの検討において留意すべき点を2点あげておく。1点目として，どんな記憶が当人にとって都合がよいのかは，臨床的には複雑な場合がある。たとえば，「回復された」性的虐待の記憶（矢幡，2003参照）は，著しく不快であり取り込むメリットがないようにみえる。しかし，こころの問題の原因を他人に帰属して自我を守り，セラピーに投入した費用や年月に見合う発見を手にすることで認知的不協和を回避し，同情や運動団体の支援などの二次疾病利得も得られることを忘れてはならない。2点目として，自己卑下的な認知がされやすい日本人を対象としてこれらのバイアスを安定して得るには，設定を工夫する必要性がある。日本人で自己奉仕バイアス（工藤，1998）やポジティブイリュージョン（外山・桜井，2001）といった認知バイアスが得られるためには一定の条件が必要とされており，ソースモニタリングにおけるバイアスにも類似の傾向の存在が考えられよう。

さて，アウトプットモニタリングにおける2種のエラー方向は，事故に関わるヒューマンエラーの研究の視点から意味づけされることがある。行っていない行為を行ったと誤判断するのは，その行為を飛ばしてしまうことにつながるので省略エラー，行った行為を行っていないと誤判断するのは，行為の繰り返しを導くので反復エラーとそれぞれよばれる。応用的な関心からは，エラー自体を減らすことはもちろんであるが，作業効率や安全性などからみてより許容しがたいエラーのほうを起こりにくくするバイアスを強めるのもまた有効な戦略であると考えられる。

認知発達研究においては，幼児が実際には他者が行った行為を観察者自身の行為としてとらえることは，単なる記憶の未熟さとして否定的に取るのではなく，内面化の過程を反映するものであり発達上意味のある現象として理解することがある。Ratner et al.（2002）や奈田・丸野（2007）はこの立場に立ち，協同活動の効果を実証的に検討している。これに対し，奈田・丸野（2006）はRatner et al.（2002）の追試に失敗し，エラーバイアスを内面化の指標とすることについては再検討が必要であると主張している。

2.4 ソースモニタリング実験データの統計処理

通常の再認実験をベースに，学習刺激に複数のソースをからませ，テスト時にそれに対応する選択肢を提示すれば，もうソースモニタリング実験の形が整う。それだけにデータ収集は比較的容易であるが，その後でどう集計し分析するかは，奥が深い。

早くも Batchelder & Riefer (1990) の時点で，ソースモニタリング指標の算出方法の不統一が指摘され，後に金城 (2001) もこの問題について論じている。Batchelder & Riefer (1990) は信号検出理論に基づく指標を発案したが，批判もある（たとえば，Kinchla, 1994）。信号検出理論に基づく指標は，最も多くみられるソース2種＋未学習の3択形式ではすでに多くの適用例があるものの，選択肢のパターンがそうでない場合については必ずしも明らかでない。ソース2種の両方にあったという選択肢もある4択形式も多い（たとえば，Brown et al., 1977; Zaragoza & Lane, 1994）。まず再認判断をさせて，そこで旧項目と判断された試行では2択のソース選択もさせるものもあれば（たとえば，Bell & Buchner, 2009），その2段階目が「わからない」を含む3択の場合もある（Dodson et al., 2008, Exp. 1）。また，実験研究ではみかけないものの，ソースの種類が多ければ図6-2のような複数回答可の選択判断もありうる。

多肢選択課題は，あてずっぽうで回答しても，たまたま当たることがある性質をもっている。たとえば，2択なら1/2，3択なら1/3は，まったく記憶がない場合であっても「正答」することができる。そこで，ソースモニタリングが正しくできているかどうかを，このようなあてずっぽうだけで得られる正答率（チャンスレベル）と比較して評価することがある。ただしこの分析方法は，実験全体の成績に対して行う（たとえば，高橋ら，2007）なら問題ないが，バイアスが存在しない根拠が示されない限り，条件ごとに行うのは妥当でない（すべての条件がチャンスレベルを上回る，あるいはすべてチャンスレベルと等しい場合のみ解釈可能）。さもないと，まったく記憶がない場合の正答率であるはずのチャンスレベルを下回る結果も現れ（たとえば，近藤，2008），解釈しにくくなる。

加地・仲 (2006) もしているように，どのソースの刺激をどのソースに帰属したかについて，実験参加者間で延べ試行数を単純合計した表は素朴でわかりやすい。しかし，これは χ^2 検定などの推測統計の前提を満たす保証がない。実際，加地・仲 (2006) はそのデータを，統計的検定に依拠せずに解釈している。

3 記憶現象とソースモニタリング

3.1 誤情報効果

Bartlett (1932) や Carmichael et al. (1932) などがすでに，学習内容と想起内容とが異なる場合の法則性を探求しており，これらが「虚偽の記憶」研究のはしりではある。しかし，今日につながる流れを作ったのは，目撃証言の誤情報効果 (misinformation effect；または事後情報効果 post-event information effect とも) の研究である。

研究例として，Loftus et al. (1978) をあげる。交通事故の発生を描いた一連のスライドを見た後，実験参加者はその事故に関する問いに回答した。その中で，参加者の半数は，「赤のダットサンが停止の標識で止まっている間に，別の車が追い越しをしたか？」と問われ，残り半数では同じ問いの「停止」の部分が「前方優先道路」となっていた。その後でスライドの内容について2択再認テストを行うと，標識の内容について質問中に出てきたほうを選びやすくなる傾向が得られた。つまり，途中の質問

（事後情報）が，それ以前の記憶に影響したのである。これが誤情報効果である。

とくに議論になったのは，当初の記憶は事後情報の提示以後も残っているのかどうかであった。初期の研究では，学習時の記憶に事後情報が影響し，内容をその方向に書き換えてしまうと考えられていた（統合仮説，交換仮説）。一方で，工夫次第では事後情報の提示後にもその影響を減らせるとする報告から，初めの記憶と事後情報の記憶とは別々に存在し，テスト時に適切に取り出しきれないために誤情報効果が生起するという考え方（共存仮説）も現れた。たとえば，Christiaansen & Ochalek（1983）は，事後情報の提示後に，それが誤っていることを教示してからテストを行うと，誤情報効果が抑制されることを示した。この流れから，どちらの記憶も残っているが，そのソースモニタリングがうまくされない場合に起こるのが誤情報効果であるととらえるソースモニタリング仮説（相良，1996参照）が発展した。Loftus et al.（1978）を例にとると，スライドで見た標識も事後情報に含まれる標識の内容も，どちらも記憶に残ってはいるが，スライドで見たのか事後情報のほうなのかのソースモニタリングに失敗することで，誤ったほうを答えることが起こるということになる。

誤情報効果は，聞き込みなどで不用意な質問を行うと後の法廷証言が損なわれかねないことを示唆した。そこで，記憶をゆがめることなくより多くの情報を収集する面接技法の開発が進んだ。その成果が認知的インタビュー（cognitive interview）である。なお，正規の認知的インタビューは時間的な負担が大きいため，教示を半減させた修正版認知的インタビューも提案されているが，修正版は正規版に比べて，面接実施後のソースモニタリング成績において劣るという問題がある（白石ら，2006）。

3.2　DRMパラダイム

いわゆる「記憶戦争」（memory wars）が盛り上がった1990年代に，誤情報効果の手続きとは大きく異なる虚偽の記憶の実験手法（Roediger & McDermott, 1995）が脚光を浴びた。これは後にDRM（Deese-Roediger-McDermott）パラダイムとよばれるようになった。

DRMパラダイムにおいて，実験参加者はある特定の単語（クリティカル語）と連想関係のある単語のリスト（DRMリスト）を提示される。すると，実際には提示されていないにもかかわらず，クリティカル語の虚再認・虚再生がある程度の割合で生じる。この虚偽の記憶が，誤情報効果パラダイムでのもの，あるいは心理療法と称した場で作られるとされるものとの連続性をもっているかどうかは議論があるものの，従来的なリスト学習の手続きになじむため多くの研究を誘発した。

初期の研究では，意味記憶の活性化拡散モデルによる説明が有力であった。連想関係にある各語からの活性化拡散の効果が重なり，クリティカル語も提示されていたかのように活性化が高まるために虚偽の記憶を生じるという考え方である（図6-4）。しかし，これだけでは説明が困難な現象も少なくない。たとえば，同じDRMリストの学習を繰り返すと，活性化拡散の効果も積み上がっていくはずであるが，記憶成績は向上する一方で虚偽の記憶はむしろ抑えられる（Kensinger & Schacter, 1999; Watson et al., 2005, Exp. 2）。

一方，Mather et al.（1997）などによって，DRMパラダイムによる虚偽の記憶の研

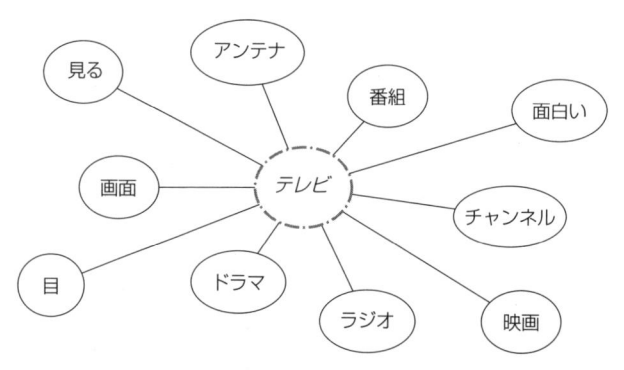

図6-4 DRMリストの構成例：川上（2006）による「テレビ」をクリティカル語とするリスト

究ではソースモニタリングのような検索時の認知過程も考える必要があることが明らかにされた。そこから，符号化時の活性化拡散の効果と検索時のソースモニタリングエラーとによって虚偽の記憶が得られるという活性化／モニタリング理論（activation/monitoring theory: Roediger et al., 2001）の枠組みが発展した。この枠組みからは，たとえば学習反復の効果については，クリティカル語は一度も知覚はされないまま認知過程の痕跡の割合が際立って高くなり，実際に知覚された語との弁別が容易になると考えることで説明がつく。その後，活性化／モニタリング理論を支持する知見は数多く得られている（たとえば，Dehon et al., 2008；堀田，2007；Pierce et al., 2005）。

3.3 新近性判断

ある出来事がいつ頃にあったのか，あるいは複数の出来事の中でより最近に起きたのはどれか，といった時間的判断の研究の歴史は古い。動物の学習実験でよく用いられる遅延非見本合わせ課題（delayed nonmatching-to-sample task）から，社会的出来事の生起時期推定やその認知的なずれであるテレスコーピングまで，多彩な拡がりがある。最近では，学習頻度と既知性との交互作用（McAuley et al., 2004），判断前のアナグラムなどの課題が起こす再認バイアスであるリヴェレイション効果（revelation effect: Bernstein et al., 2004; Watkins & Peynircioglu, 1990）の新近性判断への拡張（三浦・伊東，2008）も興味深い。ここではとくに，ソースモニタリングとの関連について述べる。新近性や時間順序の記憶に関する一般的な知見については，下島（2001），鹿島（2003），矢野（2006）などを参照されたい。

新近性の判断は，ソースモニタリングの一種としても理解できる。そのアイテム記憶がいつ得られたのかの判断は，基本的には時間的ソースの処理に基づくといえるからである。一方で，時間はソースとして特異な性質をもっている。まず，他の一般的なソースと異なり，連続量としての色合いが強い。そのため，多肢選択形式のソースモニタリング課題で取り扱うには，連続する時間を恣意的に区切って選択肢を設定する必要が生じる。また，時間は1次元上の連続体を構成するし，それが重要な意味をもっている。刺激の提示色のようなソースも，感覚レベルでは連続性があるが，似た色同士の混同が問題になる程度で，連続性を重視した検討はまずない。そのうえ，現

在を基準にした時間的距離（「1時間前」「半年前」など）は，ソースとして固定的に使えるラベルではない。あるイベントが現在からどれだけ前かは変わり続け，二度と同じ値をとることはないからである。

　特定の時点において起きている外的事象や内的状態は限られる。これは，時間的ソースが他のソースのモニタリングにおいて手がかりとして機能しうることを意味する。たとえば，教科書のどこで読んだか思い出せない事項も，いつ頃の授業で学んだかさえわかれば，位置をある程度推定できる。実験研究においても，複数の場所での目撃証言や，ソースの操作がブロック化されたリスト学習（学習項目が同じソースごとにまとめられ連続して提示される）の場合，いつ学習したかがわかれば検討対象のソースが判断できる。そのため，課題成績には検討対象ではない時間的ソースの影響が混交するおそれがあり，メカニズムに関心を置く研究では注意すべきであろう。ただし，近年の知見をみる限り，あるソースと別のソースとにそのような対応関係があっても，一方の判断にもう一方を援用することは行われにくいようである。生駒・川﨑（2008）は，単語を表記するフォントと学習冊子中での掲載ページとに一定の対応関係をもたせた（たとえば，1ページ目は楷書体が多く，2ページ目は丸文字が多い）単語リストを用いてソースモニタリングを検討したが，表記フォントのモニタリングで学習ページの記憶が援用されたり，フォントのモニタリングでページの記憶が援用されたりすることは確認されなかった。ソースの意図学習をさせたBröder et al.（2007）でも，援用は一部条件で得られたのみであった。また，生起時期は記憶の詳細を想起する手がかりとしてはあまり有効ではない。Wagenaar（1986）の自らの自伝的記憶の研究では，「いつ」という情報は他の手がかりに比べて有効性が低いことが明らかにされている。

4　ソースモニタリングとこころの問題

　記憶機能に関する問題が起こすのは，ど忘れやし忘れが増えて困るという直接的な不自由だけにとどまらない。認知臨床心理学の発展は，ソースモニタリングを含む記憶活動とこころの問題との密接な関連を明らかにしつつある。

4.1　統合失調症

　古典的な「自我境界」概念の視点と似ているが，統合失調症の代表的な症状には内的状態の出所に関する判断の問題としてとらえられるものが多い。たとえば幻聴は，内的に生成された「声」を外からのものと取る誤りと考えられる（Garrett & Silva, 2003）。実際，耳栓をさせて正体不明の声を自己の外に帰属しにくくさせると，幻聴の問題が軽減することがある。また，妄想のなかには，自身が空想したことや思いついたこと，知っている民間伝承の内容などが外的な現実ないしはその記憶と混同されて起こっていると理解できるものもある。

　こういった視点から，統合失調症にソースモニタリングの問題が関わっている可能性が予測され，多くの研究が行われている。しかし，知見は必ずしも明瞭ではない。メタ分析（Pelletier et al., 2005）からは，連合学習における困難は際立っているもの

の，ソースモニタリングや類似の課題においては突出した効果は認められていない。問題がみられるのはソースモニタリング全般ではなく，リアリティモニタリングに限られるという指摘もある（Larøi et al., 1998）。

一方，近年では，統合失調症と関連する疾患等についてソースモニタリング特性を扱う研究も現れている。統合失調症を高い確率で発症する22q11.2欠失症候群（Antshel et al., 2005参照）に関する検討（Debbané et al., 2008）では，再認成績では健常群と差がないものの，ソースモニタリング成績は健常群を下回った。統合失調症を発症し課題成績を乱す多様な症状が現れる前から，ソースモニタリングないしはそれに関わる認知機能には問題が存在するのかもしれない。また，統合失調症ではないが類似した奇異な行動傾向を示す統合失調型パーソナリティについても，ソースモニタリングの誤りが多く起こることがPeters et al.（2007）によって示されており，統合失調症やその関連疾患と健常状態とは連続性をもっているとみなす統合失調スペクトラム（schizophrenia spectrum）の観点からも興味深い。

4.2 確認強迫

強迫性障害などでみられる強迫行為のうち，手洗いや入浴を始めると止められなくなる洗浄強迫と並んで代表的なものが，確認強迫である。これは，玄関や窓の戸締まり，ガスの元栓や電気機器の電源などについて，不安のため確認する行為を繰り返したり，何度も帰宅してまで確認したりするというものである。

確認強迫を，リアリティモニタリング能力の低さゆえに起こると考えるのは自然な思いつきであろう。しかし，実証研究には否定的な結果が多い。Brown et al.（1994）やConstans et al.（1995）では，むしろ強迫群のほうがモニタリング成績が高いという結果も得られた。よって，行為を行っていてもそれを行ったものとして思い出せないために確認強迫が起こるとは考えにくい。McNally & Kohlbeck（1993）では，モニタリング成績には差がみられないが判断への確信度は低いという結果が出ており，思い出せても自信が伴わないために確認行為に頼る可能性がうかがえる。一方，大谷ら（2003）のアナログ研究では，一部条件では判断バイアスがあったものの，正判断率や確信度に差は認められなかった。あるいは，問題となる行為は常日頃から繰り返されているため，それらの無数の記憶と想起する必要のある記憶との間でのソースモニタリングが混乱しやすいという可能性も考えられる（Tallis, 1997）。たとえば，玄関の鍵を閉める行動の記憶は容易に想起できても，それが最後に家を出る時のものかどうかがわからないという状態である。その混乱は強迫行為に関してのみ選択的に起こるので，実験室的な材料で測定される一般的なモニタリング能力とは関連が認められにくいのかもしれない。

4.3 もの盗られ妄想

認知機能障害をもたらす老年期の問題においても，各種の妄想が現れることがある。とくに，財布などを盗まれたという考えを抱く「もの盗られ妄想」（delusions of theft）がよく知られている。一般に，置いた場所がわからずに見つからないことを，病識が欠けているため自身の記憶力低下に帰属できず，家に出入りする誰かが盗んだ

と解釈しているものと考えられている。家族や介護者など身近な人物が犯人扱いされることが多く、信頼関係が崩れるなどして支援の妨げになる。

近年、アルツハイマー病の妄想に関わる脳領域の特定が進み（Shanks & Venneri, 2004）、もの盗られ妄想についても Fukuhara et al.（2001）が明らかにしている。それが Lundstrom et al.（2003）がソース記憶に関わるとした頭頂葉楔前部と対応することから、池田（2004）は持ち物とそれを置いた場所との関連を想起できないことの関与を示唆している。また、たとえば「お財布からお金を抜かれている」という妄想の場合、過去のある時点でのお金がより入った状態の記憶が誤って直前の状態であるかのように想起されるというソースモニタリングの誤りが原因である可能性がある。ただし、逆に、よりお金が少ない状態を想起して「誰かがこっそりお金を入れている」という妄想が起こるとは聞かない。お金が多く入ったポジティブな記憶のほうが想起されやすいのか、お金が抜かれていると思った場合に比べて行動に現れにくいため見逃されているのかのどちらかであろう。

4.4　ストレス

ストレスは記憶に悪影響を及ぼすと考えられがちであるが、知見はそう明確ではない（Payne et al., 1999）。少なくともソースモニタリングでは、急性のストレスによる促進的な効果が確認されている。Smeets et al.（2006）は、人前でのスピーチや計算課題によってストレスを生じさせる TSST（Trier Social Stress Test: Kirschbaum et al., 1993）の修正版を課すと、そうでない場合よりもソースモニタリング成績が向上することを示した。また、Smeets et al.（2008）は、腕を氷水に漬けさせてより身体的にストレスを起こす CPT（cold pressor test: Lovallo, 1975）の手続きを用い、ぬるま湯に漬けさせた場合よりもソースモニタリング成績が優れることを示した。

慢性的な影響についてはどうだろうか。その最たるものが、外傷的な強いストレス事態が後に様々な症状をもたらす心的外傷後ストレス障害（PTSD）であり、そこではきっかけとなった外傷的な出来事の鮮明な侵入的想起であるフラッシュバック（flashback）など、記憶に関しても特徴的な症状が生じることが知られている。西川（2008）は、PTSD における情動記憶システムの関与について論考し、外傷記憶が自伝的時間に位置づけられず、常に「現在の作用」となる問題を重視した。ここには、前述した新近性判断との関連がうかがえ、ソース記憶の観点からも興味深い。また、外傷記憶の問題に有効な心理療法として知られる EMDR（眼球運動による脱感作／再処理 eye movement desensitization/reprocessing：シャピロ、2004）における記憶理論とも類似している。近年、EMDR でよく用いられる横方向の眼球運動が虚偽の記憶を減らすことが報告されており（Parker et al., 2009; Parker & Dagnall, 2007）、これらが実証的に結びつく可能性も考えられるだろう。

直接的な実験研究としては、PTSD 症状の程度とソースモニタリング成績との関連を検討し、症状が重いほどモニタリング成績が低い傾向を見出した Golier et al.（1997）がある。また、前述した DRM パラダイムによる虚偽の記憶を測定して、ソースモニタリング能力に関して議論したものもある。Zoellner et al.（2000）は、PTSD 群、外傷群（心的外傷体験はあるが PTSD の診断基準を満たさない）、統制群の 3 群

にDRMリストを提示し再生を求めた。その結果，正再生には群間で差がないが，クリティカル語についてはPTSD群と外傷群とで同様に，統制群を上回る虚再生が生じた。これは，PTSDに伴ってソースモニタリングが阻害されるというよりも，むしろ外傷性のストレス自体が影響していることを示唆する。一方，Brennen et al.（2006）は，ボスニア紛争の経験者を対象に，戦争に関連したDRMリストと無関連のものとを提示し再生を求めた。その結果，PTSD群は統制群（戦争体験はあるがPTSDの診断基準を満たさない）に比べて，戦争関連の虚偽の記憶を生じやすいことが示された。よって，PTSDによるソースモニタリングの障害には領域固有的な特徴があると考えられる。

解離も，PTSDに多くみられる症状の1つである。精神医学領域では古くから知られ議論されてきた現象であるが，認知心理学的な検討は今なお少ない。田辺（2002）は，解離や心的外傷との関連で注目されるものとしてソース記憶やソース健忘をあげており，記憶研究の立場から検討が進むことが期待される。

5　社会的場面におけるソースモニタリング

前節ではこころの中の問題とソースモニタリングとの関連について述べたが，外の社会との関わりにおいてもソースモニタリングの出番は多い。

5.1　広告・宣伝

情報がどの程度信頼できるかは，情報源の信頼性によって左右される。説得研究において，スリーパー効果（sleeper effect）とよばれている効果（喫煙行動に関する同名の効果（Fidler et al., 2006）とは異なる）がある。これは，情報源の信頼性が低い場合に，情報に接した直後にはあまり説得効果が上がらないものの，遅延を挟むと直後に比べ高い効果が現れるというものである。これは，接触当初はソース記憶がはっきり結びついているためその信頼性を参照し評価を割り引くが，時間が経つにつれてそれが弱まり，説得メッセージ自体の効果のみが現れるようになるためとされる。Wang & Aamodt（2008）は，2004年のアメリカ大統領選挙でSwift Boat Veterans for Truthなる団体が張ったあからさまなネガティブキャンペーンの効果は，そのような過程により数週間をかけて現れたと考えられることを指摘している。ただし，スリーパー効果についてはHovland & Weiss（1951）による発見以来多くの研究が積み上げられているが，必ずしも知見が一貫せず議論が続いている（Kumkale & Albarracín, 2004参照）。

前述した誤情報効果も，情報源に対して感じられる信頼性に影響される（Dodd & Bradshaw, 1980; Vornik et al., 2003）ため，そこにも同様の現象が起こる。Underwood & Pezdek（1998）は，与えられた誤情報について子どもが作成したという信頼性を疑わせる情報を付加すると虚再認が起きにくくなるが，1ヶ月後にはその割引が消失することを示した。

スリーパー効果に類似した現象として，広告Jカーブ効果がある。通常，広告提示時に喚起された情動は，ポジティブであれば広告対象への評価を高め，ネガティブで

あれば低める効果をもつ。しかし，提示から日が経つにつれ，強いネガティブ感情を伴った広告対象へも次第に高い評価が得られるようになる。すると評定値のグラフはJ字状になるため，Jカーブ効果とよばれる。松田・楠見（2007a，2007b）は，情動の方向性と広告との連合が時間と共に弱まり，情動インパクトの促進的な効果のみが残るために起こるとしている。

ソース記憶の関与が疑われる広告の問題としては，ホストセリング（host selling: Kunkel, 1988, 2001）もあげられる。これは，とくに子ども向けのテレビ番組の放送時に，番組に登場する人物ないしはキャラクターを隣接するCMにも起用する広告手法である。番組の中の架空の世界と商品が売られる現実世界とを混同させやすく，そのため購買時に強力な効果を生じる一方で，発達に悪影響が出るおそれが指摘されている。我が国ではホストセリングの危険性があまり知られていないが，海外では法的規制を受けていることも珍しくない。

5.2 取り調べ

司法場面でソース記憶が問題になる場面は，目撃証言の誤情報効果の他にもある。ここでは，犯罪の取り調べに関していくつかあげておきたい。

容疑者が協力的な場合であっても，常に正しいソース記憶が取り出せる保証はないため，工夫が求められる。平・古満（2006）は，大学生に模擬窃盗課題を課し，1ヶ月後にGKT（有罪知識検査 guilty knowledge test）と記憶テストを行った。GKTは，捜査対象の事件に関連する刺激とそうでない刺激とに対する脳波や自律神経系の反応の違いに着目する虚偽検出法である。このとき，半数にはGKTの前に犯罪場面のスライドを，残り半数には無関係な大学の風景のスライドを提示した。その結果，模擬窃盗を行った時間の判断については前者のほうが正答しやすい傾向があったとして，犯罪場面の文脈を想起させることの有効性が指摘されている。

一方，容疑者がいったん否認に出てしまうと，後に自供に転じたとしても，正しい記憶が取り出しにくくなるおそれがある。ある方向に偏らせた表現の後では記憶や印象もそちらに歪むというSIB効果（saying-is-believing effect: Higgins & Rholes, 1978）も起こるだろう。また，Christianson & Bylin（1999）は，記憶内容について嘘を回答させると，その後の記憶テストの成績が下がることを示し，その原因の1つに，正しい記憶内容と回答した嘘の内容とのソースモニタリングにおける混乱をあげた。ただし，Van Oorsouw & Merckelbach（2004）や田中・厳島（2007）は，これはむしろ記憶内容のリハーサルが正しく回答する場合に比べ少ないためであるとしている。また，想起反復による記憶高進（第5章参照）や，ある項目は思い出させるが別のものは思い出さないように教示する思考／不考パラダイム（think/no-think paradigm）における記憶抑制（Anderson & Green, 2001）のような現象もまた関わっているかもしれない。

逆に，連続犯に関しては，供述におけるソースの混乱が解明の糸口になる場合もある。平成8年に広島で起きた女性4人連続殺人事件では，犯人は当初，最後の被害者の殺害容疑でのみ取り調べを受けていたが，供述中の日時や地名にそれとはつながらない情報が混入し，そこから他の犯行が発覚したという（朝日新聞，1996）。同様の犯

行を短期間に重ねた（祝，2001参照）ために，ソースモニタリングに乱れが生じたのであろう。

5.3 剽窃

記憶は，思い出そうという意図がなくとも，自然に頭に浮かんでくることがある。しかし，それがいつのどんな記憶なのか，あるいは記憶なのかどうかがよくわからない場合もありうる。芸術的創作や研究開発のような創造的活動の最中にこれが起こると，時として大問題に発展する。

これは，無意識的剽窃（unconscious plagiarism）ないしはクリプトムネジア（cryptomnesia）とよばれている。Brown & Murphy（1989）以来多くの研究が行われ，あらかじめ警告を受けている場合でさえも，記憶からの混入を避けきれないことが知られている。本人には，意識に浮かんできたものが過去の記憶から思い出されたものであるという気づき（想起意識）がないため，潜在記憶現象の一種であるといえる。

現実に，これが原因と思われる「盗作」紛争も起きている。最も有名なのは "*My Sweet Lord*" 事件である。George Harrisonのこのヒット曲は，Chiffonsというアイドルグループの "*He's So Fine*" と酷似しており（Robine et al., 2007 参照），訴訟トラブルになった。Harrisonは盗作を否定し争ったが，判決は故意でなくとも無意識的に知っていたものを使ったなら著作権侵害であるとして，多額の賠償を科した。日本では，テレビ番組のエンディングテーマであり卒業式でもよく歌われた「記念樹」が編曲権侵害とされた事件がある。福井（2005）は，これも同様に，頭に浮かんだメロディが他人のものであることに気づかなかったために起きた可能性を指摘している。技術開発分野で，他者の営業秘密を不用意に知ることが戒められる（近藤，2009）のは，このような紛争を防止するためである。

松本ら（2003）は，約100年前にE. Claperedeが記述したコルサコフ症候群の症例をソース健忘の最初の報告としているが，そこにはすでに，少し前に読み聞かせられた物語を自分が偶然思いついたものと主張したという記載もあるという。その点でも，コルサコフ症候群などにみられる作話（confabulation）の症状は，無意識的剽窃と類似した面がある。作話は，記憶障害のため正しく思い出せない出来事や知っているはずのない事象についてされる作り話であるが，本人には嘘を語っている意識や相手をだます意図はなく，真実として感じられているものである。そのため，作話とソースモニタリングとを結びつける議論も多い（船山・三村，2008；Metcalf et al., 2007）。ただし，無意識的剽窃や作話を（狭義の）ソースモニタリングやソース健忘に関する現象の1つとして位置づけるにはやや注意を要する。これらは，ソースの想起や判断に困難やバイアスがあるというレベルのものではなく，そもそも記憶を想起したという意識自体が起こっていない。正しいアイテム記憶として成立していないため，そのままではソースモニタリングを動機づけないし，ソース記憶のみが選択的に欠けているとはいえない。

6　サイバニクスと「情報源」—まとめにかえて

　ここまで，ソースモニタリングおよび関連する現象を中心に，情報源の記憶の諸相について述べてきた。これが記憶研究において注目されている一対象にとどまらず，こころの中とも外の社会とも密接につながることが理解できたであろう。最後に，その発展として，人・機械・情報系が融合するサイバニクス（cybernics）を意識した，近未来的な「情報源」とその記憶のあり方について議論を提起し，本章を締めくくりたい。

　現在，サイバニクスの中心テーマになっているロボットスーツや，すでに実用化された筋電義手では，内部感覚を中心に運動時のフィードバックが通常とは大きく異なる。では，その場合のアウトプットモニタリングはどのようになるだろうか。モニタリングにそういったフィードバック情報は使われず，もっぱら運動の出力の記憶のみで判断されるなら大きな問題はない。しかし，フィードバック情報も参照されるならば，それが欠けることで認知的なレベルでのヒューマンエラーは増えかねない。

　他の知覚モダリティに関しては，ヴァーチャルリアリティ（VR）技術が問題になろう。現実そっくりのVRに浸れるようになったとき，我々は現実とVRとの「リアリティ」モニタリングがどれだけできるのだろうか。あるいは，体験メディアで他者と経験を共有する場合（角，2008）はどうか。取りこみ記憶・押しつけ記憶（仁平ら，2008）が増えはしないだろうか。

　記憶自体に関して，いわゆるライフログ（lifelog）の考え方や技術が発展しつつある。これは，個々人の日常すべてを記録・蓄積することを目指すものである。暦本（2008）は，どの時間にどこにいたかを記録する位置ロギングデバイスを紹介したうえで，これによって5W1Hのうちwhenとwhereとは相互に交換可能になったと主張している（ただし厳密には，when→whereは必ず定まるが，何度も同じ場所にいることがあればwhere→whenは成り立たなくなる）。このアプローチは，ソース記憶を支援する新しい外的記憶補助として興味深い。一方で，こうして我々は，自分で覚える記憶活動からゆるやかに遠ざけられるのだろうか。それとも，時間や位置に結びつけて保存された固い記憶に拘束されるのだろうか。すべての過去が時系列上で正確かつ等価になっても，懐かしさのような感情は同様に生起するだろうか。「なんとなくなつかしい」疑似記憶（香山，2006）はどうか。ノスタルジア研究（堀内，2007）や思い出工学（野島，2004）と連携しての検討が求められよう。

引用文献

Anderson, M. C., & Green, C. (2001). Suppressing unwanted memories by executive control. *Nature*, 410, 131-134.

Antshel, K. M., Kates, W. R., Roizen, N., Fremont, W., & Shprintzen, R. J. (2005). 22q11.2 deletion syndrome: Genetics, neuroanatomy and cognitive/behavioral features. *Child Neuropsychology*, 11, 5-19.

朝日新聞（1996）．女性連続殺人の日高容疑者　別の地名，口滑らす　自供の端緒に　10月7日夕刊，15.

Bartlettt, F. C. (1932). *Remembering: A study in experimental and social psychology.* London: Cambridge University Press.

Batchelder, W. H., & Riefer, D. M. (1990). Multinomial processing models of source monitoring. *Psychological Review*, **97**, 548-564.

Bayen, U. J., Nakamura, G. V., Dupuis, S. E., & Yang, C.-L. (2000). The use of schematic knowledge about sources in source monitoring. *Memory & Cognition*, **28**, 480-500.

Bell, R., & Bucher, A. (2009). Enhanced source memory for names of cheaters. *Evolutional Psychology*, **7**, 317-330.

Bernstein, D. M., Godfrey, R. D., Davison, A., & Loftus, E. F. (2004). Conditions affecting the revelation effect for autobiographical memory. *Memory & Cognition*, **32**, 455-462.

Brennen, T., Dybdahl, R., & Kapidžić, A. (2007). Trauma-related and neutral false memories in war-induced Posttraumatic Stress Disorder. *Consciousness and Cognition*, **16**, 877-885.

Bröder, A., Noethen, D., Schütz, J., & Bay, P. (2007). Utilization of covariation knowledge in source monitoring: No evidence for implicit processes. *Psychological Research*, **71**, 524-538.

Brown, A., & Murphy, D. (1989). Cryptomnesia: Delineating inadvertent plagiarism. *Journal of Experimental Psychology: Learning, Memory, and Cognition*, **15**, 432-442.

Brown, E., Deffenbacher, K., & Sturgill, W. (1977). Memory for faces and the circumstances of encounter. *Journal of Applied Psychology*, **62**, 311-318.

Brown, H. D., Kosslyn, S. M., Breiter, H. C., Baer, L., & Jenike, M. A. (1994). Can patients with obsessive-compulsive disorder discriminate between percepts and mental images? A signal detection analysis. *Journal of Abnormal Psychology*, **103**, 445-454.

Brust, J. C. M. (2003). Music and the neurologist: A historical perspective. In I. Peretz & R. Zattore (Eds.), *The cognitive neuroscience of music*. Oxford: Oxford University Press. pp. 181-191.

Carmichael, L., Hogan, H. P., & Walter, A. A. (1932). An experimental study of the effect of language on the reproduction of visually perceived form. *Journal of Experimental Psychology*, **15**, 73-86.

Christiaansen, R. E., & Ochalek, K. (1983). Editing misleading information from memory: Evidence for the coexistence of original and postevent information. *Memory & Cognition*, **11**, 467-475.

Christianson, S.-A., & Bylin, S. (1999). Does simulating amnesia mediate genuine forgetting for a crime event? *Applied Cognitive Psychology*, **13**, 495-511.

Chu, S., & Downes, J. J. (2000). Odour-evoked autobiographical memories: Psychological investigations of Proustian phenomena. *Chemical Senses*, **25**, 111-116.

Constans, J. I., Foa, E. D., Franklin, M. E., & Mathews, A. (1995). Memory for actual and imagined events in OC checkers. *Behaviour Research and Therapy*, **33**, 665-671.

Conway, M. A. (2005). Memory and the self. *Journal of Memory and Language*, **53**, 594-628.

Debbané, M., Van der Linden, M., Glaser, B., & Eliez, S. (2008). Source monitoring for actions in adolescents with 22q11.2 deletion syndrome (22q11DS). *Psychological Medicine*, **38**, 811-820.

Dehon, H., Bastin, C., & Larøi, F. (2008). The influence of delusional ideation and dissociative experiences on the resistance to false memories in normal healthy subjects. *Personality and Individual Differences*, **45**, 62-67.

Dodd, D. H. & Bradshaw, J. M. (1980). Leading questions and memory: Pragmatic constraints. *Journal of Verbal Learning and Verbal Behavior*, **19**, 695-704.

Dodson, C. S., Darragh, J., & Williams, A. (2008). Stereotypes and retrieval-provoked illusory source recollections. *Journal of Experimental Psychology: Learning, Memory, and Cognition*, **34**, 460-477.

Dywan, J., Segalowitz, S. J., & Jacoby, L. L. (1993). Source monitoring as distinct from recall and recognition memory in traumatic brain injury. *Brain and Language*, **44**, 462.

Fidler, J. A., Wardle, J., Henning Brodersen, N., Jarvis, M. J., & West, R. (2006). Vulnerability to smoking after trying a single cigarette can lie dormant for 3 years or more. *Tobacco Control*, **15**, 205-209.

Flavell, J. H. (1971). First discussant's comments: What is memory development the development of? *Human Development*, **14**, 272-278.

Flavell, J. H. (1977). *Cognitive development*. NJ: Prentice-Hall.

Foley, M. A., Foley, H. J., Durley, J. R., & Maitner, A. T. (2006). Anticipating partners' responses: Examining item and source memory following interactive exchanges. *Memory & Cognition*, 34, 1539-1547.

Fukuhara, R., Ikeda, M., Nebu, A., Kikuchi, T., Maki, N., Hokoishi, K., Shigenobu, K., Komori, K., & Tanabe, H. (2001). Alteration of rCBF in Alzheimer's disease patients with delusions of theft. *Neuroreport*, 12, 2473-2476.

福井健策 (2005). 著作権とは何か 文化と創造のゆくえ 集英社.

船山道隆・三村 將 (2008). 記憶障害と作話 BRAIN and NERVE, 60, 845-853.

Garrett, M., & Silva, R. (2003). Auditory hallucinations, source monitoring, and the belief that "voices" are real. *Schizophrenia Bulletin*, 29, 445-457.

Golier, J., Harvey, P., Steiner, A., & Yehuda, R. (1997). Source monitoring in PTSD. *Annals of the New York Academy of Sciences*, 821, 472-475.

Gordon, R., Franklin, N., & Beck, J. (2005). Wishful thinking and source monitoring. *Memory & Cognition*, 33, 418-429.

畑中佳子・藤田哲也 (2002). 文字表記形態の記憶V—文字表記モニタリングと再認における表記の一致度の影響の再検討— 日本心理学会第66回大会発表論文集, 727.

畑中佳子・藤田哲也 (2004). ソースモニタリングと再認による文字表記形態の顕在記憶の検討 心理学研究, 74, 496-503.

林 光緒 (2003). 日常記憶 生和秀敏［編］ 心の科学 北大路書房 pp. 118-121.

Higgins, E. T., & Rholes, W. S. (1978). 'Saying is believing': Effects of message modification on memory and liking for the person described. *Journal of Experimental Social Psychology*, 14, 363-378.

堀内圭子 (2007). 消費者のノスタルジア—研究の動向と今後の課題— 成城文藝, 201, 198-179.

星野 哲・太田信夫 (2002). 奇異性効果研究の動向と今後の理論的展開 筑波大学心理学研究, 24, 75-82.

堀田千絵 (2007). 虚再認における指示忘却の効果—活性化-モニタリング仮説の検討— 心理学研究, 78, 57-62.

Hovland, C. I., & Weiss, W. (1951). The influence of source credibility on communication effectiveness. *Public Opinion Quarterly*, 15, 635-650.

池田 学 (2004). アルツハイマー病における物盗られ妄想と記憶障害の関係について 高次脳機能研究, 24, 147-154.

生駒 忍・川﨑惠里子 (2008). ソースモニタリング判断における非判断対象ソースの影響 基礎心理学研究, 26, 217-218.

伊藤真利子・菊地 正 (2007). アウトプットモニタリングの概念的多義性に対する検討 筑波大学心理学研究, 34, 1-7.

祝 康成 (2002).「売春婦」ばかりを狙った飽くなき性欲の次の獲物—広島「タクシー運転手」連続四人殺人事件 「新潮45」編集部［編］ 殺人者はそこにいる 逃げ切れない狂気、非情の13事件 新潮社 pp. 287-308.

Johnson, M. K. (2006). Memory and reality. *American Psychologist*, 61, 760-771.

Johnson, M. K., Hashtroudi, S., & Lindsay, D. S. (1993). Source monitoring. *Psychological Bulletin*, 114, 3-28.

Johnson, M. K., & Raye, C. L. (1981). Reality monitoring. *Psychological Review*, 88, 67-85.

Jones, D. P. H. (2003). *Communicating with vulnerable children: A guide for practitioners*. London: Gaskell.

加地雄一・仲真紀子 (2006). 行為を実演した記憶と想像した記憶の違い—ソース・モニタリング課題による検討— 基礎心理学研究, 24, 162-170.

鹿島晴雄 (2003). 前頭葉損傷とrecency memoryの障害 臨床精神医学, 32, 1529-1533.

川上正浩 (2006). 虚記憶の生起とCL語に対する意図的推測の関連について（II）：記銘リスト内の連想関係項目数が虚記憶の生起に及ぼす影響 大阪樟蔭女子大学人間科学研究紀要, 5, 79-87.

香山リカ (2006). 貧乏クジ世代 この時代に生まれて損をした!? PHP研究所.

Kensinger, E. A., & Schacter, D. L. (1999). When true memories suppress false memories: Effect of aging. *Cognitive Neuropsychology*, **16**, 399-415.

Kinchla, R. A. (1994). Comments on Batchelder and Riefer's multinomial model for source monitoring. *Psychological Review*, **101**, 172-176.

金城　光（2001）．ソース・モニタリング課題を中心としたソース・メモリ研究の動向と展望　心理学研究, **72**, 134-150.

金城　光（2009）．ソース・モニタリングと加齢　心理学評論, **52**, 291-306.

Kirschbaum, C., Pirke, K.-M., & Hellhammer, D. H. (1993). The 'Trier Social Stress Test'—A tool for investigating psychobiological stress responses in a laboratory setting. *Neuropsychobiology*, **28**, 76-81.

近藤　綾（2007）．子どものソースモニタリング能力に関する研究動向と展望　広島大学大学院教育学研究科紀要　第三部, **56**, 349-356.

近藤　綾（2008）．外部情報のソースモニタリング能力に関する発達的研究　発達心理学研究, **19**, 47-56.

近藤恵嗣（2009）．"知りすぎ"にご用心　技術者が巻き込まれる情報戦争　日経ものづくり, 2009年2月号, 75-85.

Koriat, A., & Goldsmith, M. (1994). Memory in naturalistic and laboratory contexts: Distinguishing the accuracy-oriented and quantity-oriented approaches to memory assessment. *Journal of Experimental Psychology: General*, **123**, 297-315.

Koriat, A., Goldsmith, M., & Pansky, A. (2000). Toward a psychology of memory accuracy. *Annual Review of Psychology*, **51**, 481-537.

工藤恵理子（1998）．成功・失敗の原因帰属におけるセルフ・サービング・バイアスが生じる条件―なぜ日本の研究では，セルフ・サービング・バイアスがみられないか―　対人行動学研究, **16**, 5-8.

Kumkale, G. T., & Albarracín, D. (2004). The sleeper effect in persuasion: A meta-analytic review. *Psychological Bulletin*, **130**, 143-172.

Kunkel, D. (1988). Children and host-selling television commercials. *Communication Research*, **15**, 71-92.

Kunkel, D. (2001). Children and television advertising. In D. G. Singer & J. L. Singer (Eds.), *Handbook of children and the media*. CA: Sage Publications. pp. 375-393.

Larøi, F., Barr, W. B., & Keefe, R. S. E. (1998). The neuropsychology of insight in psychiatric and neurological disorders. In F. X. Amador & A. S. David (Eds.), *Insight and psychosis*. NY: Oxford University Press. pp. 119-156.

Loftus, E., Miller, D. G., & Burns, H. (1978). Semantic integration of verbal information into a visual memory. *Journal of Experimental Psychology: Human Learning and Memory*, **4**, 19-31.

Lovallo, W. (1975). The cold pressor test and autonomic function: A review and integration. *Psychophysiology*, **12**, 268-282.

Lundstrom, B. N., Petersson, K. M., Andersson, J., Johansson, M., Fransson, P., Ingvar, M. (2003). Isolating the retrieval of imagined pictures during episodic memory: Activation of the left precuneus and left prefrontal cortex. *NeuroImage*, **20**, 1934-1943.

Mather, M., Henkel, L. A., & Johnson, M. K. (1997). Evaluating characteristics of false memories: Remember/know judgments and memory characteristics questionnaire compared. *Memory & Cognition*, **25**, 826-837.

Mather, M., Shafir, E., & Johnson, M. K. (2000). Misrememberance of options past: Source monitoring and choice. *Psychological Science*, **11**, 132-138.

松田　憲・楠見　孝（2007a）．広告評価に及ぼす情動連合記憶とインターバルの効果　日本認知心理学会第5回大会発表論文集, 1.

松田　憲・楠見　孝（2007b）．広告評価に単純接触効果と情動連合記憶が及ぼす影響　日本認知科学会第24回大会発表論文集, 318-319.

松本直美・小森憲治郎・福原竜治・池田　学・田辺敬貴（2003）．文脈記憶・出典健忘に関する最近の話題　臨床精神医学, **32**, 1521-1526.

McAuley, J. D., Stevens, C., & Humphreys, M. S. (2004). Play it again: Did this melody occur more frequently or was it heard more recently? The role of stimulus familiarity in episodic recognition of music. *Acta Psychologica*, **116**, 93-108.

McIntyre, J. S., & Craik, F. I. M.（1987）．Age difference in memory for item and source information. *Canadian Journal of Psychology*, **41**, 175-192.

McNally, R. J., & Kohlbeck, P. A.（1993）．Reality monitoring in obsessive-compulsive disorder. *Behaviour Research and Therapy*, **31**, 249-253.

Metcalf, K., Langdon, R., & Coltheart, M.（2007）．Models of confabulation: A critical review and a new framework. *Cognitive Neuropsychology*, **24**, 23-47.

三浦大志・伊東裕司（2008）．ブランド名再認における Revelation effect —日常記憶に基づく検討— 日本認知心理学会第6回大会発表論文集, 63.

森　直久（2006）．語りの形式から想起の起源を特定する　日本認知心理学会第4回大会発表論文集, 155.

奈田哲也・丸野俊一（2006）．内面化プロセスを明らかにしていくのにエラーバイアスという指標は妥当か　日本発達心理学会第17回発表論文集, 241.

奈田哲也・丸野俊一（2007）．協同問題解決場面での知的方略の内面化過程の検討：エラー分析を用いて　発達心理学研究, **18**, 139-149.

中田英利子・森田泰介（2005）．ソース・モニタリングパラダイムに関する批判的検討　教育科学セミナリー, **36**, 57-69.

Neisser, U.（1978）．Memory: What are the important questions? In M. M. Gruneberg, P. E. Morris & R. N. Sykes（Eds.），*Practical aspects of memory*. London: Academic Press. pp. 3-24.

Neisser, U., & Harsch, N.（1992）．Phantom flashbulbs: False recollections of hearing the news about Challenger. In E. Winograd & U. Neisser（Eds.），*Affect and accuracy in recall: Studies of "flashbulb" memories*. Cambridge: Cambridge University Press. pp. 9-31.

仁平義明・佐藤　拓・菊地史倫・川嶋伸佳（2008）．「取りこみ記憶」と「押しつけ記憶」　日本認知心理学会第6回大会発表論文集, 52.

西川　隆（2008）．PTSDと解離性障害にみる記憶と自己の多重性—消せない現在，見失われた過去　甘利俊一［監修］／加藤忠史［編］　精神の脳科学　東京大学出版会　pp. 189-220.

野島久雄（2004）．思い出工学　野島久雄・原田悦子［編］〈家の中〉を認知科学する　変わる家族・モノ・学び・技術　新曜社　pp. 269-288.

越智啓太（2000）．ウェポンフォーカス効果—実証的データと理論的分析—　応用心理学研究, **26**, 37-49.

大谷貴重・岩永　誠・生和秀敏（2003）．確認強迫傾向におけるリアリティモニタリングの影響　広島大学総合科学部紀要Ⅳ　理系編, **29**, 27-39.

Parker, A., Buckley, S., & Dagnall, N.（2009）．Reduced misinformation effects following saccadic bilateral eye movements. *Brain and Cognition*, **69**, 89-97.

Parker, A., & Dagnall, N.（2007）．Effects of bilateral eye movements on gist based false recognition in the DRM paradigm. *Brain and Cognition*, **63**, 221-225.

Payne, D. G., Elie, C. J., Blackwell, J. M., & Neuschatz, J. S.（1996）．Memory illusions: Recalling, recognizing, and recollecting events that never occurred. *Journal of Memory and Language*, **35**, 261-285.

Payne, D. G., Klin, C., Lampinen, J. M., Neuschatz, J. S., & Lindsay, D. S.（1999）．Memory applied. In F. T. Durso, R. Nickerson, R. W. Schanveldt, S. T. Dumais & M. T. H. Chi（Eds.），*Handbook of applied cognition*. New York: Wiley. pp. 83-113.

Pelletier, M., Achim, A. M., Montoya, A., Lal, S., & Lepage, M.（2005）．Cognitive and clinical moderators of recognition memory in schizophrenia: A meta-analysis. *Schizophrenia Research*, **74**, 233-252.

Peters, M. J. V., Smeets, T., Giesbrecht, T., Jelicic, M., & Merckelbach, H.（2007）．Confusing action and imagination: Action source monitoring in individuals with schizotypal traits. *The Journal of Nervous and Mental Disease*, **195**, 752-757.

Pierce, B. H., Gallo, D. A., Weiss, J. A., & Schacter, D. L.（2005）．The modality effect in false recognition: Evidence for test-based monitoring. *Memory & Cognition*, **33**, 1407-1413.

Radvansky, G. A., & Potter, J. S.（2000）．Source cueing: A case involving memory for melodies. *Memory & Cognition*, **28**, 693-699.

Ratner, H. H., Foley, M. A., & Gimpert, N. (2002). The role of collaborative planning in children's source-monitoring errors and learning. *Journal of Experimental Child Psychology*, 81, 44-73.

暦本純一 (2008). テクノロジーによる記憶の拡張は可能か 東京大学大学院情報学環紀要 情報学研究, **74**, 57-61.

Robine, M., Hanna, P., Ferraro, P., & Allali, J. (2007). Adaptation of string matching algorithms for identification of near-duplicate music documents. *CEUR Workshop Proceedings*, **276**, 37-43.

Roediger, H. L. III, Balota, D. A., & Watson, J. M. (2001). Spreading activation and the arousal of false memories. In H. L. Roediger III, J. S. Nairne, I. Neath & A. M. Surprenant (Eds.), *The nature of remembering: Essays in honor of Robert G. Crowder*. Washington, DC: American Psychological Association. pp. 95-115.

Roediger, H. L. III, & Karpicke, J. D. (2006a). Test-enhanced learning: Taking memory tests improves long-term retention. *Psychological Science*, **17**, 249-255.

Roediger, H. L. III, & Karpicke, J. D. (2006b). The power of testing memory: Basic research and implications for educational practice. *Perspectives on Psychological Science*, **1**, 181-210.

Roediger, H. L. III, & McDermott, K. B. (1995). Creating false memories: Remembering words not presented in lists. *Journal of Experimental Psychology: Learning, Memory, & Cognition*, **21**, 803-814.

相良陽一郎 (1996). ソースモニタリング仮説と目撃 現代のエスプリ, **350**, 105-111.

齊藤 智 (2001). リアリティモニタリング 山本眞理子・外山みどり・池上知子・遠藤由美・北村英哉・宮本聡介［編］ 社会的認知ハンドブック 北大路書房 pp. 285.

Schacter, D. L., Harbluck, J. L., & McLachlan, D. R. (1984). Retrieval without recollection: An experimental analysis of source amnesia. *Journal of Verbal Learning and Verbal Behavior*, **23**, 593-611.

Schmuckler, M. A. (2001). What is ecological validity? A dimensional analysis. *Infancy*, **2**, 419-436.

Shanks, M. F., & Venneri, A. (2004). Thinking through delusions in Alzheimer's disease. *British Journal of Psychiatry*, **184**, 193-194.

シャピロ，F. 市井雅哉［監訳］(2004). EMDR 外傷記憶を処理する心理療法 二瓶社.

Sheen, M., Kemp, S., & Rubin, D. (2001). Twins dispute memory ownership: A new false memory phenomenon. *Memory & Cognition*, **29**, 779-788.

下島裕美 (2001). 自伝的記憶の時間的体制化―テレスコーピングと FOG を中心として― 風間書房.

白石紘章・仲真紀子・海老原直邦 (2006). 認知面接と修正版認知面接における出来事の再生と反復提示された誘導情報の情報源再認 認知心理学研究, **4**, 33-42.

Smeets, T., Jelicic, M., Merckelbach, H., Peters, M., Fett, A., Taverniers, J., Henquet, C., & Dautzenberg, J. (2006). Enhanced memory performance on an internal-internal source monitoring test following acute psychosocial stress. *Behavioral Neuroscience*, **120**, 1204-1210.

Smeets, T., Sijstermans, K., Gijsen, C., Peters, M., Jelicic, M., & Merckelbach, H. (2008). Acute consolidation stress enhances reality monitoring in healthy young adults. *Stress*, **11**, 235-245.

Smith, S. M. & Vela, E. (2001). Environmental context-dependent memory: A review and meta-analysis. *Psychonomic Bulletin & Review*, **8**, 203-220.

杉森絵里子・楠見 孝 (2007). メタ記憶におけるソースモニタリングエラー：インプット－アウトプットモニタリングの観点から 心理学評論, **50**, 9-18.

Sugimura, T. (2008). External source monitoring in a real-life event: Developmental changes in ability to identify source persons. *Applied Cognitive Psychology*, **22**, 527-539.

角 康之 (2008). 体験メディア：体験共有から知識創造を促すユビキタス技術 人工知能学会誌, **23**, 453-460.

平 伸二・古満伊里 (2006). 犯罪場面の事前呈示は P300 による虚偽検出の正確性に影響するか？ 福山大学人間文化学部紀要, **6**, 13-21.

高橋雅延・川口敦生・北神慎司 (2007). 車の目撃情報と背景情報の記憶 日本認知心理学会第 5 回大会発表論文集, 3.

Tallis, F. (1997). The neuropsychology of obsessive-compulsive disorder: A review and consideration of clinical implications. *British Journal of Clinical Psychology*, **36**, 3-20.

田辺 肇 (2002). 解離現象 下山晴彦・丹野義彦［編］ 講座 臨床心理学 3 異常心理学 I 東京大

学出版会　pp. 161-182.

田中未央・厳島行雄（2007）．出来事を想起する際の嘘が後の記憶に及ぼす影響について　法と心理, 6, 85-94.

外山美樹・桜井茂男（2001）．日本人におけるポジティブ・イリュージョン現象　心理学研究, 72, 329-335.

Underwood, J., & Pezdek, K.（1998）．Memory suggestibility as an example of the sleeper effect. *Psychonomic Bulletin & Review*, 5, 449-453.

Van Oorsouw, K., & Merckelbach, H.（2004）．Feigning amnesia undermines memory for a mock crime. *Applied Cognitive Psychology*, 18, 505-518.

Vornik, L. A., Sharman, S. J., & Garry, M.（2003）．The power of the spoken word: Sociolinguistic cues influence the misinformation effect. *Memory*, 11, 101-109.

Wagennar, W. A.（1986）．My memory: A study of autobiographical memory over six years. *Cognitive Psychology*, 18, 225-252.

Wang, S., & Aamodt, S.（2008）．Your brain lies to you. *The New York Times*, June 27th, A19.

Watkins, M. J., & Peynircioglu, Z. F.（1990）．The revelation effect: When disguising test items induces recognition. *Journal of Experimental Psychology: Learning, Memory, and Cognition*, 16, 1012-1020.

Watson, J. M., Bunting, M. F., Poole, B. J., & Conway, A. R. A.（2005）．Individual differences in susceptibility to false memory in the Deese-Roediger-McDermott paradigm. *Journal of Experimental Psychology: Learning, Memory, and Cognition*, 31, 76-85.

Weisbuch, M., Mackie, D. M., & Garcia-Marques, T.（2003）．Prior source exposure and persuasion: Further evidence for misattributional processes. *Personality and Social Psychology Bulletin*, 29, 691-700.

矢幡　洋（2003）．危ない精神分析　マインドハッカーたちの詐術　亜紀書房．

矢野円郁（2006）．記憶における経過時間とその主観的感覚　慶應義塾大学大学院社会学研究科紀要, 62, 89-103.

Zaragoza, M. S., & Lane, S. M.（1994）．Source misattributions and the suggestibility of eyewitness memory. *Journal of Experimental Psychology: Learning, Memory, and Cognition*, 20, 934-945.

Zoellner, L. A., Foa, E. B., Brigidi, B. D., & Przeworski, A.（2000）．Are trauma victims susceptible to "false memories"? *Journal of Abnormal Psychology*, 109, 517-524.

第3部 文章理解

第7章 複数の文の情報を統合する
―照応と橋渡し推論―

井関　龍太

複数の文からの情報を統合する過程には，文中の要素を他の要素と結びつける照応と，文中の要素を読み手の知識と結びつける橋渡し推論が関わっている。これらの処理は，文法や論理的な規則によって制御されているようにみえるが，実際には，人間の認知過程に強く制約されている。また，通常の文法規則では考慮されていない性質を示す照応現象として，潜在的因果性バイアスや不意打ち代名詞がある。本章では，これらのトピックに関する実証的知見を論じる。

1　文章理解と人間の認知過程

1.1　文の理解から文章の理解へ

　日常的な言語理解では，単独の文だけの理解が要求されることはそれほど多くない。本を読むにしても，会話に参加するにしても，そのつど出てきた文を理解すれば十分というわけではなく，文脈全体の中で1つひとつの文を解釈しなければならない。そこで，文章や談話の理解は，単純に文に対する理解を積み重ねたものではなく，文の理解とは別の認知過程を伴うはずである。文の連なりから文脈を作り出すには，各々の文の関係性を特定し，それらを統合した表象を構築する必要がある。

　このような文間の情報統合の基礎的・代表的な過程として，本章では，**照応**（anaphora）と**橋渡し推論**（bridging inference）を中心に論じる。照応とは，文中のある要素が同一文内の他の要素，または，他の文の要素と結びつけられる現象である。たとえば，"健は坂道を駆け上がった。彼は息を切らした。"という短い文章の中で，2文目の"彼"は"健"を指示している。照応では，先行する文の中に現れた要素を参照することによって文内・文間の統合が促される。すなわち，現在処理している情報と先行テキストの記憶（**エピソード記憶**）を対応づけることによって統合を行う。いっぽう，橋渡し推論では，読み手自身がより積極的に関与して，文中に明示されていない関係性を推論することによって統合が促される。たとえば，"バケツの水を火に注いだ。火は消えた。"という文章はとくに問題なく理解されるだろう。ところで，ここで2文目の"火は消えた"というイベントについては火を消す主体が明示されていない。しかし，一般には，"水がかかったから火が消えたのだ"と解釈されるだろ

う。そのような文間情報の統合を行うには，現実世界の因果関係・物理法則などについての読み手の知識が必要である。仮に，"水をかければ火は消える"という知識をもたない人を想定してみよう。この人にとっては，先ほどの文章は，新奇な情報を伝えるものとなるか，不可解なものとなるだろう。そこで，橋渡し推論は，現在処理している情報と自分の知識（**意味記憶**）を対応づけることによって統合を行うものと考えられる。本章の2節，3節では，これらの照応と橋渡し推論に関する認知心理学的な知見について論じる。4節では，推論を伴う照応を扱った研究を紹介し，知識を利用して先行テキスト情報との対応づけを行ったり，より広いスパンの文脈を利用して指示を成立させる状況を扱う。5節では，この研究領域の今後の課題について論じる。

　照応や橋渡し推論は，文法的（統語的・語用論的）現象の一種とみられる。そのため，一見すると，規範的な規則の問題として論じることができるように思える。つまり，特定の指示表現や手がかり語が現れれば，言語の法則性にしたがって照応や推論が生じるかのように感じられる。しかし，人間の認知過程は，必ずしも理想通りに，仮定された言語規則の通りに作用するわけではない。本章では，照応や橋渡し推論の処理が人間の認知過程の上でどのように成り立っているのかという観点から，実証的知見に基づいて議論する。

1.2　反応時間に基づく文章理解研究の方法論

　本章では，反応時間の測定に基づく知見を中心に取り扱う。そこで，以下の節での議論の理解を容易にするため，文章理解における反応時間実験の基本的なパラダイムについて簡単に紹介しておきたい。その前に，反応時間に基づいて実験を行うことの理由を述べておく。第1に，読みのプロセスを追うことができるという利点がある。文章を読んでいる間に働き，読み終えた後には停止してしまう過程を検討するには，読んでいるまさにそのときの（**オンライン**の）ふるまいを観察する必要がある。第2に，第1の点とも関係することだが，反応時間を主な測度とすることで，読み手（実験参加者）自身による後づけの解釈をある程度防げるという利点がある。オンラインの過程が終了した後には，読みの間に働くのとは別の（**オフライン**の）過程が影響する可能性がある。実際に，オフラインで判断を行った場合には違った評価を受ける文章であっても，オンラインの測度では差が見られないことがある（Campion & Rossi, 2001）。研究の対象がオフラインの過程でなく，オンラインの過程である場合には，このことは望ましくない。これらのことから，読みのプロセスに関心のある研究者は，オンラインの測度に基づく実験を行うことが多い。

　典型的な実験手続きは，文章の読みとプローブ（検査項目，テスト刺激）への判断からなる。ミリ秒単位の時間測定を行いたいので，近年ではコンピュータを用いることがふつうである。図7-1にコンピュータ画面の様子を表す模式図を示した。実験参加者は，画面上の刺激を見て，キーボードやマウスを操作して反応する。図7-1の実験では，まず，実験刺激である文章を1文ずつ読んでもらう。ボタンを押すたびに前の画面が消えて次の画面が現れる。このとき，画面が現れてからボタンを押すまでの時間を測定する。この時間は文を読み始めてから理解するまでの時間を反映するので，以下，本章では，このようにして測定した反応時間を読み時間とよぶ。読み時間は，

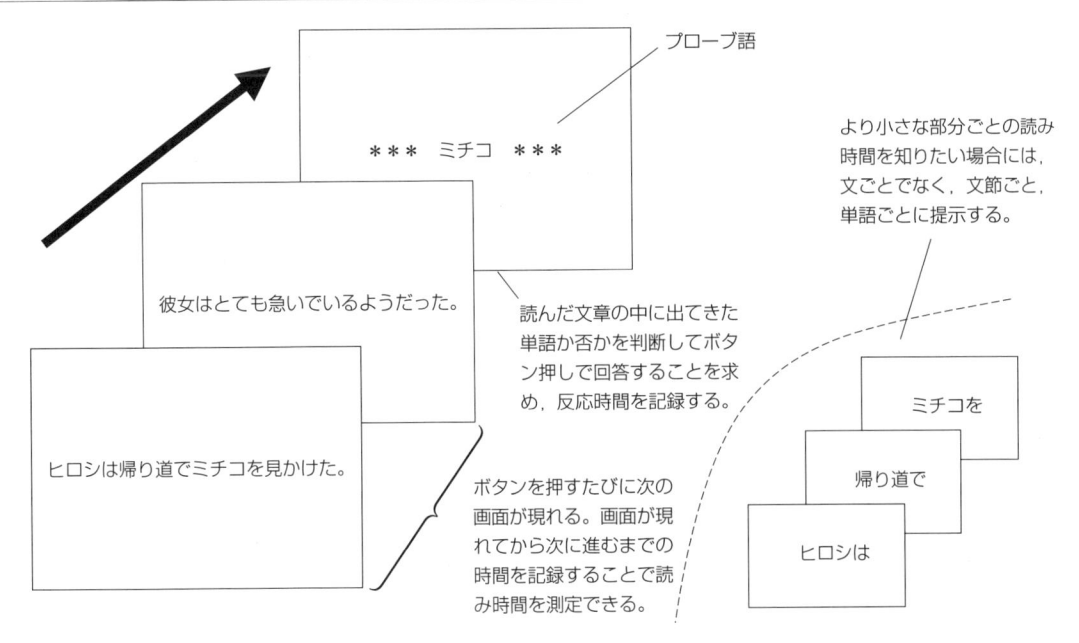

図7-1 反応時間を指標とする文章理解実験の模式図。長方形は各時点でのコンピュータ画面の様子を、矢印は画面の現れる順番を表している。

処理が困難なときには、そうでないときに比べて長くなる。そこで、読み時間は、オンラインでの文章処理の困難度の指標ととらえることができる。

図7-1の例では、2文目を読み終えるとプローブ語が現れる。このプローブ語への反応については、"今読んだ文章の中にこの単語が出てきたかどうか判断してください"（再認課題）など、あらかじめ参加者に教示しておく。参加者は"あった"か"なかった"のいずれかに割り当てたボタンを押すことによって回答する。このときも、画面提示からボタン押しまでの時間を測定する。プローブに対する反応時間は、その語が表す概念が読み手のワーキングメモリにおいて活性化している程度を反映すると考えられる。すなわち、読み手の作業空間の中で"ミチコ"という概念が強く活性化しているときには、そうでないときに比べて、"ミチコ"という語への判断は速くなるはずである。これらのデータに基づいて、読みの認知過程についての推測が行われる。

なお、以上の手続きにおいて、プローブ語への反応は必須ではない。読み時間に主な関心がある場合には、プローブ判断の段階は省略されることがある。より詳細な区分ごとの読み時間を知りたい場合には、文ごとではなく、もっと小さな単位での提示が行われる。いっぽう、プローブへの反応を重視する研究では、文の提示時間を固定することで刺激に接触する時間や参加者の反応のペースを統制しようとする。したがって、図7-1のように、読み時間とプローブ反応時間を同時に測定する実験は比較的少ないかもしれない。また、プローブ語への判断は再認に限定されない。単にできるだけ速く声に出して読み上げる（音読課題）などのこともある。さらに、プローブ語への反応の後に（または、読み時間のみを測定した後に）、文章内容の理解を問うための質問を行うことも多い。これは、文章の内容をきちんと理解して読むことを参加者に促すためのものである。反応時間データの安定を図るため、上のような試行を各

参加者につき数十回繰り返すことが一般的である。手続きには様々なバリエーションがあるが，いずれにせよ，読み時間とプローブ反応時間に対する解釈は上に述べたものとほとんど変わりない。以下の節では，これらの方法論を前提として議論を行う（ここで論じたような反応時間ベースの実験の方法論に関しては，井関・海保，2002; Keenan, Golding et al., 1990; Keenan, Potts et al., 1990; 多鹿・加藤，1992に詳しい。また，オンラインの測度には，反応時間の他にも眼球運動追跡や事象関連電位を用いたものがある。これらについては，Carreiras & Clifton, 2004を参照されたい）。

2 照応

2.1 反復名ペナルティー

照応解決は文章理解の必須の過程であると考えられてきた。とくに，文中に明示的な**照応詞**（anaphor）があるときに，ルーチン的に指示対象が同定されるととらえることは自然なことに思える。しかし，単純な照応解決であっても，人間の認知過程はそのようなルーチン・ワークを行っているとは限らない。

直前の文章・談話に現れた人物を指したいとき，（1）のように名前を繰り返すことでその人物を指示することができる。

（1）健は坂道を駆け上がった。健は息を切らした。

このような，名前の繰り返しによって指示を行う照応詞を**反復照応詞**という。（2）では，ほとんど同じ機能を"彼"という**代名詞**が担っている。

（2）健は坂道を駆け上がった。彼は息を切らした。

反復照応詞は，指示対象を表す名詞を直接的に繰り返しているので，指示しようとする対象に曖昧さがない。いっぽう，代名詞は数と性の情報しかもたないので，指示対象と照応詞の間に距離がある場合（間に何文もの文章が挿入されるなど）や他の指示対象候補が存在する場合（文章中に他の登場人物として"和彦"も出てくるなど）には，指示対象が曖昧になる。このように考えると，代名詞は有用でなく，反復照応詞を常に用いれば誤解の余地のない指示が行えるように思える。

しかし，反復照応詞には，照応詞であることに気づかれないかもしれないという欠点がある。読み手が以前の文に出てきた"健"のことをうっかり忘れていた場合，新しく（照応詞として）現れた"健"を別の登場人物として解釈してしまうかもしれない。代名詞の方は常に照応詞として使われるので，このような誤解を受けることはない（ただし，一部の小説などを除く）。そこで，照応詞であることの明確さという観点に立てば，代名詞の方が反復照応詞よりも曖昧性がなく，優れた照応詞であるといえるかもしれない。

Gordonらは，（3）のような，反復照応詞か代名詞を含む文章の読み時間を調べる実験を行った（Gordon et al., 1993）。

（3） a. Bruno was the bully of the neighborhood.
　　（ブルーノは近所のいじめっ子だった。）
　　b. *He / Bruno* chased Tommy all the way home from school one day.
　　（彼／ブルーノはある日学校から家までずっとトミーを追い回した。）
　　c. *He / Bruno* watched *him / Tommy* hide behind a big tree and start to cry.
　　（彼／ブルーノは彼／トミーが大きな木の後ろに隠れて泣き出したのを見つけた。）
　　d. *He / Bruno* yelled at *him / Tommy* so loudly that all the neighbors came outside.
　　（彼／ブルーノが大声で彼／トミーをはやしたてたので，近所の人がみんな表に出てきた。）
　　　　　　　　　　　　　（実験では"／"前後のいずれか一方の語を提示した）

　一般に，反復照応詞を含む文の方が代名詞を含む文よりも読み時間が長かった。すなわち，反復照応詞の方が読み手にとって処理の困難度が高かったのである。Gordonらはこの現象を**反復名ペナルティー**（repeated-name penalty）と名づけた。彼らの解釈によると，名前を照応詞として用いることには，処理のうえでペナルティーが課される。この考えによれば，代名詞は先行談話に含まれる対象を指示するための表現であるのに対して，名前は新たな談話構造が始まることを知らせる手がかりとして機能する。そこで，十分に顕示的な対象を指すときには（指示対象が短期記憶内にあり，競合する指示対象候補がないとき），反復照応詞でなく，代名詞を用いる方が適切なのである（Gordon & Hendrick, 1998）。この現象は，能動文でも受動文でも同様にみられ，また，照応詞が主語でも目的語でも生じるため，統語役割[1]や主題役割[2]を超えて一般化される（Gordon & Chan, 1995）。

　一見すると，反復名ペナルティーは，反復照応詞の方が代名詞よりも音韻的・形態的に複雑であり，日常的な接触頻度も相対的に低いために生じるもののように思えるかもしれない。しかし，そうではないことを示す知見が報告されている。反復名ペナルティーの程度は，照応詞が先行文の主語を指すか否かによって異なるというものである（Gordon & Scearce, 1995; Gordon & Chan, 1995 と Gordon et al., 1993 も参照）。Gordon & Scearce（1995）は，（4）のような文章の読み時間を調べた。

（4） a. Bill wanted John to look over some important papers.
　　（ビルはジョンにある重要な書類を見てほしかった。）
　　b. He had to mail him the documents by Monday.
　　（彼は月曜までにその書類を相手に郵送しなければならなかった。）
　　c1. Unfortunately, *he/Bill* never *sent* the papers.【連続】
　　（不運にも，彼／ビルは書類を送れなかった。）
　　c2. Unfortunately, *he/John* never *received* the papers.【シフト】
　　（不運にも，彼／ジョンは書類を受け取れなかった。）
　　d. As a result, the whole deal fell behind schedule.
　　（結果として，取り引き全体が予定よりも遅れた。）

3文目の文としては，連続条件かシフト条件のいずれかの文が用いられた。連続条件では，2文目の主語（"He"）と3文目の照応詞（"he"）の指示対象が同じ（"Bill"）であるのに対して，シフト条件では異なる（指示対象は"John"）。3文目後半（"never 〜"以降の部分）の読み時間は，連続条件では照応詞が反復照応詞のときに長かったのに対して，シフト条件では逆に代名詞のときに長かった。これらのことから，反復名ペナルティーは，照応詞として用いられる語自体の違いによるのではなく，統語的・語用論的な要因に応じて起こるものと考えられる。また，この結果は，代名詞は先行する対象の指示を促すのに対して，名前は新たな談話構造の始まりの手がかりとなるというGordonらの説を支持するものである。例文（4）の連続条件では，c1の時点でも談話の主題が"Bill"のまま維持されるが，シフト条件では，c2の時点で"Bill"から"John"に変わる。そこで，連続条件では先行談話の参照を促す代名詞が好まれ，シフト条件では新たな談話構造の開始を知らせる反復照応詞が好まれるものと説明できる（同様の見解を支持する研究として，Vonk et al., 1992）。

2.2 指示対象候補の活性化と抑制

以上のように，読み時間に基づく研究からは，代名詞の優位性を示唆する結果が得られている。しかし，同じオンラインの測度でも，プローブ判断課題を用いた研究からは異なる結論が得られている。Changらは，（5）のような，反復照応詞か代名詞を含む文を読んだ後で，指示対象を表すプローブ語への再認判断を求めた（Chang, 1980; Corbett & Chang, 1983）。

（5）John and Mary went to the grocery store and *John/he* bought a quart of milk.
（ジョンとメアリーは雑貨店に行き，**ジョン／彼**は1クオートの牛乳を買った。）

一般的な結果として，反復照応詞（"John"）の後で再認を行ったときの方が，代名詞（"he"）の後で行ったときよりも，反応時間が短かった。このことは，反復照応詞の方が指示対象に対応する概念をより強く活性化させたことを示唆する。また，Gernsbacher（1989）も同様の結果を得ている。このような，読み時間による結果とプローブ反応時間による結果の違いはどのように解釈されるのだろうか。

Gordon et al.（2000）は，プローブ再認課題は照応処理の過程の適切な指標を与えないとして，文の理解を伴わない状況でもGernsbacherやChangらの実験と同様の結果が得られることを示している。Gordonらの実験4は，（5）と同じような文を用いたが，文中の単語の順序をランダムに並べ替えて意味をなさない単語系列に変えてあった。ただし，名前と照応詞だけはもとの文から位置を変えなかった。このランダム化した単語系列を提示した後に再認課題を実施したところ，照応詞に対応する部分の単語が名前である条件の方が代名詞である条件よりもプローブへの反応時間が短かった。したがって，明らかに通常の文理解を伴わない状況でもこの効果は生じた。

名前を繰り返した方が反応時間が短くなることは，反復プライミング（直接プライミング）によって説明される（レヴューとして，太田，1991）。すなわち，一度接触した刺激に対しては反応が速く正確になるという一般的な記憶の性質の1つとしてと

らえることができる．代名詞の場合には，指示対象と同じ語ではないので反復プライミングは起こらない．それでは，プローブ課題に基づく結果は，より一般的な記憶の働きを反映するのみで，言語理解に対して何も示唆を与えないのだろうか．

だが，このような解釈はやや拙速であるように思われる．再認判断が一般的な記憶の性質を反映することは当然である．言語や文章の理解は人間の記憶の機能の制約のもとで行われている．つまり，これらを別々のものとして切り離すことはできず，言語の処理はあくまで人間の記憶や他の認知機能を利用し，それらと協調して行われているはずである．そのように考えていくと，言語理解と記憶の性質の間に齟齬が生じる場合があるという知見は，ふだん，読み手はどのように記憶の性質を利用して言語理解を成立させているのかという疑問を生じさせる．もともと言語の理解とは関係なく，同じ刺激を繰り返した方がすばやく処理できるという性質を人間の記憶がもっているとしたら，それを言語の理解に利用しない手はない．人間の認知機能には明らかに限界があるのだから，名前を繰り返すことによってその名前の指す概念がすでに記憶において活性化しているなら，その概念を指示対象として解釈することは効率的であるように思われる．読み手は狭義の文法規則にしたがってふるまうとは限らず，その認知機能の許すなかでのみ行動するだろう．

こうした考え方に一致して，照応詞に接触することによって生じる活性化は，単純に指示対象の候補を活性化させるというものに留まらない．まず，反復照応詞や一般名詞による指示では，照応詞の前後で活性化が高まるだけではなく，抑制効果も生じることが明らかになっている（Gernsbacher, 1989; Nordlie et al., 2001）．文章を参加者ペースではなく固定ペースで提示し，途中で文章を中断してプローブ判断を求めるという手続きを採用することによって，実験者は文章の任意の時点での活性化を調べることができる．この方法により，照応詞の直前と直後で判断を求めた場合の反応時間を測定したところ，指示対象を表すプローブでは照応詞の前よりも後に判断したときの方が反応時間が短くなるという促進効果がみられた（活性化の増大）．いっぽう，文章中の指示対象でない語をプローブに用いた場合には，照応詞の後の方が反応時間が長くなった（抑制効果）．照応という現象が指示対象を直接的に特定し，現在処理している情報に結びつけるというものであれば，このような抑制効果はみられないはずである．このことは，競合する対象（この場合，指示対象ではない人物を表す名詞）を積極的に抑制することで検索を効率化しようとする記憶の働きによるものと考えられる（Gernsbacher, 1997）．

また，文法的な観点のみからでは予測しがたい現象として，照応によって指示対象以外の概念が活性化する場合があることが報告されている．McKoon らは，(6) のような文章を読んだ後にプローブ語への再認判断を求めた（Dell et al., 1983; Greene et al., 1992; McKoon & Ratcliff, 1980）．

(6) a. A burglar surveyed the garage set back from the street.
(泥棒は通りから奥まったところにある車庫を眺めた．)
　b. *The criminal/A cat* slipped away from the streetlamp.
(その**犯罪者は**／猫が街灯のところからそっと立ち去った．)

このとき，プローブ語として指示対象である"burglar"を用いるだけでなく，"garage"を用いる条件を設けたことがこの研究の特色である。2文目の照応詞（一般名詞"The criminal"による照応）はもちろん1文目の"burglar"を指示しており，"garage"は指示対象ではない。しかし，"garage"は1文目において"burglar"と関連づけられており，同一の命題として記憶に符号化されるとMcKoonらは考えた。そこで，2文目で"burglar"を指示した際に，同じ命題表象に含まれる"garage"もいっしょに活性化するであろうと予測した。この予測は支持され，"garage"のような指示対象でないプローブ語に対する反応は，2文目で照応を求めなかったとき（"A cat"を主語にする）に比べ，照応を求めたとき（"The criminal"）に速かった。指示対象と同一の命題に含まれない語をプローブとしたときにはこのような効果はみられなかった。そこで，この効果は記憶表象において指示対象と結びついている語にのみ起こると考えられる。さらに，Nordlie et al.（2001）は，指示対象と結びついている概念に抑制効果も生じることを見出している。

　これらの知見は，照応解決が単に文法規則にしたがって行われているのではなく，人間の記憶のメカニズムを利用して実現されていることを示している。これらはいずれも，記憶表象は命題を結合して作られるネットワークから形成されるという観点と一致する（Collins & Loftus, 1975; Kintsch, 1998）。

　反復照応詞と代名詞の問題についても，同様の観点からとらえることはできないだろうか。先に，プローブ反応時間では，反復照応詞の方が代名詞よりも速い反応を生じるという結果を述べた。しかし，一部の研究はこれとは異なる結果を報告している。Cloitre & Bever（1988）では，代名詞の後での方が反復照応詞の場合よりも再認に要する時間が短かった。彼女らの実験では，反復照応詞の条件で同じ語が繰り返される（そのため，反復プライミング効果と区別がつかなくなる）ことを避けるため，指示対象ではなく，指示対象を修飾する形容詞をプローブとして用いていた（"The gangly busboy（のっぽの給仕助手）"に対して，"GANGLY（のっぽ）"でテストするなど）。同じように，Almor et al.（1999）は，再認ではなく音読課題を用いたが，形容詞をプローブとして，反復照応詞の後よりも代名詞の後で反応時間が短いという結果を得ている。これらの結果を受けて，井関（2006b）は，McKoonらの手続きを参考にして，同一の文章材料において指示対象をプローブとした条件と関連語をプローブとした条件を直接的に比較した（たとえば，"魚を焼いていた知美は塩が足りないのに気づいた"という文では，"知美"が指示対象，"魚"が関連語であった）。その結果，直近の対象を指示するときには，反復照応詞では指示対象のみに促進効果がみられたのに対して，代名詞では指示対象にも関連語にも促進効果がみられた。このことから，Cloitre & Bever（1988）およびAlmor et al.（1999）と他の研究の結果の違いは，使用したプローブに由来するものであることが明確になった。また，反復照応詞と代名詞の違いは，指示対象の活性化の程度のみにあるのではないことが示唆される。つまり，代名詞は指示対象に関しては反復照応詞ほど強力に活性化を促さないかもしれないが，他の関連する概念も併せて活性化させることで，文章の統合を助けている可能性がある。代名詞の方が読み時間が速くなるのは，このことによっているのかもしれない。また，代名詞が先行情報を多く活性化させることは，話題を転換して新たな談話構造

を展開しようとしているときには，逆に不利に働くことが予想される。このことは，名前は新たな談話構造の開始の手がかりとなり，代名詞はそうでないという Gordon らの考えとも一致する。

　照応のような，厳密に文法規則にしたがって制御されているかにみえる現象であっても，人間の認知過程に基づいて実現されている以上，これらの認知メカニズムの様々な制約を受けることは妥当であろう。それらの制約のなかで言語情報が処理されるプロセスを詳細に追うことで，文法規則のみからでは明らかでなかった，新たな展望が開けてくるかもしれない（なお，人間の照応処理に関しては，阿部ほか，1994 や Garnham, 2001 において，本章で扱った以外の話題についても詳しく論じられている）。

3　橋渡し推論

3.1　確証モデル

　橋渡しは，初期の Clark と Haviland の研究においては，聞き手が発話の中の旧情報と新情報を区別して，旧情報を記憶の中の先行詞と結びつける働きとして想定されていた（Haviland & Clark, 1974）。そのため，Clark（1977）は，橋渡しに直接指示（一般的な照応）やイベントの共起（"和也は 3 年生だ。礼子も 3 年生だ。"など）まで含めており，かなり広範な概念規定となっている。これに対して，近年，実証的な研究で扱われている橋渡し推論とは，照応を含まない，因果関係や目標構造に関する推論を指すことが多い。そこで，本章では，後者のタイプの推論を橋渡し推論とよぶことにして，その代表的な研究を紹介する。

　Singer らは，因果的橋渡し推論の生成について詳しく検討を行った（Singer, 1993, 1995; Singer et al., 1992）。たとえば，"バケツの水を火に注いだ。火は消えた"という文章は，火を消した原因となるイベントを特定するという意味において因果的である。Singer らは，このような推論が可能であるのは，読み手が省略三段論法（enthymeme）を活用しているためだと考えた。通常の三段論法は，大前提と小前提があるときに論理的に可能な結論を導くものである。先の例でいえば，"大前提：水は火を消す"と"小前提：バケツの水が火に注がれた"から"結論：火は消える"を導出するのが正当な三段論法である。いっぽう，橋渡し推論における省略三段論法は，"小前提：バケツの水が火に注がれた"と"結論：火が消えた"から潜在的な"大前提：水は火を消す"を推論するものである。省略三段論法は簡便な手段ではあるが，論理的に正しい推論を導くとは限らない（ゆえに，論理学的には妥当でない推論形式である）。そのため，Singer らによると，読み手は省略三段論法を行った後に，導かれた推論（大前提）が正しいかどうかを自分の知識に照らして判断する。この段階において適切であると判断された推論のみが，妥当な橋渡し推論として読み手に受け入れられるのである。以上のような推論のメカニズムを Singer らは**確証モデル**（validation model）と名づけた。図 7-2 にこのモデルの概要を示した。

　Singer らは確証モデルの妥当性を検証するために，(7) のような文章を用いて実験を行った。

（7） a. Laurie took an aspirin. Her headache went away. 【因果】
　　　（ローリーはアスピリンを飲んだ。彼女の頭痛は消え去った。）
　　b. Laurie looked for an aspirin. Her headache went away. 【時間】
　　　（ローリーはアスピリンを探した。彼女の頭痛は消え去った。）
　　c. Do aspirins relieve headaches?
　　　（アスピリンは頭痛を和らげますか？）

　実験参加者には，aかbのいずれかの文章を読んだ後に，cの質問が一般的な知識として正しいかどうかをボタン押しで回答してもらった。ここで，aはアスピリンが頭痛を和らげるという因果関係に基づく橋渡し推論を行うことのできる文章になっている。いっぽう，bでは因果関係が明確でなく，イベントが時間的に連鎖するのみである。

　確証モデルによれば，aの文章を読んだ場合（図7-2左）には，省略三段論法によって文間のギャップを埋める考え（媒介アイデアとよばれる）が導かれた後，読み手の知識との照合が行われる。このとき，"アスピリンは痛みを和らげる"という媒介アイデアは，現実世界の知識からみて妥当なので，この推論は受け入れられる。しかし，bの文章を読んだ場合には（図7-2右），媒介アイデアを導いて知識との照合を行うまではaのときと同じだが，この媒介アイデアは世界知識に照らして妥当でないので，この推論は受け入れられない。

　Singerらの実験手続きにおいて，cの質問への回答はこの知識照合の段階に対応している。cの質問の内容は，因果系列を読んだときに導かれる媒介アイデアに合致していることに注意してほしい。aの因果系列を読む条件では，文章を読み終えた時点ですでにアスピリンに関する知識が活性化しているので，読み手はこの質問にすばやく回答することができる。しかし，bの時間系列の場合には，適切な関連知識が活性化していないので，質問に答えるまでの時間は相対的に長くなる。Singerらの一連の

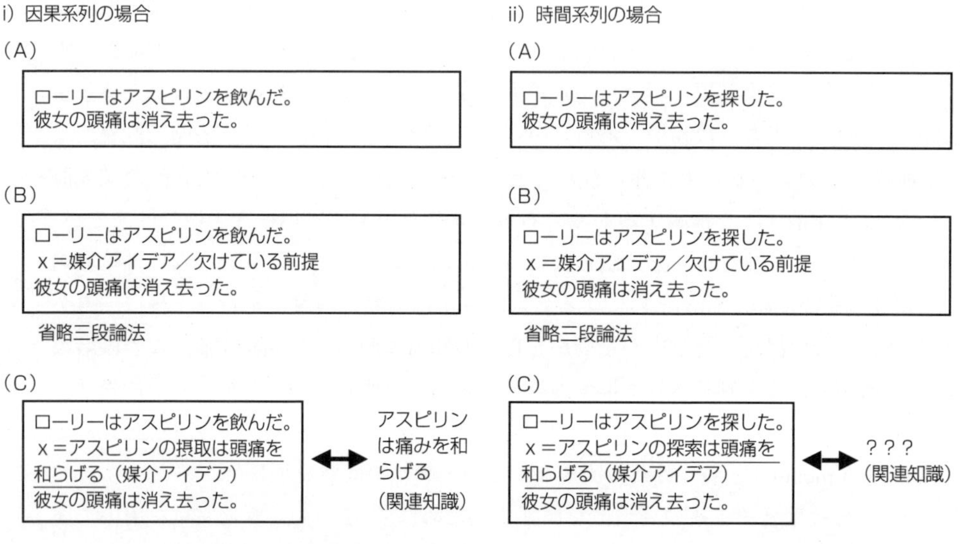

i) 因果系列の場合

(A)

　　ローリーはアスピリンを飲んだ。
　　彼女の頭痛は消え去った。

(B)

　　ローリーはアスピリンを飲んだ。
　　x＝媒介アイデア／欠けている前提
　　彼女の頭痛は消え去った。

省略三段論法

(C)

　　ローリーはアスピリンを飲んだ。　　　　　　アスピリン
　　x＝アスピリンの摂取は頭痛を　　　⇔　　　は痛みを和
　　和らげる（媒介アイデア）　　　　　　　　　らげる
　　彼女の頭痛は消え去った。　　　　　　　　　（関連知識）

ii) 時間系列の場合

(A)

　　ローリーはアスピリンを探した。
　　彼女の頭痛は消え去った。

(B)

　　ローリーはアスピリンを探した。
　　x＝媒介アイデア／欠けている前提
　　彼女の頭痛は消え去った。

省略三段論法

(C)

　　ローリーはアスピリンを探した。
　　x＝アスピリンの探索は頭痛を　　　⇔　　　？？？
　　和らげる（媒介アイデア）　　　　　　　　　（関連知識）
　　彼女の頭痛は消え去った。

図7-2　因果的橋渡し推論の確証モデル（Singer, 1995のFig. 13.1と13.2をもとに作図）

実験はこの予測を支持した（Singer, 1993; Singer et al., 1992）。

3.2　既有知識はいつ利用されるか

　しかし，確証モデルは後の Singer ら自身の研究の結果を説明する際に困難を生じるように思われる。Singer らは，別のタイプの橋渡し推論として，(8) のような，動機橋渡し推論についても検討し，確証モデルによって説明している。

(8)　a. Terry was unhappy with his dental health. He phoned the dentist.【動機】
　　　（テリーは自分の歯科衛生のことで憂うつだった。彼は歯医者に電話した。）
　　 b. Terry was unhappy with his dental bill. He phoned the dentist.【統制】
　　　（テリーは自分の歯科の請求書のことで憂うつだった。彼は歯医者に電話した。）
　　 c. Do dentists require appointments?
　　　（歯医者には予約が必要ですか？）

　(8) の a では，"Terry" が歯医者に電話をかけたのはなぜかという，動機（目標）を推論することが期待されている。因果的橋渡し推論の場合と同じように，文章を読んだ後に質問への回答を求めたところ，動機条件の方が統制条件よりも反応時間が短くなった（Singer & Halldorson, 1996）。そこで，動機橋渡し推論においても，確証モデルが想定するように，読み手の既有知識へのアクセスが生じていると考えられる。
　しかし，ここであげた動機橋渡し推論は，媒介アイデアの導出過程において因果的橋渡し推論とは異なる処理を必要とすることに注意してほしい。Singer らが因果的橋渡し推論を検討する際に用いた文章では，媒介アイデアは，すべて文章中に明示された要素のみから作り出すことができた。たとえば，(7) では，"アスピリンは頭痛を和らげる" という媒介アイデアは，ほぼ文章中の要素のみから構成されている（少なくとも，"アスピリンは頭痛を消し去る" というアイデアであれば，文章中の要素のみから作れる）。これに対して，(8) の "歯医者には予約が必要である" というアイデアの中の "予約" という要素は，文章中のどこにも見出されない。歯科の予約という発想が出てくるには，"テリー" が "歯科衛生" の状態が悪いことに加えて，"歯科への電話といえば，予約のためにするものだ" といった知識が必要である。そこで，動機橋渡し推論は，図 7-2 に示したような単純な省略三段論法の図式からでは説明されないように思われる。図のモデルでは，媒介アイデアの構成の後に知識との照合を行うという過程が想定されているが，動機橋渡し推論では，媒介アイデアを作るためにすでに知識が必要とされるだろう[3]。
　また，Singer (1993) は，因果的橋渡し推論を喚起する文章を用いて，2 文目の内容を推論において照合される知識と矛盾するような内容に変更した場合を検討した。たとえば，(9) のような文章が用いられた。

(9)　a. Dorothy poured the bucket of water on the bonfire. The bonfire went out.
　　　【一貫】
　　　（ドロシーはバケツの水を火に注いだ。火は消えた。）

b. Dorothy placed the bucket of water on the bonfire. The bonfire burned hotter.【時間】
（ドロシーはバケツの水を火のそばに置いた。火は激しくなった。）

　c. Dorothy poured the bucket of water on the bonfire. The bonfire burned hotter.【非一貫】
（ドロシーはバケツの水を火に注いだ。火は激しくなった。）

　d. Does water extinguish fire?
（水は火を消しますか？）

　一貫条件の文章は，因果的橋渡し推論を要求するものである。非一貫条件の文章は，通常の因果的なことの成り行きに沿わない結果を述べている。今回の時間条件の文章は，非一貫条件より厳密な比較を行うため，2文目を非一貫条件のものと同じにしてある。文章を読んだ後の質問への回答時間を検討したところ，一貫条件も非一貫条件も統制条件よりも反応が速かった。つまり，非一貫条件でも，通常の橋渡し推論が行われる場合と同様に読み手の知識との照合が起こったのである。Singerは，以上の結果を確証モデルの観点から解釈している。すなわち，（9）cの文章では，"水は火を強める""水は可燃性である"などの媒介アイデアが導出された後，このアイデアの妥当性を確認するために"水は火を消す"という正しい知識の活性化が生じたものと説明した。しかし，そのように考えるなら，時間系列の文章を読んだ場合にも，正しい知識への照合が起こってもよさそうに思える（"バケツの水をそばに置いただけなら火は消えないが，注げば消える"など）。むしろ，非一貫系列において知識照合が生じるのに時間系列では起こらないのは，後者の文章からは端的に火が消えるという事態を連想しにくいからであるように思われる。

　以上の問題は，確証モデルにおける媒介アイデアの導出の段階を知識照合の段階よりも後に生じるか，少なくとも同時に起こると仮定することによって解決されるだろう。さらには，媒介アイデアの導出という過程をまるごと省いたとしても，橋渡し推論の説明は十分に可能であるかもしれない。Singerらの知見は知識照合の証拠を示しているが，推論の際に媒介アイデアの導出が行われること自体については検証されていない。

　もし媒介アイデアの導出が形式論理に基づいて行われるのであれば，この導出過程は推論のなかで扱う内容にかかわらず同じように起こるはずである。たとえば，"バケツの水が火に注がれた。火が消えた"という文章から"水は火を消す"という推論を行うのも，"バケツの水が火に注がれた。火が広がった"という文章から"水は火を広げる"という推論を行うのも，形式的には同じであり，導出の過程に違いはないと考えられる。しかし，人間の橋渡し推論の生成過程は，そのように形式的に働くものではないことを示唆する知見が報告されている。井関（2006a）は，推論の過程で必要とされる既有知識が利用しやすい状態にあるか否かを直接的に操作して，プローブ反応課題による実験を行った。その結果，同じ橋渡し推論であっても，知識の利用しやすさによって反応時間における促進効果の程度が異なることが判明した。また，Myers et al.（2000）も，橋渡し推論が既有知識における典型性の影響を受けることを

報告している。これらの知見は，媒介アイデアの導出という過程にかかわらず，既有知識のアクセス可能性が橋渡し推論においても機能していることを示している。橋渡し推論が談話の統合においてとくに重要であるとしても，そのメカニズムは読み手の認知過程に基づいて成立しているはずである。そこで，橋渡し推論のときにだけ省略三段論法のメカニズムが働くと考えるよりは，記憶の活動一般に関わる連想や活性化の過程を利用して，関連知識の活性化が生じたら（"歯医者に電話といえば予約するのだろう"など），読み手はそれをそのまま推論として採用すると想定した方が効率的ではないだろうか。

4　推論を伴う照応現象

4.1　潜在的因果性バイアス

　照応解決は，文中の明示的な手がかりに応じて行われることが一般的だが，他の様々な要因の影響も受けることが知られている（レヴューとして，Garnham, 2001）。そのような要因の1つが動詞のもつ意味成分である。(10) の a, b はいずれも同じ動詞を用いた文である（Garvey & Caramazza, 1974）。

(10) a. Jim sold the bike to Henry because he needed cash.
　　　（ジムがヘンリーにバイクを売ったのは，彼が現金を必要としたからだ。）
　　b. Jim sold the bike to Henry because he could pay cash.
　　　（ジムがヘンリーにバイクを売ったのは，彼が現金を支払えたからだ。）

一読して，a の方が b よりも読みやすいと感じられるかもしれない。これは，"sell" という動詞が，文中の2人の登場人物のうち，1番目の人物にこの文の述べるイベント（"バイクを売る"）の原因を帰属するバイアスをもつためである（NP1 バイアス）。(10) の後半部分（従属節）は前半部分（主節）の原因を説明する内容になっているが，a はバイアスのかかる1番目の人物について述べているのに対して，b は2番目の人物について述べている。そこで，期待に一致しない b の方が解釈しづらいのである。動詞によっては，1番目ではなく，2番目の人物に原因を帰属する傾向をもつこともある（NP2 バイアスをもつ動詞として，たとえば，"謝る" など）。動詞のもつこのような性質は，**潜在的因果性**（implicit causality）とよばれる。

　各々の動詞がどのような方向の潜在的因果性バイアスをもっているのかについては，文完成課題を用いて調べることができる。Garvey et al. (1974-1975) は，"Jim sold the bike to Henry bacause ＿＿＿．（ジムがヘンリーにバイクを売ったのは，＿＿＿だからだ）" のように because 節の内容を空欄にして，この部分を埋めて文を完成させるよう実験参加者に求め，各動詞が NP1 と NP2 のどちらのバイアスをもつのかを調べた（Garvey & Caramazza, 1974 も参照）。また，文を受動文や否定文に変えることがバイアスの効果に影響することを示した。

　より直接的に照応解決との関連を検討したものとして，Caramazza et al. (1977) の研究がある。彼らは，潜在的因果性バイアスが実際に代名詞の解釈に影響を及ぼすこ

とを実証した。(10) の a, b のような，バイアスに一致した内容の because 節をもつ文とバイアスに一致しない because 節をもつ文を読んで，代名詞の指示対象を指摘してもらった。その結果，バイアスに一致する条件の方が不一致の条件よりも，速くかつ正確に指示対象を同定できた。興味深いことに，この効果は，文中に現れる登場人物の性が一致しないようにして，指示の曖昧性をなくしたときにもみられた。たとえば，登場人物を"ジム"と"メアリー"にして，代名詞"he"を用いれば，文のその他の部分の内容にかかわらず，間違いなく指示対象を同定できる。(10) では2人の登場人物が同じ性であるため，"he"という代名詞のみからでは指示対象を特定できない。そこで，読み手は他の文脈情報を頼りに照応を解決しようとするだろう。このために動詞の種類によるバイアスの効果が起こったのではないかという解釈もあるかもしれない。しかし，実際には，性を一致させないことで曖昧性を除いても同程度の効果がみられた。そこで，この潜在的因果性バイアスによる効果は，読み手が曖昧性を減らす手がかりを探すことから起こるのではなく，読み手の意図にかかわらず生じるものと考えられる。

　このような潜在的因果性の効果がテキスト理解の過程において，いつ作用し始めるのかについて関心がもたれてきた。照応処理における潜在的因果性の効果の時間経過については，大きく分けて2つの考え方がある。まず，主節の動詞もしくは照応詞を処理し始めた直後に解釈が開始され，指示対象の候補となる概念に焦点が当てられるというものがある。この立場は，焦点仮説や即時焦点仮説とよばれる。もう1つの考え方として，読み手は節の終わりまで解釈を控えるというものがある。とくに，候補となる人物の性が同じであるなどの理由から指示対象が曖昧な場合には，文や節の終わりまで読んで，十分な情報がそろってから解釈を始めることが考えられる。これは，統合仮説や節統合仮説とよばれる立場である。いずれの仮説が妥当であるのかについては，(10) のような文章を用いた実験によって様々に検討されてきた。

　Garnham et al. (1996) と Stewart et al. (2000) は，それぞれ，プローブ反応時間と読み時間の測定に基づく実験の結果から，節統合仮説を支持している。代名詞の直後では（代名詞直前にプローブ反応を求めた場合と比べて）反応時間の促進はみられないし，バイアスに一致する because 節の読み時間も不一致の場合に比べて速くならないというのである。しかし，Koornneef & van Berkum (2006) は，これらの先行研究の手続き上の問題点を指摘して，改善を加えた実験を行った。彼らの実験材料では，文中の登場人物の性を一致させないことによって，代名詞を読んだ時点で，指示対象が主節の動詞のバイアスから期待される人物か否かがわかるようになっていた。実験の結果によると，読み時間は，少なくとも節の終わりよりも早い時点でバイアス一致・不一致の影響を受けた。したがって，節統合仮説は支持されなかった。ただし，代名詞自体を読む時間には差はみられず，代名詞の1～2語後の語を読むときにバイアスの効果は現れた。そこで，即時焦点仮説も単純には支持されなかった。少なくとも，動詞を読んだ直後にバイアスが作用し始めるとはいえない。そこで，代名詞を読んだときかその少し後に処理が始まるという，2つの説の中間的な立場が既存のデータに近いように思われる。眼球運動（Koornneef & van Berkum, 2006 の実験 2; Pyykkönen & Järvikivi, 2010）や事象関連電位（van Berkum er al., 2007）の計測に基

づく研究の結果もこのパターンを支持している（ただし，別の観点からの即時焦点仮説への最近の反論として，Guerry er al., 2006 がある）。

　Koornneef & van Berkum（2006）の結果は，指示に曖昧さがなく，潜在的因果性に頼る必要がない条件のもとでもバイアスの効果を生じたという点において Caramazza et al.（1977）と一致する。また，照応詞自体や文末（節末）に効果が現れるわけではないということは，バイアスの効果と照応解決（または，文や節全体の情報の統合）の過程がある程度独立に働いていることを示唆しているように思われる。実際に，Fukumura & van Gompel（2010）は，文完成課題において，潜在的因果性は反復照応詞に対する代名詞の選好（反復名ペナルティー）に影響しないことを見出し，これらの処理過程が独立であることを示唆している。潜在的因果性は，原因帰属の観点からも研究が進められており（レヴューとして，Rudolph & Försterling, 1997），言語理解を離れた，より一般的な認知過程に基づくメカニズムによっていることが推測される。そこで，照応解決過程の少なくとも一部分は，このような原因帰属・因果推論の特徴を引き継いでいることが考えられる。このことは，今後の照応処理研究の手がかりとなるかもしれない（潜在的因果性バイアスについては，Garnham, 2001 でも一章を割いて論じられている。また，Rudolph & Försterling, 1997 は，動詞の意味とバイアスの方向性の関係に関する研究をレヴューしている）。

4.2　"不意打ち"代名詞

　照応は直近に現れた対象を指示することがふつうである。しかし，指示対象が談話のかなり前の部分にのみ現れた場合や，時にはまったく明示されていない場合でも，代名詞の指示対象がはっきりとわかることがある。Gerrig はこのようなタイプの代名詞を**不意打ち代名詞**（unheralded pronoun）と名づけ，Greene や McKoon らとともに，実験研究で扱える形式で例示した。彼らが実験で用いた材料の例を表 7-1 に示した。この文章は，大きく3つの部分に分かれている。最初のイントロダクションでは，2人の登場人物がその場にいない第三の登場人物のことについて話し合っている。その後，2人の人物はお互いに離れて行動することになる（分離）。その後の中間部分には，第三者存在条件と不在条件があり，個々の実験参加者はいずれか一方を読むことになる。存在条件では，最初に会話の中で触れられていた第三者が実際に登場し，この人物とのやり取りが述べられる。この後の結論部分では，代名詞によって第三者に対する指示が行われるので，存在条件は通常の照応に近い状況になっている。これに対して，不在条件の文章では，第三者に関して直接的には一切言及されない。中間部分が終わると結論部分に進み，ここで最初の2人の登場人物が再会する（再会文）。そして，前述の通り，第三者に対する指示が行われる（代名詞文）。不在条件では，通常の照応の観点からすると，代名詞文で第三者を指すことはまず不可能である。しかし，おそらく，この例文では，不在条件の文章を読んだ場合にも，"彼女"が"マリリン"を指すことは比較的容易に理解されるだろう。

　Greene et al.（1994）の実験では，このような文章を一文ずつ参加者ペースで提示した。このとき，途中で文章を中断してプローブへの再認を求めた。プローブ語は第三者の社会的役割を表す語（例文では，"従姉妹"）であった。第三者存在条件では，

表 7-1 不意打ち代名詞を検討するための文章材料
(McKoon et al., 1996 の Table 1 をもとに作成)

イントロダクション：
　　ジェーンは従姉妹のマリリンとの食事を恐れていた。彼女はルームメイトのグロリアにうるさく文句を言った。
「従姉妹のところに食事に行くといつもうんざりするのよ」
「なんで行くことにしたの？」とグロリアは尋ねた。
「意気地がなくていやとは言えないの」とジェーンは言った。
【分離】ジェーンは食事に出かけた。

中間部分：

【第三者存在】
　　彼女が到着すると，マリリンはちょうど料理を終えたところだった。
「ついてるわね」と彼女は言った。「イカが揚がったところよ」
　　ジェーンは自分がすばらしい晩餐会に招待されたことに気づいた。二人は座って食事の席に着いた。食事の後，しばらく話をしてからジェーンは帰宅した。

【第三者不在】
　　グロリアは自分のために夕飯に何かいいものを作ることにした。
「家に一人でいる以上は」と彼女は考えた。「私は落ち着いて食事ができる」
　　グロリアは冷蔵庫で材料を探した。彼女はキッシュを作るのに十分なだけの卵を見つけた。食事の後，彼女は皿洗い機に皿を入れた。

結論：
【再会文】ジェーンが零時ごろに家に着いたとき，グロリアはまだ起きていた。
【代名詞文】グロリアはジェーンに「彼女に古いディスコを聞かされた？」と尋ねた。
【最終文】ジェーンはふくみ笑いをして，「自分の頭の外では"ディスコ・インフェルノ"を聞けなかったわ」と言った。

※中間部分は，第三者存在条件か第三者不在条件のいずれかのみを提示する。結論部分は，再会文，代名詞文，最終文をこの順に提示する。

　再会文の前に中断して再認を求めた場合と代名詞文の後で再認を求めた場合で反応時間は変わらなかった。これは，存在条件では第三者について直接言及しているため，第三者の概念が代名詞文の後でも前でも同様に活性化し続けていることによるものと解釈された。いっぽう，不在条件では，再会文前での反応時間よりも代名詞文後の反応時間の方が短かった。この条件では中間部分に第三者は登場していないので，再会文前には第三者の概念の活性化の程度は低い。しかし，代名詞文を読むことにより指示対象である第三者の概念が急速に活性化したため，代名詞文後では反応が速くなったものと考えられる。したがって，読み手は指示対象を直前の談話の中に見出せない（しかも，"彼女"の指示対象候補として，"ジェーン"や"グロリア"の方がすぐ近くにある）場合でも，適切な概念を活性化できることがある。

　McKoon et al. (1996; Gerrig & McKoon, 1998) は，さらにこの研究を進め，代名詞を使わなくとも同様の現象が起こることを示した。代名詞文の代わりに，代名詞を用いないで第三者の行動をほのめかすような文が用いられた（表 7-1 の文章では，"グロリアはジェーンに「晩餐会には耐えられた？」と尋ねた"）。このような材料で実験を行った場合にも，不在条件では，ほのめかし文の後に再会文前よりも反応時間が短くなった。このことは，登場人物の会話でほのめかされている対象を思い起こすために照応詞は必ずしも必要でないことを示唆している。

　また，不意打ち代名詞が成立する状況においても，活性化は指示対象に限定されない。McKoon et al. (1996) は，表 7-1 の文章の"恐れていた"などの語にも，"従姉

妹"という語と同様の反応時間のパターンを見出している。これは，指示対象である"マリリン"に結びつけられた概念が併せて活性化したことによるものと考えられる。また，Gerrig & McKoon（2001）は，照応解決の際に指示対象を曖昧にするような，指示対象候補となる他の人物を中間部分で登場させて実験を行ったところ（不在条件の中間部分でグロリアが母親と電話で話すなど），この条件でも同様に第三者の概念は再会文前に比べて代名詞文の後で活性化した。さらに，第三者ではなく，対立候補として導入された語（"母親"など）をプローブ語とした場合，促進ではなく抑制効果がみられた。すなわち，第三者の場合とは逆に，再会文前よりも代名詞文後に反応が遅くなった。このことは，反復照応詞や代名詞でみられる，不適切な指示対象の抑制効果に似ている（Gernsbacher, 1989; Nordlie et al., 2001）。これらの知見は，不意打ち代名詞の処理が通常の代名詞の処理と共通の特徴をもっていることを示唆している。

　不意打ち代名詞は，一見して，一般的な照応解決の事態とはかけ離れた状況を扱ったものに思える。しかし，その特徴の少なくとも一部分は，反復照応詞や代名詞といった主要な照応詞と共通している。この現象を扱った研究は，先行する対象の指示を行うために照応詞は必ずしも必要でなく，むしろ記憶におけるアクセス可能性の方が重要であるという観点に立っている（e.g., Gerrig & McKoon, 1998; McKoon et al., 1996）。このような立場からは，照応詞は指示対象の検索を促すものではなく，活性化した概念を適用する座を指定するものととらえられる。これに一致して，照応詞を使用したとしても，必ずしも指示対象の概念は活性化しないことを報告する研究もある（Klin et al., 2006; Levine et al., 2000）。これらの研究は，ちょうどMcKoon et al.（1996）の知見と対になるように，照応詞は指示対象の特定に十分でないことを示したものととらえることができる。以上の知見は，照応処理が文法規則というよりは記憶の諸特性に依存して成立していることを強く示唆している。

5　認知過程の特性を反映したモデルへ

　本章では，文間の情報統合の基礎的な過程として，照応と橋渡し推論についての研究を概観した。照応については，処理のプロセスの観点からの研究が盛んに行われている。反復名ペナルティーは，照応詞の違いを処理の経緯の違いから説明することを促す現象である。また，照応の過程で生じる諸概念の活性化は，照応が単に文の表層上の語と語を対応づける過程なのではなく，活性化拡散という記憶の特性に基づいて進行する過程であることを示唆している。橋渡し推論は，テキスト理解中に生じる様々な推論の中でもとくに形式的な理論化が進んでいる推論である。確証モデルは，論理的な推論の形式を借りることによって，橋渡し推論の導出過程を明示的に記述したものである。しかし，実験研究から得られた知見は，このモデルに反しないまでも，より柔軟な読み手の知識利用を要求するように思われる。

　照応は現在処理している情報と先行テキストとの対応づけ，橋渡し推論は読み手の既有知識との対応づけによって統合を促すものである。これに対して，潜在的因果性バイアスは，動詞や因果関係に関する知識を利用して照応に役立てる（あるいは，照応を阻害する）という，より複雑な現象である。この現象は，照応や橋渡し推論に関

連して論じた，記憶の活性化の過程とは別の，独立した過程によっているかもしれない。また，不意打ち代名詞は，指示が行われるまでに形成した談話表象（文脈）を前提としてはじめて現在処理している情報との対応づけが可能になる状況を描き出す現象である。このような複雑な・複合的な過程もまた通常の照応と似た特徴をもっていることは，より一般的な文間情報の統合のメカニズムが存在することを示唆するように思われる。

　4節で紹介した現象はまだ理論的な展開において未発達であり，他の諸現象との関係性も十分に明らかではないかもしれない。しかし，そのことは逆に今後の研究の方向性を示唆しているといえるだろう。潜在的因果性バイアスの研究が示すように，照応や橋渡し推論には，記憶の活性化の過程のみが関わっているのではないだろう。これまでの研究は，既有知識や先行テキスト表象の活性化過程の諸特性が照応や橋渡し推論にとっても重要であることを示してきたが，他の過程の存在やその働きについてはまだそれほどわかっていない。明らかに，単に反復や連想によって概念が活性化しただけでは統合は完成しない。活性化を方向づける働きをする別の要因があっても不思議はない。

　また，統合には，諸概念を結びつけ対応づけることが必要である。その結果として，記憶表象にどのような変化が生じるのかを明らかにすることも重要であろう。これらの点には，不意打ち代名詞が関わっている。Gerrigらの実験のように，直前の談話の中に指示対象が見出せないにもかかわらず適切な概念を活性化させられるのは，先行する談話の表象をうまく構築できている場合に限られるだろう。そこで，反復照応詞や代名詞などのより一般的な照応の場合にも，照応詞の2，3文前の文章だけでなく，より広いスパンの談話表象の機能を検討する必要が生じる。とくに，日本語では照応詞の省略が多いとされる。このことが言語理解を妨げないのは，先行文脈の構築によるところが大きいはずである。照応現象をより大きな談話表象の文脈の中でとらえることは，日本語の理解過程を明らかにするうえで有益であると考えられる。

引用文献

阿部純一・桃内佳雄・金子康郎・李　光五（1994）．人間の言語情報処理―言語理解の認知科学―　サイエンス社．

Almor, A., Kempler, D., MacDonald, M. C., Anderson, E. S., & Tyler, L. K. (1999). Why do Alzheimer patients have difficulty with pronoun? Working memory, semantics, and reference in comprehension and production in Alzheimer's disease. *Brain and Language*, 67, 202-227.

Campion, N., & Rossi, J.-P. (2001). Associative and causal constraints in the process of generating predictive inferences. *Discourse Processes*, 31, 263-291.

Caramazza, A., Grober, E., Garvey, C., & Yates, J. (1977). Comprehension of anaphoric pronouns. *Journal of Verbal Learning and Verbal Behavior*, 16, 601-609.

Carreiras, M., & Clifton, C. Jr. (2004). *The on-line study of sentence comprehension: Eyetracking, ERPs and beyond*. New York: Psychology Press.

Chang, F. R. (1980). Active memory processes in visual sentence comprehension: Clause effects and pronominal reference. *Memory & Cognition*, 8, 58-64.

Clark, H. H. (1977). Bridging. In P. N. Johnson-Laird & P. C. Watson (Eds.), *Thinking: Readings in cognitive science*. Cambridge, MA: Cambridge University Press. pp. 411-420.

Cloitre, M., & Bever, T. G. (1988). Linguistic anaphors, level of representation, and discourse. *Language and Cognitive Processes*, 3, 293-322.

Collins, A. M., & Loftus, E. F. (1975). A spreading-activation theory of semantic processing. *Psychological Review*, 82, 407-428.

Corbett, A. T., & Chang, F. R. (1983). Pronoun disambiguation: Accessing potential antecedents. *Memory & Cognition*, 11, 283-294.

Dell, G. S., McKoon, G., & Ratcliff, R. (1983). The activation of antecedent information during the processing of anaphoric reference in reading. *Journal of Verbal Learning and Verbal Behavior*, 22, 121-132.

Fukumura, K., & van Gompel, R. P. G. (2010). Choosing anaphoric expressions: Do people take into account likelihood of reference? *Journal of Memory and Language*, 62, 52-66.

Garnham, A. (2001). *Mental models and the interpretation of anaphora*. Hove: Psychology Press.

Garnham, A., Traxler, M., Oakhill, J., & Gernsbacher, M. A. (1996). The locus of implicit causality effects in comprehension. *Journal of Memory and Language*, 35, 517-543.

Garvey, C., & Caramazza, A. (1974). Implicit causality in verbs. *Linguistic Inquiry*, 5, 459-464.

Garvey, C., Caramazza, A., & Yates, J. (1974-1975). Factors influencing assignment of pronoun antecedents. *Cognition*, 3, 227-243.

Gernsbacher, M. A. (1989). Mechanisms that improve referentiaol access. *Cognition*, 32, 99-156.

Gernsbacher, M. A. (1997). Two decades of structure building. *Discourse Processes*, 23, 265-304.

Gerrig, R. J., & McKoon, G., (1998). The readiness is all: The functionality of memory-based text processing. *Discourse Processes*, 26, 67-86.

Gerrig, R. J., & McKoon, G. (2001). Memory processes and experiential continuity. *Psychological Science*, 12, 81-85.

Gordon, P. C., & Chan, D. (1995). Pronouns, passives, and discourse coherence. *Journal of Memory and Language*, 34, 216-231.

Gordon, P. C., Grosz, B. J., & Gilliom, L. A. (1993). Pronouns, names, and the centering of attention in discourse. *Cognitive Science*, 17, 311-347.

Gordon, P. C., & Hendrick, R. (1998). The representation and processing of coreference in discouse. *Cognitive Science*, 22, 389-424.

Gordon, P. C., Hendrick, R., & Foster, K. L. (2000). Language comprehension and probe-list memory. *Journal of Experimental Psychology: Learning, Memory, and Cognition*, 26, 766-775.

Gordon, P. C., & Scearce, K. A. (1995). Pronominalization and discourse coherence, discourse structure and pronoun interpretation. *Memory & Cognition*, 23, 313-323.

Greene, S. B., Gerrig, R. J., McKoon, G., & Ratcliff, R. (1994). Unheralded pronouns and management by common ground. *Journal of Memory and Language*, 33, 511-526.

Greene, S. B., McKoon, G., & Ratcliff, R. (1992). Pronoun resolution and discourse models. *Journal of Experimental Psychology: Learning, Memory, and Cognition*, 18, 266-283.

Guerry, M., Gimenes, M., Caplan, D., & Rigalleau, F. (2006). How long does it take to find a cause? An online investigation of implicit causality in sentence production. *Quarterly Journal of Experimental Psychology*, 59, 1535-1555.

Haviland, S. E., & Clark, H. H. (1974). What's new? Acquiring new information as a process in comprehension. *Journal of Verbal Learning and Verbal Behavior*, 13, 512-521.

井関龍太 (2006a). テキスト理解におけるオンライン推論生成の規定因—整合性とアクセス可能性の比較— 認知科学, 13, 205-224.

井関龍太 (2006b). 照応処理における活性化ユニットの検討—反復照応詞と代名詞の機能的差異— 認知科学, 13, 316-333.

井関龍太・海保博之（2002）．その推論はオンラインか―談話理解におけるオンライン推論の方法論的・理論的考察―　筑波大学心理学研究, **24**, 83-97.

Keenan, J. M., Golding, J. M., Potts, G. R., Jennings, T. M., & Aman, C. J. (1990). Methodological issues in evaluating the occurrence of inferences. In A. C. Graesser, & G. H. Bower (Eds.), *Inferences and text comprehension*. San Diego: Academic Press. pp. 295-312.

Keenan, J. M., Potts, G. R., Golding, J. M., & Jennings, T. M. (1990). Which elaborative inferences are drawn during reading? A question of methodologies. In D. A. Balota, G. B. Flores d'Arcais & K. Rayner (Eds.), *Comprehension processes in reading*. Hillsdale, NJ: Lawrence Erlbaum Associates. pp. 377-402.

Kintsch, W. (1998). *Comprehension: A paradigm for cognition*. Cambridge, MA: Cambridge University Press.

Klin, C. M., Guzmán, A. E., Weingartner, K. M., & Ralano, A. S. (2006). When anaphor resolution fails: Partial encoding of anaphoric inferences. *Journal of Memory and Language*, **54**, 131-143.

Koornneef, A. W., & van Berkum, J. J. A. (2006). On the use of verb-based implicit causality in sentence comprehension: Evidence from self-paced reading and eye tracking. *Journal of Memory and Language*, **54**, 445-465.

Levine, W. H., Guzmán, A. E., & Klin, C. M. (2000). When anaphor resolution fails. *Journal of Memory and Language*, **43**, 594-617.

McKoon, G., Gerrig, R. J., & Greene, S. B. (1996). Pronoun resolution without pronouns: Some consequences of memory-based text processing. *Journal of Experimental Psychology: Learning, Memory, and Cognition*, **22**, 919-932.

McKoon, G., & Ratcliff, R. (1980). The comprehension processes and memory structures involved in anaphoric reference. *Journal of Verbal Learning and Verbal Behavior*, **19**, 668-682.

Myers, J. L., Cook, A. E., Kambe, G., Mason, R. A., & O'Brien, E. J. (2000). Semantic and episodic effects on bridging inferences. *Discourse Processes*, **29**, 179-199.

Nordlie, J., Dopkins, S., & Johnson, M. (2001). Words in a sentence become less accessible when an anaphor is resolved. *Memory & Cognition*, **29**, 353-362.

太田信夫（1991）．直接プライミング　心理学研究, **62**, 119-135.

Pyykkönen, P., & Järvikivi, J. (2010). Activation and persistence of implicit causality information in spoken language comprehension. *Experimental Psychology*, **57**, 5-16.

Rudolph, U., & Försterling, F. (1997). The psychological causality implicit in verbs: A review. *Psychological Bulletin*, **121**, 192-218.

Singer, M. (1993). Causal bridging inferences: Validating consistent and inconsistent sequences. *Canadian Journal of Experimental Psychology*, **47**, 340-359.

Singer, M. (1995). Causal validation and causal comprehension. In R. F. Lorch, Jr., & E. J. O'Brien (Eds.), *Sources of coherence in reading*. Hillsdale, NJ: Lawrence Erlbaum Associates. pp. 241-261.

Singer, M., & Halldorson, M. (1996). Constructing and validating motive bridging inferences. *Cognitive Psychology*, **30**, 1-38.

Singer, M., Halldorson, M., Lear, J. C., & Andrusiak, P. (1992). Validation of causal bridging inferences in discourse understanding. *Journal of Memory and Language*, **31**, 507-524.

Stewart, A. J., Pickering, M. J., & Sanford, A. J. (2000). The time course of the influence of implicit causality information: Focusing versus integration accounts. *Journal of Memory and Language*, **42**, 423-443.

多鹿秀継・加藤留美子（1992）．文章理解研究における推論の測定方法の問題　愛知教育大学研究報告（教育科学編）, **41**, 111-127.

van Berkum, J. J. A., Koornneef, A. W., Otten, M., & Nieuwland, M. S. (2007). Establishing reference in language comprehension: An electrophysiological perspective. *Brain Research*, **1146**, 158-171.

Vonk, W., Hustinx, L. G. M. M., & Simons, W. H. G. (1992). The use of referential expressions in structuring discourse. *Language and Cognitive Processes*, **7**, 301-333.

注

1）文中の項（名詞）が持つ統語上の役割のこと。たとえば，主語，目的語など。
2）述語（動詞，形容詞）との関係性から決まる項（名詞）の意味的な役割のこと。たとえば，動作主と受益者，目標と起点など。
3）動機橋渡し推論の場合に，媒介アイデアの導出に既有知識が必要とされるように思われるという点は，（8）以外の文章にも該当する。Singer & Halldorson（1996）で挙げられている他の例として，"ヴァレリーは誕生日のために早く帰った。彼女は商店街での買い物に一時間を費やした。誕生パーティーにはプレゼントがいりますか？" など。

第8章 文章理解における状況モデル

川﨑　惠里子

　我々は日常，様々な目的で文章を読む。新聞で世界情勢を知るため，新しいソフトウエアの機能を知るため，試験勉強のため，推理小説に浸るためなどである。これらを達成するための技能は，きわめて高度な認知過程に基づいている。文章理解の研究は，このように複雑な認知過程を少しずつ明らかにしようとしている。

1 文章理解への認知心理学的アプローチ

　本章では文よりも大きな言語単位，すなわち文章がどのように理解され，記憶されるかという問題を扱う。日常生活において，我々は説明文，講義，物語，新聞記事など多様な文章に接する。文章の形式はジャンルごとにそれぞれ異なるが，本章ではそれらすべてに共通した特性を探る。

　本章では，まず初めに認知心理学による文章理解の研究法にはどのようなものがあるかを概観する。次に，我々が文章を理解し，符号化した後に形成される長期記憶は3つのレベルの心的表象から成ることを示し，とくに，最も高次な表象である状況モデルに関する理論を紹介する。最後に物語理解における独自な処理過程について述べる。

2 文章理解の研究法

　文章理解で典型的に用いられる研究法は，大きく2つのカテゴリーに分けることができる。第1のカテゴリーは進行中の理解過程を調べる方法で，これらはオンライン法（online method）とよばれる。第2のカテゴリーは理解の結果，すなわち読み手の長期記憶に貯蔵された心的表象に焦点を当てる方法で，記憶法（memory method）とよばれる（Zwaan & Singer, 2003）。後者は前者の方法よりも古くから用いられており，オフライン法（offline method）ともよばれる（Graesser et al., 1997）。

2.1 記憶法

　記憶法で用いられる記憶測度（measure）は，文章理解の間に構築された心的表象

がどのように長期記憶に貯蔵され，またそこから検索されるのかを示す。代表的な記憶法には，自由再生，手がかり再生，再認，検証などの手続がある。

自由再生（free recall）法はBartlett（1932）が文章理解を研究するために用いた最初の方法である。しかしながら，Bartlett自身が指摘したように，再生には他の情報に基づく構成過程が含まれるため，再生プロトコルの内容がすべて理解中に構築されたものであるとは限らないことが欠点である。

手がかり再生（cued recognition）法では，実験参加者は文章の一部を提示され，それに関連する文などを解答することが求められる。この課題は，情報が長期記憶にどのように統合されているか，あるいは各文を示すノード間のリンクがどの程度の強度で結合しているかを示すと考えられる。

再認（recognition）（「この文を以前に見ましたか」）と検証（verification）（「あなたが読んだ内容に照らして，この文は正しいですか」）は，それぞれ異なったレベルの記憶表象に関して，それらの相対的強度を評価するために用いられる。

2.2 オンライン法

オンライン法で用いられる測度には，処理負荷測度，活性化測度，情報内容測度，そして脳活動測度などがある（Zwaan & Singer, 2003）。

1）処理負荷測度　処理負荷測度（processing-load measure）は多くの注意または記憶の資源を必要とする処理は，より少ない資源ですむ処理よりも時間が長くかかる，という仮定に基づいている。処理時間を測定する方法としては，自己ペース読解課題，移動窓課題，眼球運動追跡法がある。

自己ペース読解課題（self-paced reading task）は文章理解研究で最も広く用いられている。この方法ではコンピュータのスクリーン上に節や文など，文章の一部が提示され，読み手はキーボードやマウスボタンを押すことによって，文章を読み進める。次の材料が提示されるまでの時間が読み時間として記録される。

移動窓課題（moving-window task）では自己ペース読解法よりも正確な測定が可能である。文章はスクリーンの全面に提示され，読み手がボタンまたはキーを押すと，単語はダッシュかスラッシュに変わって，次の単語が現れる。これは読み手が隠された文章を小さな窓を通して見るような方式で，単語ごとの読み時間が測定される。

眼球運動追跡法（eyetracking method）では，文章をスクリーン上に提示し，読み手の眼球運動を記録する。読みは眼球運動がページを横切る，なめらかな水平動作ではない。眼球は情報を取り入れるために停留し，それから次の単語にジャンプする。停留は凝視（fixations），ジャンプはサッケード（saccades）とよばれる。また，文中の先行する単語に戻ることがあり，これは後戻り（regressions）とよばれる。凝視時間の長さとともに，後戻りは処理の困難さを示す指標となる。

2）活性化測度　活性化測度は，読み手が理解しながら構築する心的表象の内容や構造を評価するために用いられる。活性化測度を得る最も一般的な方法は，語彙判断，呼称課題，プローブ再認の3つである。

まず古典的な語彙判断（lexical decision）課題（たとえば，Meyer & Schvaneveldt, 1971）では，2つの文字列を継時的に提示し，それらが単語であるどうかを判断させ

た。その判断時間は，単なる文字列や無関連な単語が先行する場合よりも，密接な関連をもつ単語が先行する場合に速くなる。これをプライミング効果といい，先行する刺激をプライムとよぶ。文章理解研究への応用では，文章中の単語をプライムとし，語彙判断時間から特定の概念の活性化の程度を推定する。

呼称（naming）課題では，実験参加者に単語を読み上げさせて，活性化の程度を推定する。呼称時間は語彙判断課題と同様に，プライミング効果により短縮されると仮定される。呼称課題の利点は語彙判断課題と比較した場合，単語か非単語かの判断成分を含まないことと，テスト項目の半数を非単語とする必要がないので少ない試行数ですむことである。

活性化測度の第3はプローブ再認である。実験参加者の課題は単語が1つ提示され，その時点までに読んだ文章中にそれが出現したかどうかを示すことである。詳しい解説は第7章1.2にあるので参照されたい。プローブ再認は，読み手の注意を文章の表層構造に集中させるが，状況モデルの処理レベルにも感度が良いことが示されている。

3）情報内容測度　情報内容測度は活性化測度よりもはるかに広範な情報を提供する。しかし，それらがオンライン理解の間に実際に進行している認知過程をどの程度正確に反映しているかが問題となる。情報内容測度としては，発話思考プロトコル，質問解答手続がある。

発話思考プロトコル（think-aloud protocol）は記憶やエキスパートの研究で広く用いられる。文章理解への応用では，実験参加者は1文または節を提示され，読んでいる文章の文脈においてそれをどのように理解したかを述べるよう求められる。発話思考法は探索的方法として用い，仮説検証法としては活性化測度と組み合わせて用いることが多い。

情報を引き出すもう1つの方法は質問解答手続（question-answering procedure）であり，実験参加者は文章の一部に関する特殊な質問に答える（たとえば，「なぜXは起こったのですか」）。Graesser & Clark（1985）はこの手続を使って，文章の特定の部分をオンラインで理解している間，情報がどこまで活性化されるかを明らかにした。内容測度は文章理解に対する有効な示唆をもたらすかもしれないが，実験参加者の側の方略的処理に影響を受ける可能性がある。このため，内容測度は処理負荷測度や活性化測度のようなオンライン過程を探るための方法とともに用いれば，探索的方法として最適となる。

4）脳活動測度　脳活動測度は最近の文章理解研究の発展に大いに寄与している。脳内の電位変化を示す事象関連電位（event-related potential; ERP）を測定する方法は，言語処理の研究では単語または文のレベルでかなりの間使用され，言語理解ととくに関連した電位変化のパターンが複数明らかになっている。ERPは反応時間法に比べていくつかの利点をもっているが，その1つは時間解像度である。すなわち，反応時間実験においてよりも短い潜時で効果を検出できる。ERPでは脳内における処理の場所を特定できるものの，その空間的解像度は脳機能画像法（brain-imaging method）に比べてやや低い。

陽電子断層撮影法（Positron-Emission Tomography; PET）や機能的磁気共鳴画像法（functional Magnetic Resonance Imaging; fMRI）などの脳画像法によって，脳内

における認知機能の場所を突き止めることができるようになった。これらの方法は文章理解の神経的基盤を明らかにするという意味で，大きな可能性をもっている。これらの神経科学的指標については，本書の第1章，第9章に詳しいので，参照されたい。

3 文章理解における記憶表象

　文章は現実のあるいは架空の世界における出来事に関する情報を提供するために書かれている。したがって，読み手の目標は文章に記述された状況を理解することにある。文章理解には，自身がもっている知識を利用し，文章によって提供された情報を符号化することが必要である。理解は最終的に記述された出来事の統合された心的表象が構築されることによって成立する。

　本節では，文章理解の代表的な理論的枠組として，Kintschの提起した構成－統合モデルを紹介する。このモデルによれば，文章理解処理の結果，複数レベルの表象が構成される。初めにモデルを概観し，続いて3種類の表象レベルを検証した実験を取り上げる。

3.1　構成－統合モデル

　我々が文章を読んだり，聴いたりするとき，どのような記憶表象が形成されるのであろうか。van Dijk & Kintsch（1983）は，理解の深さによって表層構造（surface structure），テキストベース（textbase），状況モデル（situation model）の3種類を区別した。表層構造は，文章の正確な言い回しを保存し，単語や句そのものがコード化される。テキストベースは，文章自体の意味を引き出す処理の産物である。これは命題（proposition）ネットワーク形式で各文の意味を表現し，正確な言い回しや統語構造は保存しない。状況モデルはその文章が記述している事象，行動，人物などの状況に関する認知的表象である。状況モデルにおいて，文章によって提供された情報は既有知識と統合され，長期記憶に永続する記憶痕跡が生み出される。

　図8-1は心臓病に関する2つの文と，それに対応するテキストベースおよび状況モデルを示す。テキストベースは3つの命題から構成されている。命題とは意味の最小単位で，単一の述部（predicate）と単一または複数のアーギュメント（argument）から成る。述部は動詞，形容詞，副詞，接続語などに対応する。アーギュメントは概念を示し，文中の名詞，名詞句，名詞節，または他の命題に対応する。述部は文の中心的意味を表すものとして，命題の冒頭に現在形で記述される。図8-1では，「もつ」「除去できない」「黒ずんだ」という3つの命題を含み，それらが「とき」「そのため」という関係で結合されるという構造が示されている。状況モデルはここでは図で示しているが，命題ネットワークとしても表現することができる。その内容は文章自体というよりは，循環系に関する読み手の知識に基づいていることがわかる。

　Kintschらは彼らの初期のモデル（Kintsch & van Dijk, 1978）において，ミクロ構造（microstructure）とマクロ構造（macrostructure）という2つのレベルの構造を区別した。ミクロ構造は文章の局所的構造であり，各文から抽出された命題が互いに関連づけられる。マクロ構造は階層的に組織化された命題セットであり，ミクロ構造に

文章：
　赤ん坊が中隔欠損症をもつとき，血液は肺を通して二酸化炭素を十分に除去ができない。そのため，血液は黒ずんで見える。

テキストベース：

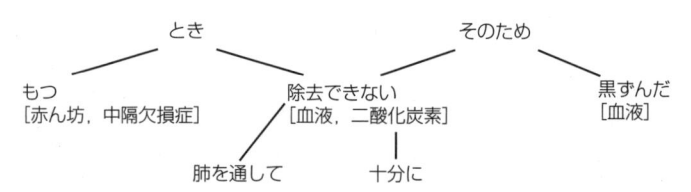

```
            とき                      そのため
          /    \                    /      \
       もつ    除去できない              黒ずんだ
     [赤ん坊,   [血液,                  [血液]
     中隔欠損症] 二酸化炭素]
              /    \
           肺を通して  十分に
```

状況モデル：

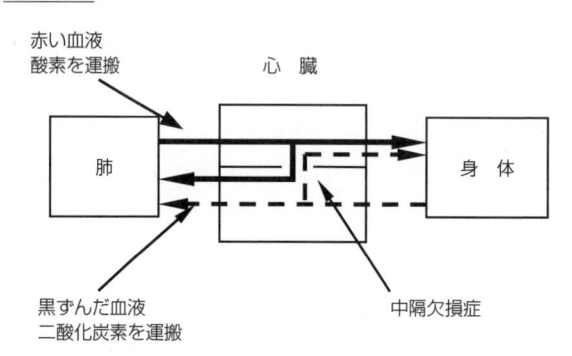

赤い血液
酸素を運搬
　　　　　　　　心　臓

　肺　　　　　　　　　　　　身　体

黒ずんだ血液　　　中隔欠損症
二酸化炭素を運搬

図 8-1　文章のテキストベースと状況モデル（Kintsch, 1994）
2つの文およびそのテキストベースと状況モデル

基づいた文章のグローバルな構造を表現する。その最も高次なレベルは文章全体の要約に対応する。

　構成 – 統合モデル（construction-integration model）（Kintsch, 1988, 1998）はKintschの初期のモデルの発展であり，理解過程における先行知識の役割を強調する。構成 – 統合モデルでは，理解過程は構成と統合という2段階で進行する。まず，第1の構成の段階では，文章のみならず統語論，意味論，世界知識から何の制約もなしに概念が活性化され，活性化概念ネットワークが生成される。第2の統合の段階では，活性化は制約充足（constraint satisfaction）というコネクショニスト原理に基づいて，活性化概念ネットワークを通じて伝わる。このとき，全体的文脈に一致する概念は相互に活性化を高めあうが，一致しない概念は活性化を失い，最終的には活性化パターンが定着する。

　これらの処理の結果，表象は複数のレベルで形成される。なお，Kintschの初期のモデルにおけるミクロ構造対マクロ構造の区別は，テキストベース対状況モデルの区別に対して直交的（orthogonal）であり，テキストベースにも状況モデルにも，それぞれにミクロ構造とマクロ構造とがある（Kintsch, 1998）。

3.2　表象レベルの実験的検証

　Fletcher & Chrysler（1990）は3つの表象レベルを実験的に分離することを試みた。実験参加者は図8-2に示したような文章を提示され，その中の1文（図中の下線部）

提示文章

ジョージは貴重な美術品を購入して，財産を見せびらかすことが好きである。彼は私の車と同じくらい高価なペルシャ製じゅうたんをもっているが，それが彼の持ち物の中では最も安い。先週，彼はフランス製の油絵を 12000 ドルで，インド製のネックレスを 13500 ドルで買った。ジョージが言うには，ネックレスはじゅうたんよりも高いことを知って，妻が怒った。彼のもっとも高価な「宝」は明朝の花瓶とギリシア製の彫像である。彫像は彼が今までに 50000 ドル以上支払った唯一の物である。その彫像のために，美しいペルシャ製じゅうたんの 5 倍以上もジョージが支払ったとは信じがたい。

テスト文
表層構造テスト：
　　ジョージが言うには，ネックレスは（じゅうたん / 敷物）よりも高いことを知って，妻が怒った。
テキストベース・テスト：
　　ジョージが言うには，ネックレスは（じゅうたん / 絵）よりも高いことを知って，妻が怒った。
状況モデル・テスト：
　　ジョージが言うには，ネックレスは（じゅうたん / 花瓶）よりも高いことを知って，妻が怒った。

状況モデル

じゅうたん　　絵　　ネックレス　　花瓶　　彫像
（敷物）

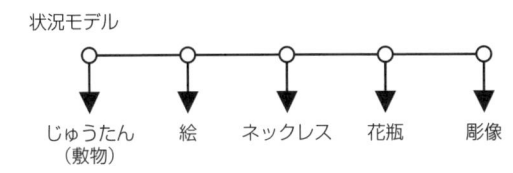

図 8-2　3 つの表象レベルに対する再認テスト（Fletcher & Chrysler, 1990）

に対する再認テストを受けた。ここで用いられた文章は，5 つの対象間の価格の順序を記述しており，その状況モデルは 1 次元的配列として表現できる。テスト文はそれぞれ異なったレベルの記憶表象を調べることができるよう構成された。たとえば，表層構造レベルテストでは，「じゅうたん」と「敷物」の意味は等しいので，表層構造のみに差がある。命題レベルテストでは，「じゅうたん」と「絵」とは意味が異なるため，命題レベルでも違いがある。しかし，文章で記述された対象間の価格の順序は変わらないため状況モデルは一致する。状況モデルテストでは，妨害項目の「花瓶」は原文の順序を変えてしまうので，状況モデルも一致せず，3 レベルすべてにおいて異なることになる。再認テストの結果，最も成績が悪いのは表層構造レベルでのみ異なる場合であり，最も成績が良いのは 3 レベルすべてにおいて異なる場合であった。表層構造と命題レベルの 2 レベルで異なる場合は中間の成績であった。したがって，実験参加者はレベルの異なる表象を区別できることに加え，各レベルにおける再認テストの成績に差があることが明らかになった。

　いっぽう，Kintsch らは再認テストを用いて，3 つの表象レベルの持続時間を検証した（Kintsch et al., 1990）。この実験では，読み手に「映画を見に行く」など，ステレオタイプな状況に関する短い文章を提示，直後から 4 日にわたる遅延の後，テスト文の再認を求めた。

　テスト文は表象レベルの異なる 5 種類が作成された。(a) 既出文：元の文章から抜き出した文で，表層構造，テキストベース，状況モデル上に表現されていると考えられる。(b) 言い換え（paraphrase）文：最小限の語順や単語を 1 つ原文から変えてある。テキストベース，状況モデル上では原文と一致するが，表層構造のみにおいて異

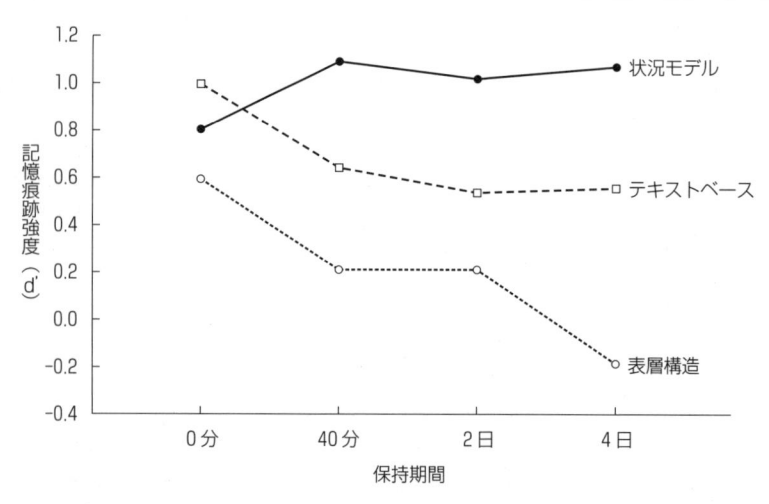

図8-3 表層構造，テキストベース，状況モデルの忘却曲線（Kintsch et al., 1990）

なる。(c) 推論（inference）文：文脈から容易に推論可能な文。原文の状況モデルに一致するが，テキストベースと表層構造では異なる。これらに加えて，新出文が2種類加えられた。(d) 文脈一致文：提示されなかったが，元の文章の文脈には一致する。(e) 文脈不一致文：元の文章の文脈に一致せず，提示もされていない文であり，再認テスト分析の基準値として用いられた。

　再認テストでは，実験参加者は提示されたテスト文が以前に見たものであれば「はい」，そうでなければ「いいえ」と答えるよう求められた。まず，文脈不一致文（e）に対する「はい」反応を「誤警報（false alarm）」として，各テスト文に対する「はい」反応の率をd'（信号検出理論に基づく記憶強度の測度）に変換した。つぎに，各d'値間の差を計算し，これをもとに各表象レベルの痕跡強度を推定した。表層構造の強度（どのよう記述されたか）は既出文（a）と言い換え文（b）との差，テキストベースの強度（文章中に記述されたかどうか）は言い換え文（b）と推論文（c）との差，状況モデルの強度（特定の状況的文脈内で真かどうか）は推論文（c）と文脈一致文（d）との差によって，それぞれ定義した。これらの結果を保持期間の関数として図8-3に表すと，表象の3レベルによって異なった忘却関数を描くことがわかる。表層構造の忘却は急速で，4日後には完全にゼロになる。これに対して，状況モデルは4日間を通じてほとんど忘却されず，テキストベースは両者の中間の傾向となった。

4　状況モデルの諸相

　前節で述べたように，読み手は文章理解の過程で表層構造，テキストベースのレベルでの表象とともに状況モデルを構築する。状況モデルはどのような特性をもち，またどのように構築されるのであろうか。状況モデルは多様な情報を含むが，文章理解の研究者らによって，少なくとも，時間（time），空間（space），因果関係（causation），意図（intentionality），行為主体（protagonist）の5つの次元が指摘されている（Zwaan & Radvansky, 1998）。本節では初めに空間的モデルを取り上げ，つぎにこれらの5次元を統合するイベント・インデックス・モデル（event-indexing model）

を取り上げる。最後に，状況モデルの構成において，命題表象よりも知覚的経験に由来した知覚的シンボルを強調する知覚的シンボル理論を紹介する。

4.1　空間的状況モデル

　空間的状況モデルは，空間に配置された場所，ランドマーク，対象，そして登場人物が移動するにつれての位置などに関する概略的なメンタルマップを含む。Morrow et al.（1987, 1989）はプライミングの手法を用い，主人公が次々と場所を移動するような文章を理解する際に，空間的モデルが読み手によってどのように更新されるかについて検証した。Morrowらの実験では，初めに実験参加者は架空の研究所の配置図を記銘した。建物には10室あり，各部屋には名前のついた4つの対象が置かれていた。その後，実験参加者は主人公が建物内の部屋から部屋へと移動する様子を記述した文章を読んだ。この実験により，主人公に近い対象は遠い対象よりも検索されやすく，その利用可能性は主人公と対象との間の距離によって決定されることが見出された。

　しかし，Morrowらのプライミング法では「対象Aと対象Bは同じ部屋にありますか」と問うプローブが挿入され，これが自然な読みを妨害するという欠点があった。そのため，Rinck & Bower（1995）は建物内の対象に対する前方照応的指示（anaphoric reference）を含むターゲット文の読み時間を測定する方法を用いて，さらに検証を進めた。図8-4は刺激として用いられた建物内の空間配置を示す。ここでの前方照応は「あの複写機（the copier）」や「図書館内のあの複写機（the copier in the library）」のように限定名詞句（a definite noun phase）内で特定の対象に言及することである。主人公の現在位置とは別の場所にある部屋の対象を指示するために，「〜について考える」という形式が採用された。すなわち，主人公が起点であるA室から，

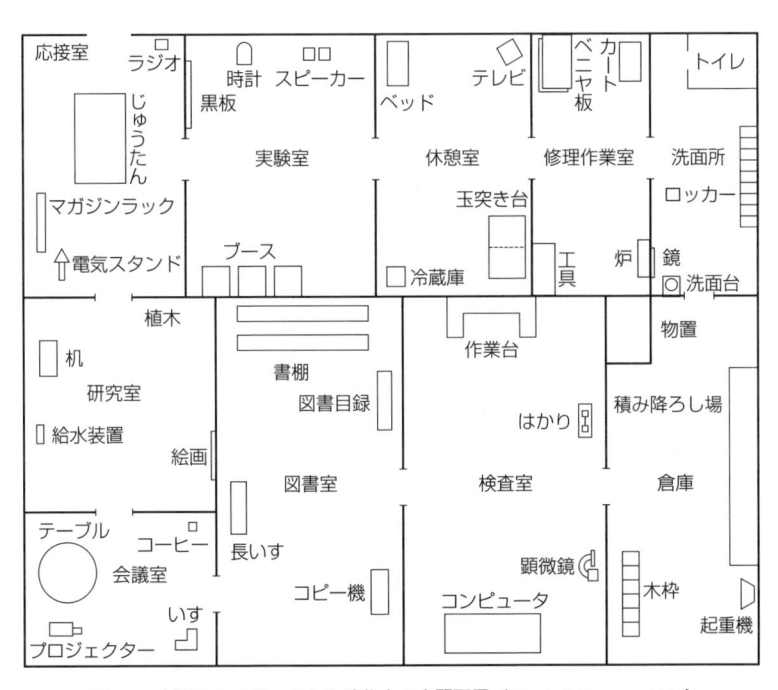

図 8-4　刺激として用いられた建物内の空間配置（Rinck & Bower, 1995）

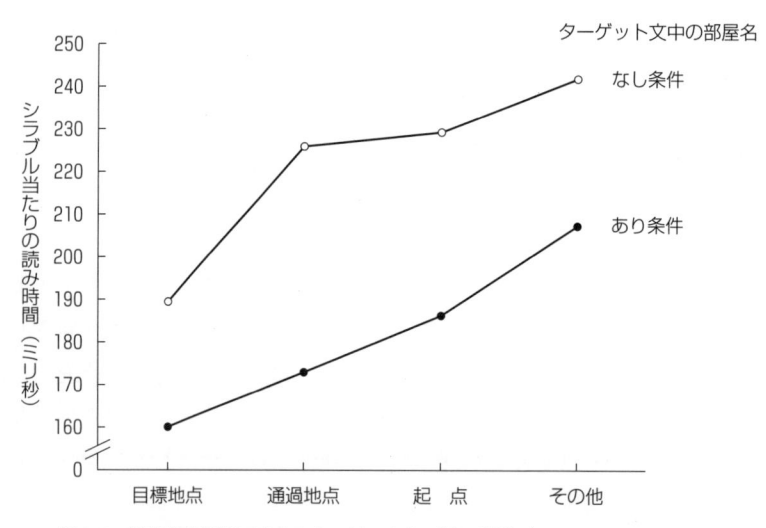

図8-5　前方照応的指示を含むターゲット文の読み時間（Rinck & Bower, 1995）

通過地点であるB室を通り，目標地点であるC室へと移動した後，「(主人公が)［ある場所にある］［ある対象］を片付けなければならないことを思い出した」というターゲット文が加えられた（例「ウイルバーは図書館のあの棚を片付けなければならないことを思い出した」）。

　Rinckらは次の実験条件を設定した。第1に，ターゲット文中の対象と主人公の現在位置との間の距離（介在する部屋数）を変化させた。第2に，ターゲット文中に対象が位置する部屋名が含まれるか否かを操作した。読み手には1文ずつ自己ペースで文章を読ませ，前方照応文の読み時間を測定した。図8-5は対象が位置する部屋名の有無条件別に，前方照応文の読み時間を示す。文の長さ（シラブル数）は部屋名のない条件が短くなるため，1シラブル当たりの読み時間がプロットしてある。図8-5からわかるように，対象の位置の効果がはっきりとみられ，読み時間が最も速かったのは，主人公が現在いる「目標地点」であり，続いて「通過地点」，「起点」，「その他」の順に距離が長くなるほど遅くなった。さらに，前方照応的対象を含む部屋への言及による促進効果がみられた。すなわち，部屋名が含まれることによって読み時間が速くなるのは，部屋名が前方照応的対象の表象に対する記憶検索を促進する手がかりとなっているためと考えらえる。

4.2　状況的次元の特性

　Zwaan & Langstone et al.（1995）は文章理解に関するイベント・インデクス・モデルを提唱した。イベントとは一般的に事件および行動の両者とみなされる。理解過程において，入力されるイベントはそれぞれ動詞によって表され，時間，空間，因果関係，意図，行為主体の5つの次元で分析される。イベント・インデクス・モデルはオンラインの理解過程と，結果として生じる読み手の長期記憶の2側面について予測する（Zwaan & Radvansky, 1998）。

　まず，オンラインの理解に関して，新規に入力されるイベントは，状況モデルの現在の状態と指標を共有していれば，より容易に現行の状況モデルに統合できると仮定

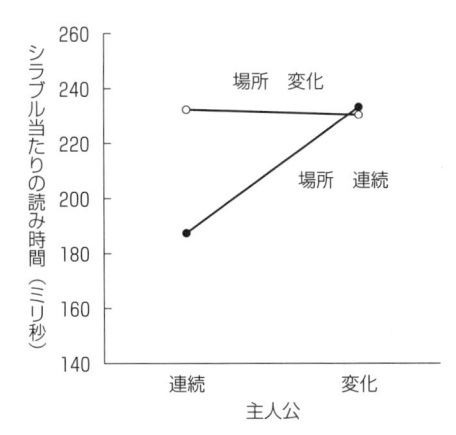

図8-6 主人公と場所次元の変化による読み時間への効果（Rinck & Weber, 2003）

する。したがって，読解中の処理負荷は現在処理中のイベントと状況モデルとの間で共有される状況的指標の数の関数として変化すると予測される。Zwaan & Magliano et al.（1995）はこの予測を一部立証した。彼らは重回帰分析を用いて時間および因果関係に不連続性があると，読み時間が増加することを見出した。つぎに長期記憶内に結果として生じる物語の表象に関して，状況モデルの表象は物語内に記述されたり，そこから推論されたイベントを符号化するノードのネットワークから形成されると仮定する。そこで，イベントを符号化するノード間の関連強度は，イベント間で共有される指標の数によって変化すると予測される。Zwaan & Langston et al.（1995）の実験はこの予測を初めて立証した。実験参加者が物語中の動詞対を関連ありと判断する確率は，2つの動詞によって表されたイベント間で共有される指標の数とともに直線的に増加したのである。

　イベント・インデックス・モデルでは，すべての状況的次元は独立であり，等価であると仮定する。しかし，5つの次元は特殊な形式で交互作用する可能性があり，ここにモデルの問題点がある。たとえば，Zwaan & Radvansky（1998）は次のような例をあげる。「誰かが裏庭で大きな音をたてていた。マイクは1時間前に去った」。この文は時間に関する情報を提供している。しかし，同時にこの文はマイクが大きな音を立てている人物ではないという因果的推論を可能にするので，因果関係の次元にも関与している。

　また，Rinck & Weber（2003）の実験も各次元が独立にモニターされるという見解を否定している。彼らは主人公，時間，空間の3次元における変化（連続性）のすべての組み合わせについて検討した。実験参加者に1文ずつ文章を提示し，各自のペースで読む時間を測定した結果，総じて変化する次元の数が多くなるにつれて，読み時間は増加した。1シラブル当たりの読み時間は次元に変化のない場合164ミリ秒，次元の変化が1つの場合220ミリ秒，2つの場合231ミリ秒，3つの場合248ミリ秒であった。これらの結果はモデルによる予測に一致し，連続した文間に次元上の不連続性があると処理負荷を増加させることを示す。しかしながら，イベント・インデックス・モデルに反して，主人公と空間的位置の間に交互作用が見出された。すなわち，

表 8-1　文例とテスト項目（Rapp & Taylor, 2004）

1. ジョーは期末レポートを一所懸命書いていた。
2. ジョーはしばらくの間，図書館で勉強していた。
3. 彼は少し空腹を感じ始めた。
4. 夕食に何か食べるものを買おうと決めた。
5. ジョーは荷物をまとめて出た。
6. 外で，彼は地面に小枝があるのを見つけた。
7. 彼は鞄から小さなポケットナイフを取り出した。
8. ジョーは歩きながら小枝を彫り始めた。
9a. 彼は小枝から小さなフルートを少しずつ彫った（長時間行動）。
9b. 彼は小枝の右にイニシャルを彫った（短時間行動）。
10. 彼は到着すると同時に，彫り終えた。
11. ハンバーガーとフレンチフライを調理する匂いで生唾が出た。
12. 彼はカウンターに行って，チーズサンドイッチを注文した。

位置テスト：図書館（出発点），食堂（到着点）

主人公と空間的位置がともに変化した場合は，主人公のみが変化した場合，または空間的位置のみが変化した場合に比べて，読み時間は長くなるはずである。しかし，実際には図 8-6 に示すように，両方が変化した場合の読み時間は 1 つの次元が変化した場合に比べて長くはならなかったのである。

空間および時間という 2 つの次元は相互作用を示し，文章の状況モデルの形成に影響を与えることを示したのは，Rapp & Taylor（2004）の実験である。

実験参加者は登場人物がある場所から別の場所に移動するという物語を読んだ。表 8-1 を参照されたい。この物語を読んだ後，読み手は図書館と食堂の間の相対的位置をどのように予測するであろうか。読み手は 2 地点間の移動している間のジョーの活動を考えながら，心的シミュレーションを行うだろう。もし，ジョーが移動している間に，文 9a のように長い時間のかかる行動をしているのならば，2 地点は空間的に離れていることを意味する。いっぽう，文 9b のように相対的に短い時間ですむ行動をしているのならば，地点間の空間的距離はそれほど大きくないと推測される。

この時間的情報が，読み手が形成する空間的状況モデルにどのように影響を与えるかを調べるため，物語を提示した後，実験参加者に文章中の 2 つの単語をテスト項目として再認を求めた。その結果，短時間の行動に比べて，長時間の行動の後では，出発地点をテスト項目として再認するのに時間が多くかかった。このように，行動の時間間隔は位置の空間的特性の手がかりとなり，これらの次元は読み手の状況モデルの形成において相互作用するといえる。

4.3　知覚的シンボル理論

これまで，多くの研究が文章理解の際に構築される状況モデルの特性について探究してきた。3.1 で述べたように Kintsch らは状況モデルが命題群で表現されるとしており，したがってそれらは非感覚的（amodal）シンボルシステムである。これに対して，状況モデルの構築には感覚的（modal）シンボルシステム，すなわち知識を表現する知覚的シンボルが含まれるという説が登場した。Barsalou（1999）は知識が知覚的経験から直接得られた知覚的シンボルという形式で表現されると主張した。文章理

解において，このような知覚的シンボルを用いれば，状況モデルの構築が促進されると予想される。

　読み手がどのように視覚的，空間的情報を表現するかを検討する研究では，Morrow らのように（4.1 を参照），日常的な 3 次元的空間に類似した視覚的表象を引き出すような文章を用い，これを提示する方法が用いられてきた。しかし，Zwaan et al.（2002）は空間的関係を記述していない文章理解においてでさえ，知覚的シンボルが活性化され，構築された状況モデルは知覚的経験に類似した知覚的特性をもつことを証明しようと試みた。次の文を考えてみよう。

　　森林警備隊員が空中にいる鷹を見た。
　　森林警備隊員が巣の中にいる鷹を見た。

これらの文は Kintsch によれば，それぞれ次の命題表現に変換される。

　　[[見た [森林警備隊員，鷹]]，[中に [鷹，空]]]
　　[[見た [森林警備隊員，鷹]]，[中に [鷹，巣]]]

このように，2 つの文の命題表現は場所を特定する名詞以外は共通である。しかしながら，鳥が空中にいる場合，通常翼を広げており，巣にいる場合は翼を折りたたんでいるので，鷹の形態的情報はまったく異なる。ここであげたような非形態的命題構造には，このような違いは表現されない。

　Zwaan et al.（2002）の実験で，実験参加者は特定の場所に存在する動物や物体を記述する文を読んだ。文中の物体や動物の形態は，上記の例のように場所によって変化するよう操作された。文を読んだ後，実験参加者は文中の対象の線画を提示され，対象が文中で言及されたかどうか判断するよう求められた。描かれた対象の形態には文によって暗示された形態に一致する条件と，一致しない条件とが設定された（図 8-7 参照）。

　知覚的シンボル理論の仮定によれば，言語理解の際に知覚的シンボルが活性化されるため，文中で暗示された対象の形態はその文の心的表象の一部に含まれるであろう。したがって，文中で暗示された対象の形態が絵の中の対象の形態に一致する場合に，反応は不一致の場合よりも速いであろう。これに対して，命題的表象のみが形成され

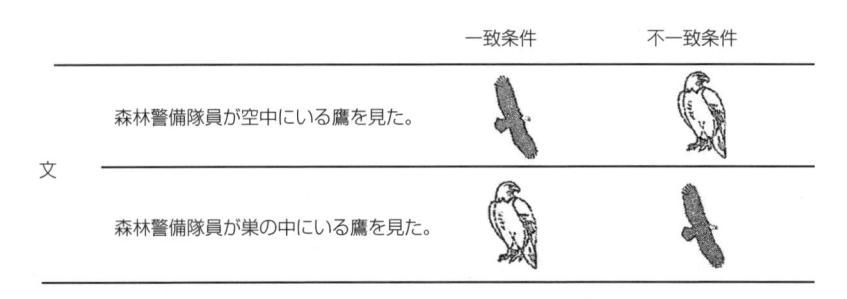

図 8-7　文と文中の対象の形態（Zwaan et al., 2002）

るとすれば，対象の形態は表現されないであろう。したがって，一致・不一致の操作は絵に対する反応時間には影響しないであろう。実験の結果，反応は暗示された形態と絵に描かれた形態とが一致する場合に有意に速くなり，知覚的シンボル理論が支持された。

知覚的シンボル理論は過去の諸理論の興味深い発展である。それは読み手が文章を理解しながら形成する状況モデルについて，詳細な説明を提供している。この理論が主張するように，命題表象は構成－統合モデルで仮定されているほど重要でない可能性もあるが，命題表象の存在を指摘する他の証拠をすべて退けることはできないといえよう。

5　物語理解と既有知識

文章理解において，読み手の長期記憶の中から適切な知識を活性化することが重要である。過去経験や外部環境に関して長期記憶中に構造化された知識の集合をスキーマ（schema）という。スキーマの概念は心理学において新しいものではなく，Bartlett（1932）の古典的研究によって物語の記憶再生の研究に導入された。Bartlettによれば，想起は単なる再現過程ではなく，再構成の過程である。彼は一連の実験において，イギリス人の大学生に「幽霊戦争」とよばれるインディアンの民話を読ませ，文化的背景の異なる物語をどのように再生するかを分析した。そこで，大学生の再生の誤りから，彼らのスキーマに一致するように原文が歪曲されることを発見した。すなわち，提示された物語をすでにもっているスキーマに適合させることが困難な場合，それを想起しないか，あるいは標準化して，既存のスキーマに一致するよう細部を変化させる傾向があった。

スキーマ的知識は物語理解の過程でどのように利用されるのだろうか。Bransford & Johnson（1972）は，物語を正しく理解するためには，適切なスキーマを活性化することが必要であるという仮説を検証した。彼らは文章が曖昧なため，関連するスキーマを決定するのが困難な材料を提示し，その理解と記憶について調べた。以下はその一部である。

『手順はほんとうに，とても単純である。まず，ものをいくつかの山に分ける。もちろん，仕事の量によっては，一山で十分かもしれない。もし，設備がないためにどこか他へ行かなければならないとすれば，それは次の段階であり，そうでなければ準備完了である。重要なのは多くの仕事をしすぎないことである。つまり，一度にすることは多すぎるより少なすぎる方がよい。短期的にはこれは重要と思えないかもしれないが，多くのことをやりすぎるための混乱は，まちがいなく起こる可能性がある。失敗によって費用もかかることになりかねない。』

この文章をタイトルなしに提示された実験参加者は，わかりやすさを低いと評定し，平均2.8個の概念単位を再生した。これに対し，文章を読む前に「衣類の洗濯」というタイトルを提示された実験参加者は，わかりやすいと評定値し，平均5.8個の概念

単位を再生した。このように，関連するスキーマを記憶中にもっているだけでは十分でなく，適切な時期にそれを活性化することが必要である。

「衣類の洗濯」の例は知識が活性化されないと理解が損なわれることを示したが，理解が可能であるにもかかわらず，適切な知識が活性化されない場合が存在する。G. Keillor（1987, pp. 220-221）から，次の一節を考えてみよう。

『ルーおじさんの物語では，家は1906年の冬の寒い日に焼き尽くされ，中にいた幼い子ども達は裸足で雪の中へ走った。寝室のベッドから父親に放り投げられた子どももいたが，皆無事だった。しかし，私はこの話を何十回も聴いたが，彼がそれを話すたびに，子ども達が皆逃げたと確信することができなかった。そして，これらの子ども達は成長して私の先祖になったのだから，私は彼らの生き残りに興味があった。』

Gerrig（1989）はこの状況を矛盾した不確実感（anomalous suspense）とよんだ。矛盾した不確実感は人々が確実な知識をもっており，何らの疑いをもちえない結果に関して，あやふや感を抱く場合に生じる。彼は実験室場面でこうした不確実感を検証するために，よく知られた歴史あるいは現代的事件に対して，真偽判断を求めた。たとえば，次のターゲット文の真偽は，ワシントンに関する既有知識を使えば容易に判断することができる。

『ジョージ・ワシントンは合衆国の初代大統領に選ばれた。』

Gerrigは半数の実験参加者に，次のような一節をターゲット文の前に提示した。

『ワシントンは新しい国を指導する人気の高い候補者であった。しかし，ワシントンは戦争後に引退したいと思っていた。将軍としての長い年月によって彼は疲労し，体は衰弱していた。ワシントンは指名を受けられないと書き送った。次に適任である候補者として，注目はジョン・アダムスに移った。』

文章には直接書かれていないが，よく知られた結果に反する内容が導入されていることに注目されたい。この一節を提示された群の実験参加者は，事実に一致する一節を提示された群に比べ，先のターゲット文の判断時間が長くなった。この結果は，読み手が物語に没頭すると，現実の知識を無視する傾向を示したためと考えられる。

Gerrigはこの不確実感を説明するために，独自性への期待（expectation of uniqueness）という概念を用いた。すなわち，我々の認知過程は個別の経験が独自のものであるという期待を含むと主張する。この期待に基づけば，読み手が繰り返し同じエピソードに没頭すると，長期記憶中にある適切な情報を探し出すことさえできなくなるものと考えられた。矛盾した不確実感の研究は，文章理解の逐次的処理において，利用される既有知識に一定の限界を指摘したものといえよう。

6　まとめと展望

　本章では，文章理解において形成される記憶表象に関して，構成−統合モデル，イベント・インデクス・モデル，および知覚的シンボル理論の3つのアプローチを取り上げてきた。

　Kintsch による構成−統合モデルは，文章からもたらされた情報と読み手がもっている知識とがどのように結合されるのかを詳細に説明している。また，3つの表象レベル（表層構造，命題，状況モデル）に関して実証的根拠を提供した。しかしながら，状況モデルの特性や，その構築過程については，明らかにしていない。この点は Zwaan & Radnsky（1998）のイベント・インデクス・モデルによってさらに発展させられている。

　イベント・インデクス・モデルは状況モデルの構築と更新の過程を明らかにし，読み手が5つのインデクスのいずれかに変化を検出すると反応時間が増加することを示した。イベント・インデクス・モデルはイベントの内的表象の特性について詳細に記述してはいないが，この点を補完するのが知覚的シンボル理論である。知覚的シンボル理論は，理解過程は文章中に記述された状況の知覚的シミュレーションを伴うと主張する。

　Zwaan（2004）は知覚的シンボル理論をさらに発展させ，言語理解の身体化理論（embodied theory）を提起している。彼の基本的前提によれば，言語は理解者が記述された状況についての経験（知覚および行為）のシミュレーションを行うために手がかりを提供する。この枠組みにおいて，理解者は没入的経験者（immersed experiencer）であり，理解とは状況の代理的経験であるとしている。このような概念化は，身体化された認知（embodied cognition）の見解に一致する（Zwaan & Rapp, 2006）。それによれば，認知は知覚と行為に基づいており，命題ネットワークや特徴リストのような抽象的，非感覚的，恣意的な心的表象にではなく，むしろ知覚的，感覚的表象によって規定される（Barsalou, 1999）。今後，身体化認知の見解は，具体的概念の使用と理解のみならず，抽象的概念の理解過程に関してどのように適用可能かを明らかにする研究が求められるだろう。

　本章で次に焦点を当てたのは，物語理解と既有知識との関連である。物語理解においてスキーマ的知識は期待として処理過程をガイドするとされてきたが，Rapp & Gerrig（2006）は読み手の好み（preference）が物語の未来の出来事に対する期待に影響を与えることを指摘した。彼らによれば，物語の結果に対する読み時間を測定したところ，先行する物語の文脈に一致しない場合と同様に，読み手の好みに一致しない場合でも遅くなった。前述のような矛盾した不確実感も一種の感情的反応といえる。物語理解において認知的反応のみならず，感情的反応をも加える試みが，今後も進展すると考えられる。

　本章では，理解過程において言語入力からどのように正確な表象が構築されるかについて考えきた。しかし Ferreira et al.（2002）は日常場面で形成される表象はもっと不完全であると主張した。たとえば，モーゼの錯覚（Moses illusion; Erickson &

Mattson, 1981）は，不正確な理解の例といえる。「モーゼは各種類の動物を何頭ずつ箱舟に乗せましたか」と問われると，箱舟に動物を乗せたのはノアであるにもかかわらず，多くの人は「2頭」と答えてしまう。このように読み手が構築しているのは，完全で詳細な表象ではなく，そのときの課題に求められる反応を生み出すことができるのに十分な，ほぼよい表象（good-enough representation）であるとされる。日常場面においては，文章理解の目標が有効なコミュニケーションに必要な反応を産出することにあるとすれば，実験室場面においてとは異なったモデルが今後進展するであろう。

引用文献

Barsalou, L. W. (1999). Perceptual symbol systems. *Behavioral and Brain Sciences*, 22, 577-660.
Bartlett, F. C. (1932). *Remembering: A study in experimental and social psychology*. Cambridge: Cambridge University Press.
Bransford, J. D., & Johnson, M. K. (1972). Contextual prerequisites for understanding: Some investigations of comprehension and recall. *Journal of Verbal Learning and Verbal Behavior*, 11, 717-726.
Erickson, T. A., & Mattson, M. E. (1981). From words to meaning: A semantic illusion. *Jornal of Verbal Learning and Verbal Behavior*, 20, 540-552.
Ferreira, F., Bailey, K. G. D., & Ferraro, V. (2002). Good-enough representations in language comprehension. *Current Directions in Psychological Science*, 11, 11-15.
Fletcher, C. R., & Chrysler, S. T. (1990). Surface forms, textbase, and situation models.: Recognition memory for three types of textual information. *Discourse Processes*, 13, 175-190.
Gerrig, R. J. (1989). Suspense in the absence of uncertainty. *Journal of Memory and Language*, 28, 633-648.
Graesser, A. C., & Clark, L. F. (1985). *The structures and procedures of implicit knowledge*. Norwood, NJ: Ablex.
Graesser, A. C., Millis, K. K., & Zwaan, R. A. (1997). Discourse comprehension. *Annual Review of Psychology*, 48, 163-189.
Keillor, G. (1987). *Leaving home*. New York: Viking Penguin.
Kintsch, W. (1988). The role of knowledge in discourse comprehension: A construction-integration model. *Psychological Review*, 95, 163-182.
Kintsch, W. (1994). Text comprehension, memory, and learning. *American Psychologist*, 49, 294-303.
Kintsch, W. (1998). *Comprehension: A paradigm for cognition*. Cambridge: Cambridge University Press.
Kintsch, W., & van Dijk, T. A. (1978). Toward a model of text comprehension and production. *Psychological Review*, 85, 363-394.
Kintsch, W., Welsch, D., Schmalhofer, F., & Zimny, S. (1990). Sentence memory: A theoretical analysis. *Journal of Memory and Language*, 29, 133-159.
Meyer, D. E., & Schvaneveldt, R. W. (1971). Facilitation in recognizing pairs of words: Evidence of a dependence between retrieval operations. *Journal of Experimental Psychology*, 90, 227-234.
Morrow, D. G., Bower, G. H., & Greenspan, S. L. (1989). Updating situation models during narrative comprehension. *Journal of Memory and Language*, 28, 292-312.
Morrow, D. G., Greenspan, S. L., & Bower, G. H. (1987). Accessibility and situation models in narrative comprehension. *Journal of Memory and Language*, 26, 165-187.
Rapp, D. N., & Gerrig, R. J. (2006). Predilections for narrative outcomes: The impact of story contexts and reader preferences. *Journal of Memory and Language*, 54, 54-67.
Rapp, D. N., & Taylor, H. A. (2004). Interactive dimensions in the construction of mental representations for text. *Journal of Experimental Psychology: Learning, Memory, and Cognition*, 30,

988-1001.

Rinck, M., & Bower, G. H. (1995). Anaphora resolution and the focus of attention in situation models. *Journal of Memory and Language*, **34**, 110-131.

Rinck, M., & Weber, U. (2003). Who when where: An experimental test of the event-indexing model. *Memory & Cognition*, **31**, 1284-1292.

van Dijk, T. A., & Kintsch, W. (1983). *Strategies of discourse comprehension*. New York: Academic Press.

Zwaan, R. A. (2004). The immersed experience: Toward an embodied theory of language comprehension. In B. H. Ross (Ed.), *The Psychology of Learning and Motivation*, **44**, New York: Academic Press. pp. 35-62.

Zwaan, R. A., Langston, M. C., & Graesser, A. C. (1995). The construction of situation models in narrative comprehension: An event-indexing model. *Psychological Science*, **6**, 292-297.

Zwaan, R. A., Magliano, J. P., & Graesser, A. C. (1995). Dimensions of situation model construction in narrative comprehension. *Journal of Experimental Psychology: Learning, Memory, and Cognition*, **21**, 386-397.

Zwaan, R. A., & Radvansky, G. A. (1998). Situation models in language comprehension and memory. *Psychological Bulletin*, **123**, 162-185.

Zwaan, R. A., & Rapp, D. N. (2006). Discourse comprehension. In M. A. Gersbacher & M. J. Traxler (Eds), *Handbook of Psycholoinguistics*. 2nd ed. San Diego: Elsevier. pp. 725-764.

Zwaan, R. A., & Singer, M. (2003). Text comprehension. In A. C. Graesser, M. A. Gernsbacher & S. R. Goldman (Eds.), *Handbook of discourse processes*. Mahwah, NJ: Lawrence Erlbaum Associates. pp. 83-121.

Zwaan, R. A., Stanfield, R. A., & Yaxley, R. H. (2002). Language comprehensionders mentally represent the shapes of objects. *Psychological Science*, **13**, 168-171.

第9章 文章理解の脳内メカニズム

小林　由紀

　言語が脳内でどのように処理されているかについては半世紀以上にわたって研究が行われており，今や脳機能測定から得られた知見は無視できるものではない。また，最近では脳機能測定自体が以前よりも身近なものになり，研究手段として用いる人も増えている。この章では前の章までに扱ったトピックが脳機能測定を用いてどのように研究されているかを概観していく。反応時間などの行動指標を用いた研究とは違った角度から文章処理の性質について考える手がかりとなるであろう。

1　脳機能測定のあらまし

　この章では，文章理解の研究において脳機能測定法がどのように用いられてきたか，脳機能測定によってどのような知見が得られたかを概観する。近年，脳機能測定を用いた研究は爆発的に増え，毎週のように多くの論文が世に出ている状況である。この本が出版される頃には，残念ながらこの章の内容も「新展開」とは言えなくなっているであろう。

　しかしながら，このように数多くの研究が発表されていても，文章理解が脳内でどのように行われているかについてはまだまだ十分にわかったとは言えない状況である。この章では，脳波（electroencephalogram: 以下"EEG"と表記）を指標として用いた文章理解についての研究を概観していく。現在までにどのようなことが明らかになったのか，何が明らかになっていないのか，また EEG を用いた研究では何に注意すべきなのかを検討していく。

　EEG を用いた研究を中心にして扱う理由は，他の手法を用いた研究に比べて歴史が古く，先行研究が非常に多いからである。また次の項でも詳述するが，他の手法に比べて測定が手軽であり，実施する機会がある人は多いからである。

1.1　脳機能測定の歴史

　18 世紀末に動物の脳神経から電気反応が観察されると，人間の脳の神経活動（EEG）を生体で記録する試みが行われた。その後 EEG 測定技術は著しく向上し，人間の脳内の神経活動を報告する研究が発表されるようになった（EEG 測定の歴史は

入戸野，2005などでわかりやすくまとめられている）。

　また，特定の課題を行っているときには，その課題遂行に関連する脳部位の血流量（血流内の酸素の消費量）が増えていることも解明されてきた。そこで，脳内の血流量の変化を測定する方法も開発されている。たとえば，現在最も使用されている手法の1つである機能的MRI（functional Magnetic Resonance Imaging：以下fMRIと表記）は1990年代初頭に実用化されている。MRI（核磁気共鳴画像法）は生体の内部を画像化する方法だが，fMRIでは血流内のヘモグロビンの変化を分析することで，脳のどの領域が使用されているかを検討することができる。fMRIが実用化されたのはEEGよりも30年くらい遅い。脳内の画像化が可能になったのはごく最近のことなのである。fMRIについてはStirling（1999：苧阪・苧阪訳，2005）に詳しい解説があるので，興味のある方はそちらを参照されたい。

　EEG測定法と他の脳機能測定法とを比較してみると，EEG測定法には次のような長所と短所がある。EEG測定法の最大の長所は，他の手法よりも歴史が古いために，測定手法や測定機器，解析方法などが洗練されていることである。また，時間分解能が非常に高く，脳の電位変化を1ミリ秒単位で記録することが可能であるので，脳内の神経活動の変化をミリ秒単位で検討することが可能である。しかしながら，EEG測定法は空間分解能があまりよくないため，脳内のどこで電位変化が生じているかを詳しく検討することが難しい。

　いっぽう，脳の血流量の変化を検討するようなfMRIでは数ミリの単位で脳活動が起きた部位を特定することができるが，時間分解能はEEG測定にはかなわない。EEG測定で得られたデータから電位変化が発生した部位を「推定する」方法はいくつか考案されているが正確な推定には限界があり，fMRIなどとの併用が望ましい。

1.2　脳機能測定の手法

　この項では，EEGの測定方法について概観していく。EEG測定の一般的な手法については，Handy（2004），Luck（2005），入戸野（2005）に詳しく説明されているので，そちらも参照されたい。ここでは，文章処理研究におけるEEG測定の留意点について解説する。

1）脳波と事象関連電位　　EEGとはヒトや動物の脳から生じる電気活動を，頭皮上から記録したものである。脳は生きている限り自発的な神経活動を続けている。脳が自発的・持続的に行っている電気活動のことを背景脳波（background EEG）という。背景脳波は，一定のリズム（周波数）で発生している。アルファ波，ベータ波という単語を聞いたことのある人も多いだろうが，それぞれ背景脳波の特定の周波数成分を表す。アルファ波は8～13Hz，ベータ波は14～30Hzの周波数のEEGである。

　これに対して，特定の刺激が呈示された場合に特定の脳の電気活動が生じることがわかっている。これを事象関連電位（event-related brain potential：以下"ERP"と表記）とよぶ。

　たとえば，「きれい」といった良い意味をもつ単語を，快い語調で読んだもの（一致条件）と不快な語調で読んだもの（不一致条件）とを実験参加者に聴覚呈示する。一致条件，不一致条件ともに，刺激呈示から200ms前後でERPが陰性方向に振れ，

300 ms 前後で陽性方向に振れている。前者が陰性波（negativity），後者が陽性波（positivity）である。また，一致条件，不一致条件のそれぞれで観察された ERP を比較すると，不一致条件は一致条件に比べて刺激呈示後約 400 ms 前後において陰性にシフトしている（図 9-1 参照）。この波形は N400 とよばれている（Schirmer & Kotz, 2003, Ishii et al., 2010）。

ERP は背景脳波よりも振幅が小さいので，1 試行だけで観察することは難しい。しかし，背景脳波は ERP と違って，基本的に特定の刺激によってタイミングが変化しない[1]ので，特定の刺激を複数回（数十回）繰り返し呈示し，そのときに得られた脳波データを刺激呈示時に揃えて加算平均すると，背景脳波だけが相殺され，検討すべき ERP を得ることができる。

すべての ERP の成分は，極性（陽性か陰性か），潜時（刺激出現からどれくらいの時間帯で生起するか），トポグラフィ（ERP の頭皮上分布。どの部分で大きな ERP が出現しているか）で区別される。それぞれの成分の名前は，極性，潜時によってつけられる。たとえば，N400 という成分は刺激呈示後 400 ms 前後の潜時で観察される陰性波で，P600 という成分は刺激呈示後 600 ms 前後の潜時で観察される陽性波である。ERP の波形を表示するときには縦軸の上方向を陰性とすることが多いが，最近は図中に極性を明記することによってどちらを上にしても認められるようになってきた。

文章処理では主に ERP を指標として研究が行われてきたが，最近では文章処理の際に生じる EEG の周波数解析もあわせて行われるようになってきた。しかしまだ研究数は多くないので，この章では ERP によって得られた知見を主に扱うことにする。

2）ERP の測定方法　ERP は，頭皮上に探査電極，脳の電気活動の影響を受けにくい場所（耳たぶや鼻尖など）に基準電極を装着し，EEG を記録するために頭皮上に配置した探査電極と基準電極との間の電位差を脳波計によって測定する。

探査電極は頭皮上のどこに置いてもいいわけではない。現在では，国際 10-20 法（図 9-2A 参照）に従って配置されることが多い。ERP の研究論文において，"Cz"，

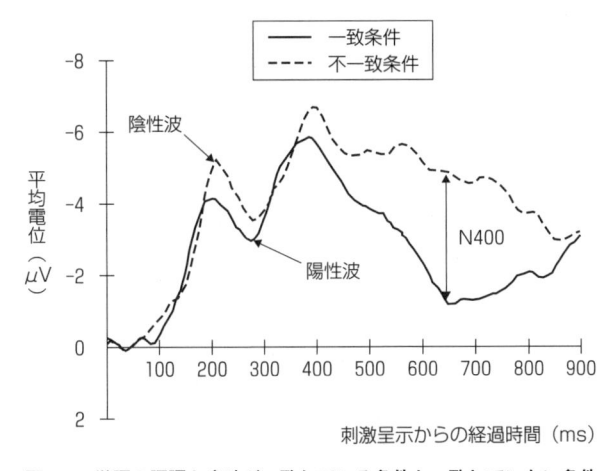

図 9-1　単語の語調と意味が一致している条件と一致していない条件とで Cz 電極で観察された ERP。刺激呈示後 400 ms 以降において，不一致条件の方が一致条件よりも電位が陰性になっている（Ishii et al., 2010 より改変）。

"P4"といった電極の名前が表記されているが，これらは必ず 10-20 法に従って配置されている。最近では脳波計の機能も向上し，10-20 法よりも多くの探査電極を用いる研究も可能になった。従来の 10-20 法を拡張したのが，拡張 10-20 法あるいは 10％法（図 9-2B 参照）である。

　適切な探査電極数は，測定の対象となっている ERP 成分の性質によって異なる。文章処理の研究の場合，測定の対象となっている ERP 成分の数が複数あり，トポグラフィによって ERP 成分を区別する必要があることが多いので，ある程度の数の電極を頭皮全体に装着する必要があるだろう。ただし，電極数が多ければ多いほどよいデータとなるとは限らず，電極数が多くなると装着に時間がかかり実験参加者に対する負担も増大するので，適切な電極数については関連する先行研究に従うか，予備実験で確認した方がよい。

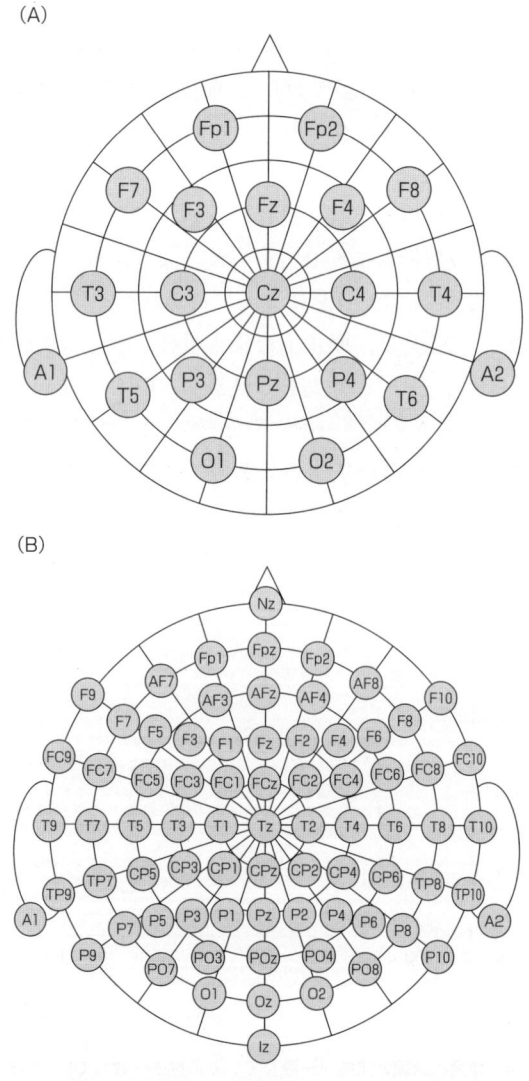

図 9-2　脳波測定における電極配置。（A）が国際 10-20 法，（B）が拡張 10-20 法（10％法）。A1，A2 は両耳朶に装着。

先程も説明したように，信頼できる ERP を得るためには，その ERP 成分を惹起すると考えられる刺激を何十試行も呈示する必要があるので，条件ごとにできるだけ多くの刺激を用意する必要がある。ただ，文章を刺激として呈示する実験の場合，試行数が多くなると実験時間が長くなる。とくに ERP の実験では，実験参加者は身体の動きがある程度制限された状態で課題を行うため，反応時間を指標とする行動実験に比べると疲労しやすい。

　ERP 実験は，通常の行動実験よりも実施やデータ分析に多大な労力がかかる。そのため，1 つの実験を無駄にしないためには，実験計画の立案と予備実験が非常に重要になってくる。実験計画の立案の段階で重要なことは，自分が検討したいテーマについての先行研究からターゲットとなる ERP 成分をある程度特定し，その ERP 成分が検出されやすいように工夫することである。最初のうちは刺激の呈示方法，試行数，電極数などは，関連する先行研究にならった方が安全である。予備実験では，試行数が適切か，実験時間が長すぎないかなどを確認する。

　また，得られた ERP データの分析方法はいくつか考案されているが（詳しくは Handy, 2004 など参照），文章処理の研究では，刺激呈示からの一定時間帯における平均電位を検討することが多い。分析対象とする時間帯の設定は，測定しようとしている ERP 成分によって異なる。たとえば LAN，N400 といった刺激呈示後 400 ms 前後に出現する波形であれば，300-500 ms，あるいは 300-600 ms といった時間帯を対象とすることが多い。また，測定に使用した電極は，すべて分析に使わなくてはならないということはない。正中（Fz，Cz など）にある電極だけ独立して分析することも多い。時間帯をどのように設定するか，またはどの電極を分析対象とするかは，最初は先行研究にならった方がよい。また，時間帯の設定や電極の分類などは，何通りか設定して試してみるべきである。

2　言語の脳科学

　この項では，事象関連電位を用いた研究の知見を主に紹介していく。前項でも述べた通り，事象関連電位を指標として用いた研究は非常に多く，特定の刺激に対してどのような波形が観察されるかも，ある程度明らかにされている。

2.1　言語処理において観察される主要な成分

　この節では，(E) LAN, N400, P600 の 3 つの成分について概観する。これらの成分は，現在のところ文章処理における基本的な成分であると考えられているからである。

1）(E) LAN ((Early) Left Anterior Negativity)　　ELAN は刺激呈示後 150～200 ms で左前頭部に限局して現れる陰性波であり，句構造規則違反（統語範疇の誤り）において観察される。図 9-3A のように，左前頭の電極において，句構造規則に違反している文の方が違反していない文よりも，波形が陰性にシフトしている。たとえば，"Max's of proof"（マックスの定理）といった単語列では，"of" が呈示された時点で ELAN が観察された。"Max's" という言葉の後には，"of" という前置詞句がくることは文法的にありえない。このように，ある単語が呈示された時点で，次に来

る単語の統語範疇が予測されており，それに違反するとELANが生起すると考えられている。単語呈示後150-200 msといった非常に速い時間帯で統語範疇が同定され，統語構造の構築が行われていることが示唆される。

　いっぽう，LANは，刺激呈示後300 ms-500 msの潜時で左前頭部中心に現れる陰性波である。形態統語的な違反の文で検出される（図9-3B参照）。たとえば，"Every Monday, he mow the lawn."といった文では，"mow"という単語が呈示された時点でLANが観察される。主語が"he"という三人称単数なので，述語となる動詞には"mows"と"-s"をつけなくてはならない。このような数の一致の違反などでLANは観察される。LANは次に紹介するN400と同じ陰性波であり，潜時も同じくらいであるが，分布が違うために異なる波形として区別されている。

2）N400　　刺激呈示後300〜500 msの潜時で，頭皮上中心部から頭頂部に現れる陰性波である（図9-1参照）。意味的逸脱，意味的予測性の低さの指標と考えられている。たとえば，次の2つの文を見てほしい。

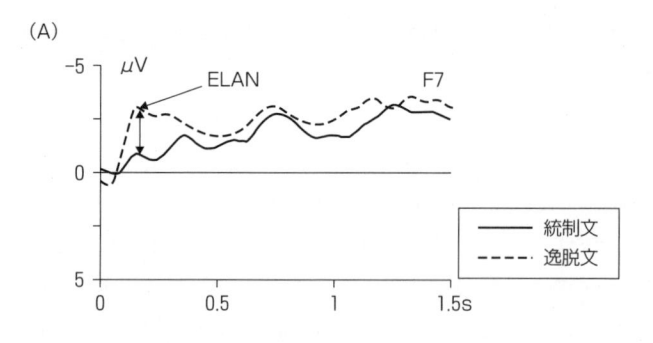

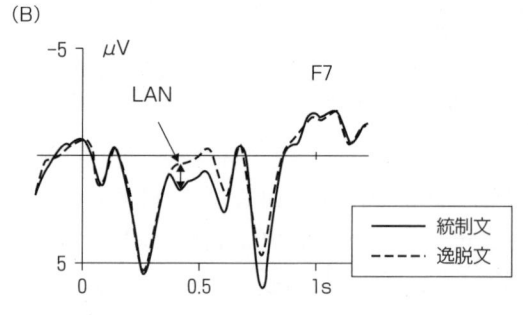

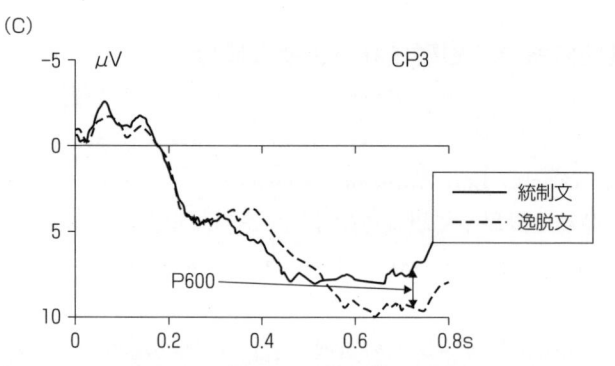

図9-3　(A) ELAN (Hahne & Friederici (2002) より改変)，(B) LAN (Friederici & Meyer (2004) より改変)，(C) P600 (小林ら，2007) の波形。右上の記号は，電極位置を表す。

（1）a. He spread the toast with butter.（彼はトーストにバターを塗った。）
　　　b. ＊He spread the toast with socks.（彼はトーストに靴下を塗った。）

　a. の文では意味的逸脱がないが，b. の文では最後の単語である"socks"で意味的な逸脱が起こっている。b. の"socks"で観察される波形と a. の"butter"で観察される波形を比較すると，b. の方では N400 が観察された（Kutas & Hillyard, 1980 など）。

　その後の研究で，実は N400 は意味的な逸脱がなくとも，すべての単語において生起していることが示されている。ただし，意味的な予測性が低い単語の方が N400 が大きくなる。そこで，最近は N400 は意味的逸脱の指標というよりも，意味的な予測性，意味的な統合の難しさの指標と考える方が妥当であるとされている。

3）P600　　刺激呈示後 500〜600 ms の潜時で，頭頂部から後頭部に現れる陽性波である（図 9-3C 参照）。この波形は，統語的に成り立たない文で観察されたことから，統語的逸脱の指標と考えられてきた。

　しかし，Osterhout & Holcomb（1992）は（2）のように文の読解途中で統語解析をやり直す必要がある文を実験参加者に呈示し，下線部の"was"においてどのような ERP が生起するかを検討した。

（2）The broker persuaded to sell the stock was sent to jail.（在庫を売るように説得した業者は牢に送られた。）

　この文を頭から読んでいくと，"persuaded"が述語であるという統語解析をいったん行うが，下線部の"was"においてその解析結果を破棄しなくてはならなくなる。このような文をガーデンパス文，文の解析をやり直す部分のことを脱曖昧化領域とよぶが，この脱曖昧化領域において P600 が出現することが示されている。

　また，Kaan et al.（2000）は，（3）のような，統語的再解析を必要とはしないが，統語的な統合が困難な文においても，下線部において P600 が観察されたことを報告している。

（3）Emily wondered who the performer in the concert had imitated for the audience's amusement.（エミリーは，コンサートの演奏者が観客の楽しみのために誰の真似をしたのかわからなかった。）

　これらの知見より，P600 は統語的な逸脱だけでなく，統合の困難さの指標ではないかと考えられる。統語的な統合が困難なほど，P600 が大きくなる。

2.2　単語処理の脳内メカニズム

1）意味的プライミング　　「医者」という単語を先行呈示した後で，「看護師」のように意味的に関連する単語，あるいは「イヌ」のように意味的に関連しない単語を呈示すると，意味的に関連する単語に対する反応時間が速くなることはよく知られてい

る。意味的プライミングとよばれているが，この意味的プライミングにおいても N400 が観察される。「医者」という単語を先行呈示した後で，「看護師」のように意味的に関連する単語，あるいは「イヌ」のように意味的に関連しない単語を呈示すると，意味的に関連しない単語の方が N400 が大きくなる。

多くの研究ではプライムとターゲットの意味的関連性が強いほど N400 が小さくなることが示されている（Randeau et al., 1998 など）。また，「椅子−ベッド」のように同じカテゴリに属している単語対よりも，「ウサギ−ニンジン」のように同じカテゴリにはないが連合がある対の方が N400 が小さくなる（Bouaffre & Faita-ainseba, 2007）。また，「白」の後で「黒」のような反対語を呈示した条件においても N400 が小さくなることがいくつかの研究で示されている（Roehm et al., 2007）。これらの知見は，意味的関連性の強さはカテゴリの同一性よりも，連合の強さの方に影響されるものであり，連合の強さとは，意味的に「似ている」だけではなく，「反対語に何をもつか」ということも含んでいることを示唆している。

Randeau et al. (1998) では，意味的プライミングの反復効果も検討している。意味的に関連するプライムとターゲットを 2 回ずつ呈示すると，1 回目よりも 2 回目の方がターゲットに対する N400 がより小さくなることが示されている。つまり，反復によって意味的プライミング効果が強まる。

意味的プライミングと N400 の関係についての発達的な研究もいくつか行われている。たとえば，24 ヶ月の乳児でも単語の意味的プライミングによって N400 らしき成分が観察されている（Torkildsen et al., 2007）。24 ヶ月齢は，語彙が急激に増加する，いわゆる「語彙爆発」が起こっている時期であるが，この時期にすでに乳児が単語の意味的関連性を理解していることがうかがえる。

興味深いことに，意味的プライミングの大きさが性別によって異なることがいくつかの研究で示されている（Daltrozzo et al., 2007 など）。これらの研究では，文または単語をプライム，単語をターゲットとする意味的プライミングにおいて，女性の方が男性よりも N400 の潜時が速くかつ振幅が大きくなった。反応時間では性差はまったくみられなかった。このように反応時間では検出されない処理システムの違いが，ERP では検出されることもある。

2）その他のプライミング　プライムとターゲットが同じ刺激である，反復プライミングによっても N400 の振幅が小さくなることが多くの研究で示されている。ターゲットがプライムと同一の刺激である条件と異なる条件とを比較すると，異なる条件の方がターゲットに対する N400 の振幅が大きくなる（Herzmann & Sommer, 2007 など）。人名を用いた反復プライミングにおいては，プライムとターゲットで刺激の文字のフォントを変えても N400 の大きさには影響を与えないことも示されている（Schweinberger et al., 2006）。つまり，単なる刺激の視覚的な同一性が N400 に影響しているわけではない。

また，呈示される 2 つの単語が韻を踏んでいるかを判断するような音韻的プライミングの課題においても N400 が観察されることがいくつかの研究で示されている（Khateb et al., 2007 など）。Dumay et al. (2001) では，単語あるいは疑似単語をターゲットとし，プライムとしてターゲットと韻を共有する，あるいは共有しない疑似単

語を呈示したところ，韻の共有性が高いほど N400 が小さくなること，その効果は単語の方が高いことが示された。

ただし，音韻的プライミングによって観察される N400 と意味的プライミングによって観察される N400 とでは，若干性質が異なることも複数の研究によって示されている。Randeau et al. (1998) では音韻的プライミングの反復効果を検討したが，意味的プライミングでは反復効果が見られたのに対し，音韻的プライミングではそのような傾向は見られなかった。

3）単語認知についての経験的事実と N400 との関係　多くの行動実験によって，プライミング現象以外の単語認知に影響する様々な要因が特定されている。たとえば，単語の特徴を多く有する非単語の方が，そうでない非単語よりも「非単語である」という判断に時間がかかることが知られている。これを疑似単語効果というが，実は非単語が呈示された場合でも N400 が出現する (Hill et al., 2002 など)。Carreiras et al. (2007) では，非単語を呈示した場合でも N400 が起こるが，単語らしさが高いものの方が N400 が大きくなることが示されている。つまり，疑似単語効果のような現象が ERP でも観察される。N400 は意味的予測性の指標として考えられているが，単に「予測していなかった刺激が出てくる」から起こるというわけではなく，単語らしい刺激に対して起こりやすいことがわかる。ただし，接頭辞（日本語における「新―」，「反―」など）をつけた疑似単語と接頭辞をつけた単語と比べると，前者では LAN と P600 が観察され，N400 は観察されなかった (Palmovic & Maricic, 2008)。LAN，P600 ともに統語的処理を反映する指標であり，接辞の処理においては統語的処理が働いているようである。

また，頻度効果といって出現頻度が高い単語の方が認知に要する反応時間が短くなることが知られているが，出現頻度が低い単語の方が N400 の振幅が大きくなる (Kutas & Federmeier, 2000)。

単語認知の研究では，同音異義語を用いて音韻の活性化と意味的活性化との関係を調べるという手法がよく用いられている。中国語のある単語と同音の単語をプライムとし，意味的に関連する単語をターゲットとして呈示すると，ターゲットの単語の処理が速くなる (Zhou & Marslen-Wilson, 1999)。N400 を指標とした用いた実験においても，プライムとターゲットとの間に直接的に意味的関連性がなくとも，プライムと同音の単語がターゲットと意味的関連があるときに N400 の振幅が小さくなる (Lee et al., 2006)。この知見から，同音異義語の音韻が活性化することによって，その複数の意味が活性化し，さらにその活性化した複数の意味に関連する単語も活性化することがわかる。単語認知の速度に影響する様々な要因は，N400 の大きさにも関係していることが言えるだろう。

4）単語のカテゴリと N400 との関係　呈示される単語のカテゴリによって N400 の振幅が変化することがある。「月」や「馬」のような自然物か「窓」や「電話」のような人工物の名前を呈示し，その刺激のカテゴリ判断を行わせたところ，人工物の方が N400 の振幅が大きくなっている (Paz-Caballero et al., 2006)。ただし，呈示される刺激が生物か非生物かで N400 の振幅は変わらないという知見もある (Sartori et al., 2005 など)。呈示される単語のカテゴリによって N400 の振幅が変化するかどう

かは，今後も検討しなくてはならない課題である。

2.3 文処理の脳内メカニズム

1）文の意味的処理　文レベルでも，意味的処理とN400との関係は検討されている。先にも述べたが，Kutas & Hillyard（1980）などでは文中の単語が意味的に逸脱している場合にN400が起こることが示されている。視覚呈示された文はもちろんのこと，聴覚呈示された文においても意味的逸脱に対してN400が生起する（van den Brink et al., 2006）。Astersano et al.（2004），Magne et al.（2007）では，実験参加者に意味的に逸脱した文に対して韻を踏んでいるかどうか判断を行わせた場合でもN400が観察されている。つまり，意味的逸脱の検出は，実験参加者が行う課題性質と関係なく自動的に行われていることが考えられる。また，意味的逸脱が起こっていなくとも，もっともらしさ（plausibility）や意味的予測性が低い文，ことわざ，慣用表現など比喩的な理解を必要とする文ではN400が生起することが示されている（Coulson & Van Petten, 2007 など）。

2）文の統語処理　統語処理については，先に述べた通り，LANとP600の2つの成分が発見されている。単数・複数といった数の一致の違反（Burkhardt et al., 2007），フランス語の名詞句と動詞句の性を表す接辞の一致の違反（Hoen et al., 2007）などでLANは観察される。また，先にも述べたが，ガーデンパス文，統語的に成立しない文においてはP600が観察される。

しかしながら，一見「統語的」な誤りにみえる文でもLANが観察されず，N400が観察されることがある。たとえば，酒井ら（2006）は，「雑誌　三冊」あるいは「夫婦　三錠」といった，名詞と数量詞の組み合わせを実験参加者に呈示したところ，数量詞の違反においては，LANではなく，N400が観察された。

また，Friederci & Frisch（2000）は，ドイツ語の動詞の項の違反時にどのようなERPが生起するかを検討した。他動詞の文には必ず目的語の項があるが，自動詞の文には目的語の項は絶対に含まれない。自動詞の文に目的語にあたる名詞句が入っているという違反文においては，N400とP600が観察された。

さらに，ドイツ語，日本語の格の違反においてもLANではなく，N400とP600が観察されている（Frisch & Schlesewsky, 2005 など）。小林ら（2007）は，（4）のような文を用いて，日本語の格違反処理の性質について検討した（＊は非文を表す）。すべての文は，最後の動詞句が呈示された時点で，第3句（下線部）の格が違反しているかどうかがわかる。b.とd.が格違反の文である。

（4）a. バスで　乗客が　スリに　すぐに　気づいた。
　　　b. ＊バスで　乗客が　スリを　すぐに　気づいた。
　　　c. 早朝に　母親が　娘を　そっと　起こした。
　　　d. ＊早朝に　母親が　娘に　そっと　起こした。

a.とb.，c.とd.の最後の動詞（太字部分）で観察されたERPを比較すると，b.とd.ではN400とP600が観察された。日本語の格違反においても，LANではなくN400

が生起した。

このように，数量詞，動詞の項の数の違反，格の違反など，一見「統語的」にみえる違反の文であっても LAN ではなく N400 が観察されることがある。「LAN＝統語的」，「N400＝意味的」という単純な分類はできないことが言えるだろう。

2.4 談話処理の脳内メカニズム

1）推論の脳内メカニズム　談話処理では必ず照応関係の処理が行われる。この照応関係の予測性が低い場合においても，N400 が生起することが複数の研究で示されている（Camblin et al., 2007 など）。たとえば Ditman et al.（2007）では，文脈として（5）のような文を呈示する。

（5）A stool is found in a bar. A couch is found in a dining room. A clock is found on a wall. At the bar, Henry sat on the SEAT.

（スツールはバーにある。寝椅子はダイニングルームにある。時計は壁にある。バーで，ヘンリーは「腰かけ」に座った。）

その後に，（6）のような文を呈示する。下線部がターゲットとなっている言葉である。下線部を読解する時の実験参加者の ERP を測定した。

（6）<u>The stool / couch /clock</u> was recently purchased.（そのスツール／寝椅子／時計は，最近売られてしまった。）

（5）の文章からわかることは，ヘンリーはバーにいて，そのバーにはスツールがあるが，なぜかヘンリーはスツールではなく腰かけに座っている。ヘンリーがいるバーにあった"stool"は前の文脈と適切な照応関係にあるが，ダイニングルームにあった"couch"は前の文脈と合わない。腰かけや寝椅子のように座るものではない"clock"は統制条件として設けられた。その結果，"couch"や"clock"では N400 が観察された。文脈に合わない照応関係によって N400 が生起することがわかる。

Nieuwland & Van Berkum（2006）では，"The peanut was in love.（そのピーナッツは恋をしている）" といった意味的逸脱がある文を単独で呈示した場合は N400 が観察されるが，適切な文脈を与えることで N400 が消えることが示されている。意味的処理が文や単語レベルではなく談話レベルで行われ，談話レベルの処理が優先されることがわかる。

いっぽう，Burkhardt（2006）は，次のような文を用いて橋渡し推論時の ERP を検討している（原文はドイツ語）。

（7）・文脈 A（橋渡し推論条件）：トビアスはベルリンでコンサートを訪ねた。
　　・文脈 B（同一名詞条件）：トビアスはベルリンで指揮者を訪ねた。
　　・文脈 C（新規条件）：トビアスはニナに話しかけた。

・ターゲット文：彼はその指揮者は非常に印象的だと述べた。

　文脈としてA，B，Cのいずれかの文を呈示し，その後にターゲット文を呈示した。ターゲット文の下線部におけるERPを比較したところ，A，BともにCよりもN400の振幅が小さくなった。さらに，AとCにおいては，後頭中心にP600も観察された。橋渡し推論時にもN400の振幅が小さくなるが，統語的な逸脱の指標であるP600も観察されるのがDitman et al.（2007）などとの違いである。

　ただし，先行する対象との照応が困難な状況においてN400が変化しないことを示した研究も存在する。先行する対象となっている単語とその対象を参照する単語が同一，あるいは言い換えした単語のときにはN400の振幅が小さくなるが，先行する対象を参照する単語の理解に精緻化推論を必要とするような場合にはN400の振幅が変化しない（Yang et al., 2007）。照応の推論によって必ずしもN400の振幅が小さくなるわけではなく，同一語の反復，橋渡し推論といった，比較的自動的な推論においてN400の振幅の変化はみられるのではないか。

　また，Dwivedi et al.（2006）では，仮定的な内容の文（「ジョンは小説を書くことを考えている。」）の後で，事実的な内容の文（「それは突然終わる。」）という文が後続する場合に，後続する文の動詞部分でどのような波形が観察されるかを検討した。当然ながら，仮定的な内容の文の後で事実的な内容の文を後続させた場合には，推論は不可能である。この場合，N400は観察されず，左前頭中心にP600が観察された。Kaan & Swaab（2003）においても，談話の統合においては前頭中心にP600が観察されている。統語的統合の指標である通常のP600とは分布が異なっているのが特徴である。

　P600は統語的統合，あるいは談話的統合といった，文処理において高次の過程の処理を反映している指標なのかもしれない。ただし，談話的統合についてはまだ研究が多くないので，今後も検討していく必要がある。

2）話し言葉の処理　　談話の処理は，当然ながら話し言葉においても行われる。Corley et al.（2007）は，"That drink's too hot; I have just burnt tongue / *nails."（あの飲み物は熱すぎる。舌／*爪をやけどしてしまった。）といった意味的な逸脱が存在しない文と存在する文を実験参加者に聴覚呈示した。この時，最後の"tongue"または"nails"の前に"er"という，言いよどみを表すフィラーを呈示する条件とそうでない条件を設けた。その結果，フィラーがない条件では意味的逸脱文において有意なN400が観察されたが，フィラーがある条件では観察されなかった。すなわち言いよどみによって意味的予測がいったん中断されるために，N400の振幅が小さくなったのではないかと考えられる。文を聴覚呈示した場合に，文末の単語の意味的予測性が低い場合にはN400が生起するが，文末の単語が咳などで明確に聞こえなくとも，N400の振幅に影響しないことがわかっている（Sivonen et al., 2006）。

3）発話時の「文脈」の処理　　ここまでは，複数の文からなる談話の処理におけるERPを検討してきたが，実験参加者の気分，あるいは発話者自身の性質といった，広い意味での「文脈」とのミスマッチによってN400が観察されることがいくつかの研究で報告されている。たとえば，Hagoort & Van Berkum（2007）は，"Every evening I drink some wine before I go to sleep."（毎晩私は寝る前にワインを飲む。）という文

を大人あるいは子どもが発話するのを実験参加者に聞かせ，"wine" の部分での ERP を比較したところ，子どもが発話した条件において N400 の振幅が大きくなった。聞き手は，発話者の性質から発話内容についての何らかの予測を行っていることが示唆される。また，Kiefer et al.（2007）では，あらかじめ実験参加者に対して気分誘導を行った後で，感情語のリストを学習させた。その結果，誘導された気分と感情語の性質が合わない場合に N400 が生起した。

このように，発話されている文章の内容だけでなく，発話する人物の情報やそのときの気分といった，大きな「文脈」も発話内容の処理に影響を及ぼしている。「文脈」とのミスマッチによって N400 の振幅が変化する，あるいは N400 が生起するということは，「文脈」と発話内容の整合性の処理は，ある程度自動的に行われていると考えられる。

3　まとめと展望

2において，文章処理の脳内メカニズムについて概観してきた。最初に述べたように，文章処理が脳内でどのように行われているかについては，十分にわかったとはいえない。最後に Open Question と「お願い」を呈示してこの章を終えることにしたい。

3.1　「統語的違反」とは何か

最初に LAN は形態統語的違反，N400 は意味的逸脱，意味的予測性の指標と説明した。しかしながら，いくつかの研究によって N400 が格違反や項の違反といった「統語的」にみえる違反によって起こることが示されている。

格，数，性の違反は，すべて言語学的には「一致」の規則の違反である。一致とは，文や句のそれぞれの構成要素間に文法関係が成り立つときに，その文法関係に応じて単語の形態が変化することである。しかしながら，LAN が観察されることが示されている数や性の一致といった違反と N400 が観察される格違反，項の違反は性質が異なるのかもしれない。違反の問題については，今後も検討を続ける必要があるだろう。

3.2　P600 は何を表すのか

最初に述べたように，P600 は統語的統合の困難さの指標と考えられてきたが，前項で述べた通り，談話的統合，とくに橋渡し推論時においても P600 が観察されることがいくつかの研究で示されている。P600 が単なる統語的統合だけでなく，談話的統合の困難さも表す指標であると考えられる。統語的統合の P600 と談話的統合の P600 は，分布が異なることもあるので，同じものであるかどうかはわからないが，少なくとも P600 は文の表象を最後に「まとめあげる」過程における困難さを表している可能性はある。

さらに最近では "semantic P600（意味的 P600）" という現象も報告されている。たとえば，Kim & Osterhout（2005）は，（8）の a のように主語となる名詞が，「意味的に」動詞句の動作主となりえないような違反文において，どのような波形が観察されるかを検討した。

（8） a. ＊The hearty meal was <u>devouring</u> the kids.（＊心のこもった食事は，子供たちをむさぼり食っていた。）

b. The hungry boy was <u>devouring</u> the cookies.（空腹の少年は，クッキーをむさぼり食っていた。）

a. と b. の下線部における ERP を比較したところ，a. においては N400 ではなく P600 が観察された。一見，統語というよりも意味的逸脱に近い違反でも P600 が観察されることがいくつかの研究で報告されている。P600 は，当初考えられていたよりもずっと幅広い意味での「文の表象の統合過程」を表しているといえるだろう。

3.3 文章理解における予測性

N400 は，単語の意味的プライミングから，ことわざ，慣用表現，そして談話における推論，その時の聞き手の気分まで，様々なレベルでの「文脈」との不一致によって生じることが明らかになっている。

私たちは，文章を読んだり聞いたりするときに，当然だが，後に続く内容をある程度予測している。その予測は単語の意味レベルだけで起こるわけではなく，読み手・聞き手のもつ世界知識はもちろんのこと，前に書かれていた，あるいは話されていた内容，さらには読み手・聞き手の感情，話し手・書き手の情報までも動員しているようである。

Hagoort et al.（2004）は，世界知識に対する違反（例：「オランダの電車は白い」）と意味的違反（例：「オランダの電車はすっぱい」）とで N400 の性質が異なるかどうかを検討した。その結果，両者で観察された N400 の大きさは同じであったが，EEG の周波数が異なっていたことがわかった。世界知識に対する違反と意味的違反とでは，処理の性質が異なるのかもしれない。

このように，ERP 波形としてはまったく同じに見えても，違反の性質によって周波数が異なる可能性がある。今後は波形だけを検討するのではなく周波数解析もあわせて行う必要があるかもしれない。

3.4 「日本語」研究に参加しよう

従来の ERP 研究は，主に英語・ドイツ語が中心であったが，最近は日本語を刺激として用いた研究も増えてきている。日本語は英語と比べて，比較的語順が自由である，述語となる動詞句が最後にくる，などの特徴があり，その特徴を生かした研究は，他の国の研究者からも注目されるようになってきた。

とはいえ，日本語処理の ERP 研究はまだ少なく，検討すべき現象はたくさんあるというのが現状である。この章を読んできたあなたにも，ぜひこれから日本語を用いた研究に参加してほしい。

引用文献

Astesano, C., Besson, M., & Alter, K. (2004). Brain potentials during semantic and prosodic processing in French. *Cognitive Brain Research*, 18, 172-184.

Bouaffre, S., & Faita-Ainseba, F. (2007). Hemispheric differences in the time-course of semantic priming processes: Evidence from event-related potentials (ERPs). *Brain and Cognition*, 63, 23-135.

Burkhardt, P. (2006). Inferential bridging relations reveal distinct neural mechanisms: Evidence from event-related brain potentials. *Brain and language*, 98, 159-168.

Burkhardt, P., Fanselow, G., & Schlesewsky, M. (2007). Effects of (in)transitivity on structure building and agreement. *Brain Research*, 1163, 100-110.

Camblin, C. C., Ledoux, K., Boudewyn, M., Gordon, P. C., & Swaab, T. Y. (2007). Processing new and repeated names: Effects of coreference on repetition priming with speech and fast RSVP. *Brain Research*, 1146, 172-184.

Carreiras, M., Vergara, M., & Perea, M. (2007). ERP correlates of transposed-letter similarity effects: Are consonants processed differently from vowels? *Neuroscience Letters*, 419, 219-224.

Corley, M., MacGregor, L. J., & Donaldson, D. I. (2007). It's the way that you, er, say it: Hesitations in speech affect language comprehension. *Cognition*, 105, 658-668.

Coulson, S., & Van Petten, C. (2007). A special role for the right hemisphere in metaphor comprehension? ERP evidence from hemifield presentation. *Brain Research*, 1146, 128-145.

Daltrozzo, J., Wioland N., Kotchoubey, B. (2007). Sex differences in two event-related potentials components related to semantic priming, *Archives of Sexual Behavior*, 36(4), 555-558.

Ditman, T., Holcomb, P. J., & Kuperberg, G. R. (2007). The contributions of lexico-semantic and discourse information to the resolution of ambiguous categorical anaphors. *Language and Cognitive Processes*, 22, 793-827.

Dumay, N., Benraiss, A., Barriol, B., Collin, C., Radeau, M., & Besson, M. (2001). Behavioral and electrophysiological study of phonological priming between bisyllabic spoken words. *Journal of Cognitive Neuroscience*, 13, 121-143.

Dwivedi, V. D., Phillips, N. A., Lague-Beauvais, M., & Baum, S. R. (2006). An electrophysiological study of mood, modal context, and anaphora. *Brain Research*, 1117, 135-153.

Friederici, A. D. (2002). Towards a neural basis of auditory sentence processing. *TRENDS in Cognitive Sciences*, 6, 78-84.

Friederici, A. D., & Frisch, S. (2000). Verb argument structure processing: The role of verb-specific and argument-specific information. *Journal of Memory and Language*, 43, 476-507.

Friederici, A. D., & Meyer, M. (2004). The brain knows the difference: Two types of grammatical violations. *Brain Research*, 1000, 72-77.

Frisch, S., & Schlesewsky, M. (2005). The resolution of case conflicts from a neurophysiological perspective. *Cognitive Brain Research*, 25, 484-498.

Hagoot, P., Hald, L., Bastiaansen, M., & Petersson, K. M. (2004). Integration of word meaning and world knowledge in language comprehension. *Science*, 304, 438-441.

Hagoort, P., & Van Berkum, J. (2007). Beyond the sentence given. *Philosophical Transactions of the Royal Society B*, 362, 801-811.

Hahne, A., & Friederici, A. D. (2002). Differential task effects on semantic processes as revealed by ERPs *Cognitive Brain Science*, 13, 339-356.

Handy, T. C. (2004). *Event-Related Potentials: A Methods Handbook*. Bradford Books.

Herzmann, G., & Sommer, W. (2007). Memory-related ERP components for experimentally learned faces and names: Characteristics and parallel-test reliabilities. *Psychophysiology*, 44, 262-276.

Hill, H., Strube, M., Roesch-Ely, D., & Weisbrod, M. (2002). Automatic vs. controlled processes in semantic priming-differentiation by event related potentials. *International Journal of Psychophysiology*, 44, 197-218.

Hoen, M., Deprez, V., & Dominey, P. F. (2007). Do you agree? Electrophysiological characterization of online agreement checking during the comprehension of correct French passive sentences. *Journal of Neurolinguistics*, 20, 395-421.

Ishii, K., Kobayashi, Y., & Kitayama, S. (2010). Interdependence modulates the brain response to word-voice incongruity. *Social Cognitive and Affective Neuroscience*, **5**, 307-317.

Kaan, E., Harris, A., Gibson, E., & Holcomb, P. (2003). The P600 as an index of syntactic integration difficulty, *Language and Cognitive Processes*, **15**, 159-201.

Kaan. E., & Swaab, T. Y. (2003). Repair, revision. And complexity in syntactic analysis: An electrophysiological differentiation. *Journal of Cognitive Neuroscience*, **15**, 98-110.

Kiefer, M., Schuch, S., Schenck, W., & Fiedler, K. (2007). Mood states modulate activity in semantic brain areas during emotional word encoding. *Cerebral Cortex*, **17**, 1516-1530.

Kim, A., & Osterhout, L. (2005). The independence of combinatory semantic processing: Evidence from event-related potentials. *Journal of Memory and Language*, **52**, 205-225.

Khateb, A., Pegna, A. J., Landis, T., Michel, C. M., Brunet, D., Seghier, M. L., & Annoni, J. M. (2007). Rhyme processing in the brain: An ERP mapping study. *International Journal of Psychophysiology*, **63**, 240-250.

小林由紀・金丸一郎・杉岡洋子・伊藤たかね（2007）．日本語格違反の処理に関わる事象関連電位研究．信学技報 TL2007-17, 45-50.

Kutas, M., & Federimeirer, K. D. (2000). Electrophysiology reveals semantic memory use in language comprehension. *Trends in Cognitive Sciences*, **4**, 463-470.

Kutas, M., & Hillyard, S. A. (1980). Reading senseless sentences: brain potentials reflect semantic incongruity. *Science*, **207**, 203-205.

Lee, C.-Y., Tsai, J.-L., Huang, H.-W., Hung, D. L., & Tzeng, O. J. L. (2006). The temporal signatures of semantic and phonological activations for Chinese sublexical processing: An event-related potential study. *Brain Research*, **1121**, 150-159.

Luck, S. J. (2005). *Introduction to the Event-related Potential Technique*. Cambridge, MA: MIT Press.

Magne, C., Astesano, C., Aramaki, M., Ystad, S., Kronland-Martinet, R., & Besson, M. (2007). Influence of syllabic lengthening on semantic processing in spoken French: Behavioral and electrophysiological evidence. *Cerebral Cortex*, **17**, 2659-2668.

Makeig, S., Debener, S., Onton, J., & Delorme, A. (2004). Mining event-related brain dynamics. *Trends in Cognitive Sciences*, **8**, 204-210.

Niewland, M. S., & Van Berkum, J. J. A. (2006). When peanuts fall in love: N400 evidence for the power of discourse. *Journal of Cognitive Neuroscience*, **18**, 1098-1111.

入戸野宏（2005）．心理学のための事象関連電位ガイドブック　北大路書房．

Osterhout, L., & Holcomb, P. J. (1992). Event-related brain potentials elicited by syntactic anomaly. *Journal of Memory and Language*, **31**, 785-806.

Palmovic, M., & Maricic, A. (2008). Mental lexicon and derivational rules. *Collegium Antropologicum*, Suppl. **1**, 177-188.

Paz-Caballero, D., Cuetos, F., & Dobarro, A. (2006). Electrophysiological evidence for a natural / artifactual dissociation. *Brain Research*, **1067**, 189-200.

Randeau, M., Besson, M., Fonteneau, E., & Castro, S. L. (1998). Semantic, repetition and rime priming between spoken words: Behavioral and electrophysiological evidence. *Biological Psychology*, **48**, 183-204.

Roehm, D., Bornkessel-Schlesewsky, I., Rosler, F., & Schlesewsky, M. (2007). To predict or not to predict: Influences of task and strategy on the processing of semantic relations. *Journal of Cognitive Neuroscience*, **19**, 1259-1274.

酒井由美・岩田一樹・ホルヘリエラ・万　小紅・横山　悟・下田由輝・川島隆太・吉本　啓・小泉政利（2006）．事象関連電位で見る名詞と助数詞の照合プロセス―意味的処理か文法的処理か―認知科学, **13**, 443-454.

Sartori, G., Polezzi, D., Mameli, F., & Lombardi, L. (2005). Feature type effects in semantic memory: An event related potentials study. *Neuroscience Letters*, **390**, 139-144.

Schirmer, A., & Korz, S. A. (2003) ERP evidence for a gender specific stroop effect in emotional speech. *Journal of Cognitive Neuroscience*, **15**, 1135-1148.

Schweinberger, S. R., Ramsay, A. L., & Kaufmann, J. M. (2006). Hemispheric asymmetries in fontspecific and abstractive priming of written personal names: Evidence from event-related brain potentials. *Brain Research*, **1117**, 195-205.

Sivonen, P., Maess, B., Lattner, S., & Friederici, A. D. (2006). Phonemic restoration in a sentence context: Evidence from early and late ERP effects. *Brain Research*, **1121**, 177-189.

Stirling, J. (1999). *Cortical Functions: for Routledge Modular Series*.
（スターリング, J.［著］／苧阪直行・苧阪満里子［訳］(2005). 大脳皮質と心―認知神経科学入門（心理学エレメンタルズ）新曜社.）

Torkildsen, J. V. K., Syversen, G., Simonsen, H. G., Moen, I., & Lindgren, M. (2007). Electrophysiological correlates of auditory semantic priming in 24-month-olds. *Journal of Neurolinguistics*, **20**, 332-351.

van den Brink, D., Brown, C. M., & Hagoort, P. (2006). The cascaded nature of lexical selection and integration in auditory sentence processing. *Journal of Experimental Psychology: Learning, Memory, and Cognition*, **32**, 364-372.

Yang, C. L., Perfetti, C. A., & Schmalhofer, F. (2007). Event-related potential indicators of text integration across sentence boundaries. *Journal of Experimental Psychology: Learning, Memory, and Cognition*, **33**, 55-89.

Zhou, X., & Marslen-Wilson, W., (1999). The nature of sublexical processing in reading Chinese characters. *Journal of Experimental Psychology: Learning, Memory, and Cognition*, **25**, 819-837.

注
1) Makeig et al. (2004) によって，刺激呈示によって背景脳波のタイミングが変わることがあることが示されている。そこで，得られた ERP らしき波形が本当に刺激によって生じたものであるのか，背景脳波であるのかを区別する方法も考案されている。

事項索引

A
a lost item →忘却項目 73
Activation Model →活性化モデル 39
activation/monitoring theory →活性化／モニタリング理論 98
agained item →回復項目 72
anaphor →照応詞 118
anaphora →照応 115

B
background EEG →背景脳波 154
bridging inference →橋渡し推論 115

C
code →コード 23
content word →内容語 27

D
delusions of theft →もの盗られ妄想 100
divide and conquer →分割統治 63

E
(E) LAN:(Early) Left Anterior Negativity 157
encode →符号化 23
ERP: Event-related potentials →事象関連電位 17
event-related brain potential: ERP →事象関連電位 154

F
featural script →フィーチュラル・スクリプト 26
forgetting →テスト間忘却 72
function word →機能語 27
functional Magnetic Resonance Imaging: fMRI →機能的磁気共鳴画像 16, 32, 138, 154

H
host selling →ホストセリング 103
hypermnesia →記憶高進 72

I
iconic memory →アイコニック・メモリ 24
ideogram →表意文字 26
Improvement 75

L
letter-matching task →文字マッチング課題 24
lexical decision task →語彙判断課題 38
lexical representation →語彙表象 38
logogram →表語文字 26

M
magnetoencephalogram: MEG →脳磁界 32
McGurk effect →マガーク効果 5
ME: Mixture of expert 63
mental lexicon →心的辞書 38
misinformation effect →誤情報効果 96
morphogram →形態素文字 26

N
N400 158

O
orthography →書記素 58
output monitoring →アウトプットモニタリング 92

P
P600 159
parallel distributed processing model →並列分散処理モデル 44
phonogram →表音文字 25
phonological code →音韻コード 23
phonological encoding →音韻の符号化 29
phonology →音韻 58
Positron Emission Tomography: PET →ポジトロン断層撮影法 16, 138
PTSD →心的外傷後ストレス障害 101

pure alexia →純粋失読症 58

R
recall criteria →回答基準 78
Reminiscence →テスト間回復 72
repeated-name penalty →反復名ペナルティー 119

S
segmental script →音素文字 25
semantic code →意味コード 23
semantic encoding →意味的符号化 30
semantic P600 165
Serial-Search Model →直列検索モデル 39
sleeper effect →スリーパー効果 102
sound-induced illusory flashing →フラッシュ錯視 4
sound-induced visual motion →音による運動視 4
source monitoring →ソース・モニタリング 91
superior temporal sulcus →上側頭溝 16
syllabary →音節文字 25

T
temporal ventriloquism →時間的腹話術効果 4

U
unconscious plagiarism →無意識的剽窃 104
unheralded pronoun →不意打ち代名詞 129

V
validation model →確証モデル 123
ventriloquism →腹話術効果 3
ventriloquism in motion →動的腹話術効果 4
visual code →形態コード 23
visual encoding →形態的符号化 29
visual short-term memory: VSTM →視

覚的短期記憶　24

W

word frequency　→出現頻度　39

あ

アーギュメント　139
アイコニック・メモリ　→ iconic memory　24
アイテム記憶（→記憶）
アウトプットモニタリング（→モニタリング）
アトラクタネット　64
移動窓課題（→課題）
イベント・インデクス・モデル（→モデル）　144
意味
　——記憶　116
　——コード　→ semantic code　23
　——的逸脱　158
　——的符号化　→ semantic encoding　30
　——的プライミング　159
　——的予測性　158
意味特徴数の効果（→効果）
イメージ仮説（→仮説）
ウェルニケ言語野　32
Welnicke-Lichtheim の図式　57
SPT 効果（→効果）
エピソード記憶（→記憶）
音による運動視　→ sound-induced visual motion　4
オフライン　116
音韻　→ phonology　58
　——コード　→ phonological code　23
　——性失読症　59
　——的符号化　→ phonological encoding　29
　——的プライミング　160
音節文字（→文字）　→ syllabary　25
音素文字（→文字）　→ segmental script　25
オンライン　116

か

回答基準　→ recall criteria　78
回復項目　→ agained item　72
学習の頻度　45
確証モデル（→モデル）
確認強迫　100
格の違反　162
活性化／モニタリング理論（→理論）
活性化モデル（→モデル）
仮説
　イメージ——　83

形式変換——　84
形態優先——　42
交互作用——　42
項目関係性——　85
課題
　移動窓——　137
　カテゴリー判断——　49
　語彙判断——　→ lexical decision task　38, 137
　呼称——　138
　眼球運動追跡法　137
記憶
　——高進　→ Hypermnesia　72
　アイテム——　92
　エピソード——　115
機能
　——語　→ function word　27
　——的磁気共鳴画像　→ functional Magnetic Resonance Imaging: fMRI　16, 32, 138, 154
強制再生条件　79
クリティカル語　97
形式変換仮説（→仮説）
形態
　——コード　→ visual code　23
　——的符号化　→ visual encoding　29
　——優先仮説（→仮説）
形態素文字（→文字）
語彙
　——判断課題（→課題）
　——表象　→ lexical representation　38
効果
　意味特徴数の——　51
　SPT——　80
　広告Jカーブ——　102
　誤情報——　→ misinformation effect　96
交互作用仮説（→仮説）
構成－統合モデル（→モデル）
項目関係性
　——仮説（→仮説）　85
　——の処理　85
項目特定性　85
　——処理　85
コード　→ code　23
呼称課題（→課題）　138
誤情報効果（→効果）

さ

再認　137
視覚的短期記憶　→ visual short-term memory: VSTM　24
時間の腹話術効果　→ temporal ventriloquism　4

自己ペース読解課題　137
事象関連電位　→ ERP: Event-related potentials　17
事象関連電位　→ event-related brain potential: ERP　154
自由再生　137
出現頻度　→ word frequency　39
述部　139
純粋失読症　→ pure alexia　58
照応　→ anaphora　115
　——詞　→ anaphor　118
状況モデル　139
上側頭溝　→ superior temporal sulcus　16
書記素　→ orthography　58
人工内耳　13
　——装用年数　14
深層失読　59
心像性効果　51
身体化理論　150
心的外傷後ストレス障害　→ PTSD　101
心的辞書　→ mental lexicon　38
振幅減少　17
数の一致　162
スキーマ　148
スリーパー効果　→ sleeper effect　102
生成効果　80
世界知識に対する違反　166
接辞の一致　162
想起努力　81
ソース・モニタリング　→ source monitoring　91
ソース記憶　92

た

DMR パラダイム　97
対応関係の一貫性　45
代名詞　118
代理検索回路仮説　84
多音字　26
多義語の促進効果　47, 49
単音字　26
知覚的シンボル理論　147
直列検索モデル　→ Serial-Search Model　39
手がかり再生　137
テキストベース　139
テスト間
　——間隔　73
　——回復　→ Reminiscence　72
　——忘却　→ Forgetting　72
同義性効果　50
統合失調症　99
統語的逸脱　159

統語範疇　158
動的腹話術効果　→ ventriloquism in motion　4
トライアングルモデル　60

な
内容語　→ content word　27
馴化‐脱馴化法　10
二重乖離　66
脳磁界　→ magnetoencephalogram: MEG　32

は
背景脳波　→ background EEG　154
橋渡し推論　→ bridging inference　115, 163
反復照応詞　118
反復プライミング　160
反復名ペナルティー　→ repeated-name penalty　119
潜時短縮　17
表意文字　→ ideogram　26
表音文字　→ phonogram　25
表語文字　→ logogram　26
表層構造　139
表層失読　59
フィーチュラル・スクリプト　→ featural script　26

不意打ち代名詞　→ unheralded pronoun　129
腹話術効果　→ ventriloquism　3
符号化　→ encode　23
プライミング効果　138
フラッシュ錯視　→ sound-induced illusory flashing　4
ブローカ言語野　32
プローブ再認　138
分割統治　→ divide and conquer　63
文脈完成仮説　84
並列分散処理モデル　→ parallel distributed processing model　44
忘却項目　→ a lost item　73
ポジトロン断層撮影法　16, 138
ホストセリング　→ host selling　103

ま
マガーク効果　→ McGurk effect　5
マクロ構造　139
ミクロ構造　139
ミスマッチ反応　15
無意識的剽窃　→ unconscious plagiarism　104
命題　139
モーゼの錯覚　150
文字
文字マッチング課題　→ letter-matching task　24
音節――　→ syllabary　25
音素――　→ segmental script　25
形態素――　→ morphogram　26
モジュラリティー仮説　42
モデル
イベント・インデックス・――　144
確証――　→ validation model　124
活性化――　→ Activation Model　39
構成‐統合――　140
モニタリング
アウトプット――　→ output monitoring　92
もの盗られ妄想　→ delusions of theft　100

ら
ライフログ　105
ラストスパート効果　78
リアリティモニタリング　92
理論
活性化／モニタリング――　→ activation/monitoring theory　98
ルックアップテーブル　60
ローカリスト・モデル　44

人名索引

A
Aamodt, S.　102
Alais, D.　4
Albarracín, D.　102
Almor, A.　122
Alsius, A.　6
Anderson, M. C.　103
Antshel, K. M.　100
Aslin, R. N.　7
Astesano, C.　162

B
Baddeley, A. D.　24, 25
Ballard, P. B.　74, 75, 76, 77
Balota, D. A.　39, 42, 43, 48, 49
Barlett, F. C.　96
Barsalou, L. W.　146, 150
Bartlett, F. C.　137, 148
Batchelder, W. H.　96

Bayen, U. J.　94
Beauchamp, M. S.　4
Becker, C. A.　41
Becker, J.　76, 83
Behne, D.　12
Bell, R.　96
Bellezza, F. S.　28, 34
Belmore, S. M.　80
Bergeson, T. R.　13, 15
Bernstein, D. M.　98
Besner, D.　43, 47, 49
Bever, T. G.　122
Bluck, S.　82
Boies, S. J.　24
Borowsky, R.　44, 49
Bouaffre, S.　160
Bower, G. H.　143, 144
Bradshaw, J. M.　102
Bransford, J. D.　148

Brennen, T.　102
Bröder, A.　99
Brown, A.　96, 104
Brown, H. D.　100
Brust, J. C. M.　91
Buchner, A.　96
Burkhardt, P.　162, 163
Burnham, D.　5, 9, 10, 11, 12
Burns, D. J.　80, 81
Burr, D.　4
Button, S. B.　47
Buxton, C. E.　75
Bylin, S.　103

C
Callan, D, E.　16, 17
Calvert, G. A.　4, 16
Camblin, C. C.　163
Campion, N.　116

Caramazza, A.   127, 129
Carlile, S.   4
Carmichael, L.   96
Carreiras, M.   118, 161
Chan, D.   119
Chang, F. R.   120
Chen, H. C.   26
Cheung, S. L.   26
Christiaansen, R. E.   97
Christianson, S. A.   103
Chrysler, S. T.   140, 141
Chu, S.   91
Chumbley, J. I.   39, 43, 49
Claperede, E.   104
Clark, H. H.   47, 123
Clark, L. F.   138
Clifton, C, Jr.   118
Cloitre, M.   122
Collins, A. M.   122
Coltheart, M.   39, 59
Connor, L. T.   42
Constans, J. I.   100
Conway, M. A.   94
Corbett, A. T.   120
Corley, M.   164
Coulson, S.   162
Craik, F. I. M.   93

D
Dagnall, N.   101
Daltrozzo, J.   160
Davis, C.   17
Davis, S. C.   80
de Sa, V. R.   51
Debbané, M.   100
Dehon, H.   98
Dekle, D. J.   6
Dell, G. S.   121
Desjardins, R. N.   10, 11
D'Esposito, M.   16
Ditman, T.   163, 164
Dixon, N. F.   4
Dodd, B.   10, 12
Dodd, D. H.   102
Dodson, C. S.   96
Dominowski, R. L.   80
Downes, J. J.   91
Doyle, M. C.   39
Duke, M. D.   82
Dumay, N.   160
Dwivedi, V. D.   164
Dywan, J.   93

E
Ebbinghaus, H.   75
Eichelman, W. H.   24

Einstein, G. O.   78
Erdelyi, M. H.   76, 77, 80, 81, 82, 83, 85
Erickson, T. A.   150

F
Faita-ainseba, F.   160
Farah, M. J.   66
Farrar, W. T.   44
Federmeier, K. D.   161
Ferraro, F. R.   42, 47
Ferreira, F.   150
Fidler, J. A.   102
Flavell, J. H.   90
Fletcher, C. R.   140, 141
Flores d'Arcais, G. B.   26
Fodor, J. A.   42, 66
Foley, M. A.   93
Forster, K. I.   38, 39, 41, 42
Försterling, F.   129
Francis, W. N.   39
Friederici, A. D.   158, 162
Frisch, S.   162
Fujisaki, W.   4
Fukuhara, R.   101
Fukumura, K.   129

G
Galantucci, B.   6
Garfield, L.   38
Garnham, A.   123, 127, 128, 129
Garrett, M.   99
Garvey, C.   127
Gaskell, M. G.   44
Gernsbacher, M. A.   47, 120, 121, 131
Gerrig, R. J.   129, 130, 131, 132, 149, 150
Gibson, E. J.   12
Glass, A. L.   83
Glorig, A.   12
Golding, J. M.   118
Goldinger, S. D.   52
Goldsmith, M.   90
Golier, J.   101
Gordon, P. C.   118, 119, 120, 123
Gordon, R.   95
Gottlob, L. R.   52
Graesser, A. C.   136, 138
Green, C.   103
Green, K. P.   6
Greene, S. B.   121, 129
Guerry, M.   129

H
Haggard, P. N.   39
Hagoort, P.   164, 166

Hahne, A.   158
Halldorson, M.   125
Handy, T. C.   154, 157
Harman, J. L.   34
Harsch, N.   94
Haviland, S. E.   123
Hector, J.   42
Hendrick, R.   119
Herzmann, G.   160
Hidaka, S.   4
Higgins, E. T.   103
Hill, H.   161
Hillyard, S. A.   159, 162
Hino, Y.   39, 43, 47, 49, 50, 51, 52
Hockley, N.   7
Hodge, M. H.   82
Hoen, M.   162
Holcomb, P. J.   159
Hovland, C. I.   102
Hull, R. H.   12
Hunt, R. R.   7, 78, 85
Huotilainen, M.   16

I
Irwin, J. R.   11
Ishii, K.   155
Izawa, C. Z.   82

J
Jack, C. E.   4
Jacobs, R. A.   63
Järvikivi, J.   129
Jastrzembski, J. E.   47
Johnson, M. K.   90, 93, 148
Jones, D. P. H.   93
Joordens, S.   47, 49, 52
Jordan, M. I.   63

K
Kaan, E.   159, 164
Karpicke, J. D.   94
Kawamoto, A. H.   44, 49
Kazén, M.   82, 84
Keele, S. W.   24
Keenan, J. M.   118
Keillor, G.   149
Kellas, G.   47
Kello, C.   44
Kensinger, E. A.   97
Kern, R. P.   82
Khateb, A.   160
Kiefer, M.   165
Kim, A.   165
Kinchla, R. A.   96
King, A. J.   4
Kintsch, W.   83, 122, 139, 140, 141,

142, 146, 147, 150
Kirschbaum, C. 101
Kleinbard, J. 76, 81
Klin, C. M. 131
Koda, K. 26
Kohlbeck, P. A. 100
Komura, Y. 4
Koornneef, A. W. 128, 129
Koriat, A. 90
Kotz, S. A. 155
Kucera, H. 39
Kuhl, P. K. 10
Kumkale, G. T. 102
Kunkel, D. 103
Kushnerenko, E. 12
Kutas, M. 159, 161, 162

L

Landrum, R. E. 82
Lane, S. M. 96
Langstone, M. C. 144, 145
Larøi, F. 100
Larsen, J. D. 81
Lawrence, V. 78
Lee, C. Y. 161
Levine, W. H. 131
Lewis, S. S. 38
Lewis, T. L. 7
Loftus, E. F. 96, 97, 122
Lovallo, W. 101
Luck, S. J. 154
Lundstrom, B. N. 101
Lupker, S. J. 39, 43, 47, 49, 51

M

MacDonald, J. 5, 7
Macie, K. M. 81
Madigan, S. 78, 80
Magliano, J. P. 145
Magne, C. 162
Malloy, D. 5
Mandler, G. 83
Maricic, A. 161
Marslen-Wilson, W. (D.) 44, 161
Massaro, D. W. 6, 7
Masson, M. E. J. 44, 49
Mather, M. 95, 97
Matsui, T. 34
Mattson, M. E. 151
Maurer, D. 7
Mayr, U. 18
McAuley, J. D. 98
McCann, R. S. 43, 49
McClelland, J. L. 42, 43, 44, 46, 49, 60
McDaniel, M. A. 82, 85, 86
McDermott, K. B. 97

McDonald, J. E. 39, 41
McGeoch, G. O. 75
McGurk, H. 5, 7
McIntyre, J. S. 93
McKoon, G. 121, 122, 129, 130, 131
McNally, R. J. 100
McRae, K. 51
Meltzoff, A. N. 10
Merckelbach, H. 103
Meredith, M. 4
Metcalf, K. 104
Meyer, D. E. 137
Meyer, M. 158
Miller, L. M. 16
Millikan, J. A. 38
Millis, M. L. 47
Mitchell, F. R. 24
Mizuno, R. 31, 33, 34
Monsellet, S. 39
Morein-Zamir, S. 4
Morrow, D. G. 143, 147
Morton, J. 38, 41, 42, 43
Mulligan, N. W. 80, 82, 86
Munakata, Y. 61
Munhall, K. G. 6
Murphy, D. 104
Myers, J. L. 126

N

Neisser, U. 42, 90, 94
Newsome, S. L. 41
Nickerson, R. S. 83
Nieuwland, M. S. 163
Nixon, J. 12
Noel, R. W. 39
Nordlie, J. 121, 122, 131

O

Ochalek, K. 97
Ogawa, T. 47
Ohta, N. 82
Olofsson, U. 80
O'Reilly, R. C. 61
Osterhout, L. 159, 165
Otani, H. 82, 86

P

Paap, K. R. 39, 41
Palmer, A. R. 4
Palmovic, M. 161
Parker, A. 101
Patterson, K. 44
Payne, D. G. 72, 74, 76, 79, 80, 81, 82, 83, 84, 85, 94, 101
Paz-Caballero, D. 161
Pecher, D. 50

Pelletier, M. 99
Penington, B. F. 44
Perfetti, C. A. 26
Peters, M. J. 100
Pexman, P. M. 47, 51, 52
Peynircioglu, Z. F. 98
Pezdek, K. 102
Phillips, W. A. 24, 25
Pierce, B. H. 98
Piercey, C. D. 52
Plaut, D. C. 44, 60, 61, 64, 65
Polka, L. 7
Pollack, I. 5
Posner, M. I. 23, 24, 25, 31
Potter, J. S. 91
Potts, G. R. 118
Pyykkönen, P. 128

R

Radvansky, G. A. 91
Radvansky, G. A. 142, 144, 145, 150
Randeau, M. 160, 161
Rapp, D. N. 146, 150
Rastle, K. 59
Ratcliff, R. 121
Ratner, H. H. 95
Raye, C. L. 91
Rholes, W. S. 103
Riefer, D. M. 96
Rinck, M. 143, 144, 145
Robbins, O. 13
Robine, M. 104
Robinson, C. W. 7
Rodd, J. M. 44
Roediger, H. L. (III) 79, 81, 82, 85, 94, 97, 98
Roehm, D. 160
Rose, R. J. 81
Rosenblum, L. D. 10, 11
Rossi, J. P. 116
Rouger, J. 15
Rubenstein, H. 38, 39, 47
Rubenstein, M. A. 38
Rudolph, U. 129
Rumelhart, D. E. 42, 43

S

Sakovits, L. J. 12
Sams, M. 15
Samuel, A. G. 42
Santa, J. L. 25
Sartori, G. 161
Sato, M. A. 18
Scearce, K. A. 119
Schacter, D. L. 93, 97
Schirmer, A. 155

Schlesewsky, M.　162
Schmuckler, M A.　90
Schorr, E. A.　15
Schvaneveldt, R. W.　39, 41, 137
Schweinberger, S. R.　160
Sears, C. R.　47
Seidenberg, M. S.　43, 44, 46, 49, 51, 60
Sekiyama, K.　4, 5, 7, 8, 9, 10, 16
Sekuler, R.　3
Shallice, T.　64
Shams, L.　4
Shanks, M. F.　101
Shapiro, S. R.　76
Shaw, G. A.　82
Sheen, M.　94
Shepard, R. N.　83
Silva, R.　99
Simpson, G. B.　47
Singer, M.　123, 124, 125, 126, 136, 137
Sivonen, P.　164
Sloutsky, V. M.　7
Smeets, T.　101
Smith, S. M.　91
Solis-Macías, V. M.　82, 84
Sommer, W.　160
Soto-Faraco, S.　4
Spence, C.　6
Sperling, G.　24
Spitz, L.　4
Spoor, A.　12
Standing, L.　83
Stein, B.　4
Stein, J. B.　82, 83
Stewart, A. J.　128
Stimson, M. J.　82
Stirling, J.　154
Stone, G. O.　52
Stone, J. V.　4
Strain, E.　51
Sugimura, T.　93
Sugita, Y.　4
Sumby, W. H.　5
Suzuki, Y.　4
Swaab, T. Y.　164

T
Talasli, U.　82
Tallis, F.　100
Taylor, H. A.　146
Taylor, R. L.　24
Teramoto, W.　4
Thompson, L. A.　5, 12
Thorpe, A. L.　85
Thurlow, W. R.　4

Tiippana, K.　6
Tohkura, Y.　7
Torkildsen, J. V. K.　160
Tremblay, C.　7

U
Underwood, J.　102

V
van Berkum, J. J. A.　128, 129, 163, 164
van den Brink, D.　162
van Dijk, T. A.　139
van Gompel, R. P. G.　129
Van Oorsouw, K　103
Van Orden, G. C.　44, 52
Van Petten, C.　162
van Wassenhove, V.　17
Vatakis, A.　6
Vatikiotis-Bateson, E.　5
Vela, E.　91
Venneri, A.　101
Vonk, W.　120
Vornik, L. A.　102
Vroomen, J.　4

W
Wagenaar, W. A.　99
Wagner, S. H.　12
Walker-Andrews, A. S.　12
Wang, M.　26, 27
Wang, S.　102
Warren, D. H.　6
Watkins, M. J.　98
Watson, C. S.　11
Watson, J. M.　97
Weber, U.　145
Weisbuch, M.　91
Weiss, W.　102
Welch, R. B.　6
Wenger, M. J.　80
Werker, J. F.　10, 11
Wheeler, M. A.　81
Whitehouse, W. G.　82
Whiteman, H. L.　82
Widner, R. L. Jr.　81

Y
Yang, C. L.　164
Yoshioka, T.　18

Z
Zaragoza, M. S.　96
Zhou, X.　161
Zoellner, L. A.　101
Zwaan, R. A.　136, 137, 142, 144, 145, 147, 150

あ
浅川伸一　64
阿部純一　123
池田　学　101
生駒　忍　99
井関龍太　118, 122, 126
厳島行雄　103
伊藤真利子　91, 92
伊東裕司　98
入戸野宏　154
井上道雄　27, 30, 31, 34
祝　康成　104
岩田　誠　26, 57
宇根優子　78, 82
大谷貴重　100
太田信夫　91, 120
苧阪直行　154
苧阪満里子　154
越智啓太　91

か
海保博之　118
鹿島晴雄　98
加地雄一　96
加藤留美子　118
金城　光　91, 93, 96
香山リカ　105
川﨑惠里子　99
菅野裕臣　25
菊池　正　91, 92
北川智利　4
楠見　孝　91, 103
工藤恵里子　95
小林由紀　158, 162
御領　謙　26
近藤　綾　91, 93, 96, 104

さ
齊藤　智　93
酒井由美　162
坂本真一　12
相良陽一郎　97
桜井茂男　95
下島裕美　98
シャピロ, F.　101
白石紘章　97
杉森絵里子　91
角　康之　105
積山　薫　8, 12

た
平　伸二　103
高橋雅延　96
高橋裕司　13

多鹿秀継　118	林　光緒　92	三浦大志　98
田中未央　103	林　美都子　78, 81, 82	水野りか　28, 29, 30, 31, 34
田辺　肇　102	広瀬雄彦　30	三村　將　104
外山美樹　95	福井健策　104	森　直久　91
	藤田哲也　93	森田泰介　94
な	藤巻則夫　32	
中田英利子　94	船山道隆　104	**や**
仲　真紀子　96	古満伊里　103	矢野円郁　98
奈田哲也　95	星野　哲　91	矢幡　洋　95
西川　隆　101	堀田千絵　98	山鳥　重　66
仁平義明　94, 105	堀内圭子　105	
能登谷晶子　13		**ら**
野島久雄　105	**ま**	暦本純一　105
	前原いずみ　78	
は	松井孝雄　28, 30	**わ**
畑中佳子　93	松田　憲　103	和田有史　4
早川友恵　32	松本直美　91, 93, 104	
林　龍平　30	丸野俊一　95	

著者一覧（担当章順，*は編者）

積山　薫（せきやま・かおる）
大阪市立大学文学研究科修了（1986）
現在：熊本大学文学部教授
担当：第1章

水野　りか（みずの・りか）
名古屋大学大学院教育研究科博士後期課程修了
（1991）
現在：中部大学人文学部心理学科教授
担当：第2章

日野　泰志（ひの・やすし）
西オンタリオ大学（カナダ）Department of
Psychology 修了（1993）
現在：早稲田大学文学学術院教授
担当：第3章

浅川　伸一（あさかわ・しんいち）
早稲田大学大学院博士後期課程修了（1992）
現在：東京女子大学情報処理センター助教
担当：第4章

林　美都子（はやし・みつこ）
筑波大学大学院心理学研究科修了（2005）
現在：北海道教育大学教育学部函館校講師
担当：第5章

生駒　忍（いこま・しのぶ）
現在：筑波大学大学院人間総合科学研究科在学，川
村学園女子大学文学部非常勤講師
担当：第6章

井関　龍太（いせき・りゅうた）
筑波大学大学院心理学研究科博士課程修了（2005）
現在：京都大学大学院教育学研究科教育認知心理講
座（日本学術振興会 PD）
担当：第7章

川﨑　惠里子（かわさき・えりこ）*
早稲田大学大学院文学研究科博士課程修了（1980）
現在：川村学園女子大学文学部教授
担当：はじめに，第8章

小林　由紀（こばやし・ゆき）
東京大学人文社会系研究科博士課程単位取得退学
現在：東京大学大学院総合文化研究科進化認知科学
研究センター特任研究員
担当：第9章

認知心理学の新展開
言語と記憶

2012年2月20日　初版第1刷発行　（定価はカヴァーに表示してあります）

　　　　　　編著者　川﨑惠里子
　　　　　　発行者　中西健夫
　　　　　　発行所　株式会社ナカニシヤ出版
　　　〒606-8161　京都市左京区一乗寺木ノ本町15番地
　　　　　　　　　Telephone　075-723-0111
　　　　　　　　　Facsimile　075-723-0095
　　　　　　Website　http://www.nakanishiya.co.jp/
　　　　　　E-mail　iihon-ippai@nakanishiya.co.jp
　　　　　　　　　郵便振替　01030-0-13128

装幀＝白沢　正／印刷＝創栄図書印刷／製本＝兼文堂
Copyright © 2012 by E. Kawasaki
Printed in Japan.
ISBN978-4-7795-0622-2

◎本書のコピー，スキャン，デジタル化等の無断複製は著作権法上での例外を除き禁じられています。本書を代行業者等の第三者に依頼してスキャンやデジタル化することはたとえ個人や家庭内の利用であっても著作権法上認められておりません。